南京师范大学教育社会学研究中心

教育与社会研究丛书

南京师范大学教育社会学研究中心

教育与社会研究丛书

丛书主编　程天君

学校教育时间的社会逻辑

桑志坚 / 著

南京师范大学出版社
NANJING NORMAL UNIVERSITY PRESS

图书在版编目(CIP)数据

学校教育时间的社会逻辑/桑志坚著. —南京：
南京师范大学出版社,2019.12
(教育与社会研究丛书/程天君主编)
ISBN 978-7-5651-4438-7

Ⅰ.①学… Ⅱ.①桑… Ⅲ.①学校教育－时间哲学－研究 Ⅳ.①G4

中国版本图书馆 CIP 数据核字(2019)第 288846 号

丛 书 名	教育与社会研究丛书
丛书主编	程天君
书 名	学校教育时间的社会逻辑
作 者	桑志坚
策划编辑	王 艳
责任编辑	徐文娟
出版发行	南京师范大学出版社
地 址	江苏省南京市玄武区后宰门西村 9 号(邮编:210016)
电 话	(025)83598919(总编办) 83598412(营销部) 83373872(邮购部)
网 址	http://press.njnu.edu.cn
电子信箱	nspzbb@njnu.edu.cn
照 排	南京理工大学资产经营有限公司
印 刷	南京茂华彩色印务有限公司
开 本	787 毫米×960 毫米 1/16
印 张	16
字 数	207 千
版 次	2019 年 12 月第 1 版 2019 年 12 月第 1 次印刷
书 号	ISBN 978-7-5651-4438-7
定 价	48.00 元
出 版 人	彭志斌

南京师大版图书若有印装问题请与销售商调换
版权所有 侵犯必究

九九归一:教育与社会

——《教育与社会研究丛书》总序

光阴似箭,日月如梭,时间指向了 2019 年。

对于中国大陆教育社会学来说,"九"是个具有历史巧合意义的时间节点。无妨说,中国教育社会学,尤其是南京师大教育社会学,逢"九"值得记忆并纪念。

1949 年之后的一段时期,由于众所周知的原因,中国大陆教育社会学未能接续此前"草创时期"而得到发展,甚至连生存权利也被彻底剥夺,教学与研究完全中断——整整 30 年[1]。

1979 年起,一些学者开始译介国外教育社会学发展的著述,我们由此开启了教育社会学发展史上迄今闻所未闻的所谓"学科重建"。

1989 年,在我国教育社会学发展史上是个特别的年份。在这一年,中国第一个教育社会学学术团体——全国教育社会学专业委员会成立,其后每两年举办一次学术年会的惯例被沿用至今。也是在这一年,全国高等学校文科教学参考书《国外教育社会学基本文选》发行——巧合的是,2009 年,该书修订版出版[2]。尤为值得一提的,还是

---

[1] 鲁洁,吴康宁.教育社会学丛书.总序[M].南京:南京师范大学出版社,1999.
[2] 张人杰.国外教育社会学基本文选[M].上海:华东师范大学出版社,1989;张人杰.国外教育社会学基本文选(修订版)[M].上海:华东师范大学出版社,2009.1990 年,人民教育出版社出版"高校文科教材"《教育社会学》(鲁洁主编,吴康宁副主编,该书获江苏省哲学社会科学优秀成果一等奖、全国高校优秀教材一等奖)。

在这一年，南京师大、华东师大相继开始培养教育社会学方向的博士研究生，从而实现了我国教育社会学人才培养层次上的"三级跳"和教育社会学课程开设阶段上的本、硕、博"全覆盖"——从1982年南京师大在全国率先开设本科生的教育社会学课程，到1984年华东师大与南京师大以及北京师大、杭州大学等校陆续开始培养教育社会学方向的硕士研究生[①]，再到1989年南京师大开始招收教育社会学方向的博士生乃至1999年南京师大开始招收教育社会学方向的博士后研究人员。

1999年亦是一个值得记忆的年头。《南京师范大学教育社会学沙龙文集》所收文稿起始于1999年[②]。同样在1999年，我国首套《教育

---

① 参见：吴康宁.教育社会学[M].北京：人民教育出版社，1998：49-50；张人杰.中国大陆教育社会学的二十年建设（1979—2000年）[J].华东师范大学学报（教育科学版），2001(2)；吴康宁.我国教育社会学的三十年发展（1979—2008）[J].华东师范大学学报（教育科学版），2009(2)。关于教育社会学硕士研究生的培养，厉以贤提供了另一种说法："稍后，北京师范大学（1983年，指导教师为厉以贤教授）和华东师范大学（1986年，指导教师为张人杰副教授）开始招收教育社会学的硕士研究生。"详见：厉以贤.中国大陆教育社会学的十年建设（1979—1988）[J].现代教育（台湾），1991(2)。

② 起初，南京师范大学的教育社会学学术活动是涵盖在鲁洁老师主持的"南京师范大学教育学原理沙龙"之中的。随着教育社会学研究的不断拓展与深化，以及教育学原理学科本身的不断充实与丰富，教育社会学学术活动便逐渐发展成一个相对独立、相对专门的学术事项。细算起来，南京师范大学教育社会学方向的教师与研究生以沙龙的形式开展学术研讨活动开始于1993年，当时主要是为了研讨"课堂教学的社会学研究"这一全国哲学社会科学"八五"规划青年基金课题而组织起来的，最初参加研讨的有吴康宁、程晓樵、吴永军、刘云杉等，只不过其时还不叫"沙龙"。正式称之为"沙龙"，是在1997年；截至2007年4月11日，办了百期。2007年开始，为便于南京师大教育社会学沙龙成员翻查既往、检视当下、思索未来，在征求沙龙成员本人意愿的基础上，我们每年将各期沙龙的主题发言原稿汇编印刷成集——只可惜1999年之前的沙龙文稿已很难寻觅，故《南京师范大学教育社会学沙龙文集》所收文稿起始时间为1999年。自2008年始，"沙龙集萃"约每5年正式出版1—2本，详见：吴康宁主编《教育与社会：实践·反思·建构——博士沙龙百期集萃》，广西师范大学出版社2008年出版；贺晓星主编《教育与社会：学科·记忆·梦想——教育社会学学术沙龙集萃（2007—2012）》，南京师范大学出版社2016年出版；胡金平主编《教育社会学学术沙龙集萃：教育与社会：阅读·思考·对话——教育社会学学术沙龙集萃（2009—2012）》，南京师范大学出版社2016年出版；程天君主编《教育与社会：知识·文化·国家（2013—2018）》、《教育与社会：视野·实践·主体（2013—2018）》，广西师范大学出版社2020年拟出（需说明的是，应出版社要求，也为简洁起见，这两本沙龙集萃书名有所简化）。自2014年开始，随着南京师范大学教育社会学方向博士生导师的增多（程天君、齐学红2014年开始招生）和沙龙成员的多元化（此前，沙龙成员主要是吴康宁老师的博士生、博士后、访问学者；此后，成员为教育社会学方向的博士生、博士后、访问学者）南京师范大学教育社会学沙龙被归列为南京师范大学教育社会学研究中心的一项学术事项继续开展，也开始增加了"来宾交流"活动，即每学期请两三位沙龙成员之外的来宾进行主讲。

社会学丛书》①(简称"第一套丛书")出版。这套《教育社会学丛书》的出版,标志着②中国大陆教育社会学研究自恢复重建以来的第二次转型的完成,即从"以学科概论性研究为主、分支领域性研究为辅"阶段(20世纪70年代末至80年代中期),到"学科概论性研究与分支领域性研究齐头并进"阶段(20世纪80年代后期至90年代中期),再到"以分支领域性研究为主、学科概论性研究为辅"阶段(20世纪90年代后期至今)。继"第一套丛书"之后出版的第二套和第三套丛书,则在一定程度上使得中国大陆教育社会学研究之"以分支领域性研究为主、学科概论性研究为辅"阶段(20世纪90年代后期至今)"本身"又经历了第三次和第四次转型。第三次转型为在分支领域研究中实现从"以概论性研究为主、具体问题为辅"到"以具体问题研究为主、概论性研究为辅"的转换,2003年开始出版的《现代教育社会学研究丛书》③(简称"第二套丛书")不失为显著标记。而随着这第三次转型——"从强分支领域到弱分支领域""从有分支领域到无分支领域"——的推进,实现了我国教育社会学研究的第四次转型,即出现了对我国具体教育问题的"跨分支领域的""融通的"社会学解释方面的研究

---

① 鲁洁、吴康宁主编:《教育社会学丛书》,南京师范大学出版社1999年出版,包括吴康宁等著《课堂教学社会学》、吴永军著《课程社会学》、刘云杉著《学校生活社会学》、缪建东著《家庭教育社会学》等4部专著。其中,《课堂教学社会学》获全国教育科学优秀成果一等奖。

② 张人杰.中国大陆教育社会学的二十年建设(1979—2000年)[J].华东师范大学学报(教育科学版),2001(2).

③ 吴康宁主编:《现代教育社会学研究丛书》(含10部专著),包括张行涛著《必要的乌托邦:考选世界的社会学研究》、郭华著《静悄悄的革命:日常教学生活的社会构建》、张义兵著《逃出束缚:"赛博教育"的社会学解读》、马维娜著《局外生存:相遇在学校场域》、王有升著《理想的限度:学校教育的现实建构》,北京师范大学出版社2003年版;楚江亭著《真理的终结:科学课程的社会学释义》、齐学红著《走在回家的路上:学校生活中的个人知识》、周润智著《力量就是知识:教师职业文化的生产与再生产》,北京师范大学出版社2005年版;刘云杉著《从启蒙者到专业人:中国现代化历程中教师角色演变》、马和民著《从"仁"到"人":社会化危机及其出路》,北京师范大学出版社2006年版。其中,《逃出束缚:"赛博教育"的社会学解读》《局外生存:相遇在学校场域》分别获江苏省哲学社会科学优秀成果二、三等奖,《理想的限度:学校教育的现实建构》获山东省社会科学优秀成果三等奖,《力量就是知识:教师职业文化的生产与再生产》获辽宁省哲学社会科学优秀成果二等奖,《从启蒙者到专业人:中国现代化历程中教师角色演变》获中国高校人文社会科学研究优秀成果三等奖。

成果，2005年开始出版的《社会学视野中的教育丛书》①（简称"第三套丛书"）或可视为其代表。

对于我国教育社会学学科来说，2009年亦有不少可圈可点之处。仅以南京师范大学教育社会学来说，在这一年就取得三项标志性进展：是年，南京师范大学为本科生开设的"教育社会学"课程被评为国家精品课程，这在全国当属首例。在这一年，以本科教学为主要任务的南京师范大学"教育社会学团队"被评为校级优秀教学团队，并于次年被评为江苏省优秀教学团队，这当是全国首家省级教育社会学教学团队。也是在2009年，成立于2006年的"南京师范大学教育社会学研究中心"被评审确定为首批"江苏省高校哲学社会科学重点研究基地"，这也是国内首家成为省级重点研究基地的教育社会学研究机构。

眼下的2019年，仍是南京师范大学在我国教育社会学学科发展和学术研究史上留下痕迹的一年。择要来说有四：一是南京师范大学教育社会学团队主持的教育部哲学社会科学研究重大课题攻关项目的最终成果《教育改革的社会支持》②出版；二是本团队主持的江苏高校哲学社会科学优秀创新团队项目的最终成果《新教育公平研究丛

---

① 吴康宁主编：《社会学视野中的教育丛书》（含11部专著），南京师范大学出版社2005年开始出版，包括胡金平著《学术与政治之间的角色困顿——大学教师的社会学研究》（2005）、杨跃著《匿名权威与文化焦虑——大众培训的社会学研究》（2006）、庄西真著《国家的限度——"制度化"学校的社会逻辑》（2006）、周宗伟著《高贵与卑贱的距离——学校文化的社会学研究》（2007）、闫旭蕾著《教育中的"肉"与"灵"——身体社会学研究》（2007）、高水红著《共用知识空间——新课程改革行动案例研究》（2008）、刘猛著《意识形态与中国教育学——走向一种教育学的社会学研究》（2008）、程天君著《"接班人"的诞生——学校中的政治仪式考察》（2008）、庄西真著《权力的滞聚与流散——地方政府教育治理模式变革的研究》（2008）、石艳著《我们的"异托邦"——学校空间社会学研究》（2009）、王晋著《一个称作单位的学校——基于对晋东M中学的实地调研》（2012）。其中，《高贵与卑贱的距离——学校文化的社会学研究》《"接班人"的诞生——学校中的政治仪式考察》获江苏省哲学社会科学优秀成果一等奖，《学术与政治之间的角色困顿——大学教师的社会学研究》获江苏省哲学社会科学优秀成果二等奖，《国家的限度——"制度化"学校的社会逻辑》《权力的滞聚与流散——地方政府教育治理模式变革的研究》获江苏省哲学社会科学优秀成果三等奖。

② 吴康宁，等.教育改革的社会支持[M].北京：人民出版社，2019.

书》①出版；三是本团队成员的学术成果《教育改革的"中国问题"》②继此前获得第五届全国教育科学优秀成果一等奖(2016)、第七届吴玉章人文社会科学奖一等奖(2017)之后，于2019年获得第八届中国高校人文社会科学研究优秀成果奖一等奖③；四是南京师范大学开始出版我国第四套教育社会学丛书——《教育与社会研究丛书》（简称"第四套丛书"）。

从上述1949—2019年这个时间轴里，可观察和聚焦以下三点：

第一，上述四套特别是前三套教育社会学丛书的出版，在一定程度上带动了中国大陆教育社会学研究自学科恢复重建以来的四次转型。这四套教育社会学丛书诞生于我国教育社会学学科重建以来的进程之中，也见证了这一进程的发展。客观地说，这四套丛书既受益于教育社会学的学科发展，又促进了教育社会学的学科发展。而其中的一支主要生力军，当属教育社会学方向的博士生，这四套丛书中的大部分专著是基于作者的博士论文（不仅限于南京师大的博士）和少数博士后出站报告（不仅限于南京师大的博士后）修订出版的④。这也是我们继续主编出版"第四套丛书"《教育与社会研究丛书》并仍以博士论文为主的根由和动力所在。

第二，改革开放40多年来，我国教育社会学特别是南京师大的教

---

① 程天君主编：《新教育公平研究丛书》（含6部专著），南京师范大学出版社出版，包括程天君等著《新教育公平引论》、高水红著《新教育公平视野下的学校再生产》、杨跃著《新教育公平视野下的教师教育改革》、张义兵著《知识建构——新教育公平视野下教与学的变革》、雷晓庆著《课堂教学公平指标体系的建构与应用》、贺晓星等著《家长、社区与新教育公平》。

② 吴康宁. 教育改革的"中国问题"[M]. 南京：南京师范大学出版社，2015.

③ 2003年，南京师范大学教育社会学团队成员的成果《教育社会学》（吴康宁著，南京师范大学出版社1998年版）获第三届中国高校人文社会科学研究优秀成果一等奖。

④ 这些由博士学位论文或博士后出站报告修订而出版的专著产生了广泛的影响，其中不少专著获得了国家和省部级优秀成果奖（详见总序第3页注①③、第4页注①）；亦有博士学位论文获奖，如程天君的博士学位论文《"接班人"的诞生——学校中的政治仪式考察》获"全国优秀博士学位论文"，高水红的博士学位论文《改革精英——基础教育课程改革案例研究》获"江苏省优秀博士学位论文"。

育社会学研究经历了从注重"学校教育(内部)自身社会子系统"的研究①,到注重"社会转型与教育变革"的关系研究②,再到注重"教育改革和发展的(外部)社会支持"的研究③这样一种跃迁之轨迹。在这一跃迁的过程之中,我们既承担了相关科研项目,也产生了具有类型意义的代表性成果。

第三,无论是聚焦于学校教育内部,还是聚焦于社会转型与教育变革之间,抑或是聚焦于教育的外部,教育社会学研究终不脱"教育与社会"这一光谱,可谓万变不离其宗。

事实上,迄今为止的教育社会学,不管西方的还是中国的,无论传统的抑或新兴的,其主流的研究对象乃至学科性质界定便是"教育社会学就是研究教育与社会关系的学科"(简称"关系说"),"关系说"普遍存在于教育社会学相关的辞书、教材、专著以及冠以"教育社会学"之名的著述当中④。唯因不同学者关注"教育"的层面不同,便存在着"教育制

---

① 在这方面,南京师大教育社会学团队 1987 年开始承担全国教育科学规划重点课题,并于当年开始进行教育社会学的实证研究"课堂教学与班集体建设";其后,相继承担了"课堂教学的社会学研究""德育社会学研究"及"课程的社会学研究"等全国哲学社会科学规划研究项目及全国教育科学规划研究项目;在此过程之中和基础之上,出版了"第一套丛书"中的《课堂教学社会学》(吴康宁等著)、《课程社会学》(吴永军著)、《学校生活社会学》(刘云杉著)以及吴康宁主编的《课程社会学研究》(江苏教育出版社 2004 年版)等代表性成果。

② 在这方面,南京师大教育社会学团队承担了"信息社会的到来与中国教育的转型""中国教育改革的社会学研究"及"当代中国教育转型研究"等全国教育科学规划研究项目及国家"211 工程"建设项目;在此过程之中和基础之上,出版了《教育改革的"中国问题"》(吴康宁著)、《中国教育改革的社会学研究丛书》[吴康宁主编,广西师大出版社 2011 年版,包括马维娜著《集体性知识:中国教育改革的社会学解释》(获江苏省哲学社会科学优秀成果一等奖)、王海英著《常识的颠覆:学前教育市场化改革的社会学研究》(获江苏省哲学社会科学优秀成果三等奖)、彭拥军著《精英的合法性危机:高等教育改革的社会学研究》、杨跃著《"教师教育"的诞生:教师培养权变迁的社会学研究》(获江苏省哲学社会科学优秀成果三等奖)、齐学红著《在生活化的旗帜下:学校道德教育改革的社会学研究》(获江苏省哲学社会科学优秀成果二等奖)、周元宽著《情境逻辑:底层视阈中的大学改革》]及《社会学视野下的中国教育改革》(高水红主编,教育科学出版社 2016 年版)等代表性成果。

③ 在这方面,南京师大教育社会学团队承担了教育部哲学社会科学研究重大课题攻关项目"我国教育改革和发展的社会支持系统研究"及江苏高校哲学社会科学优秀团队项目"新教育公平的理论建构与实践探索"等科研项目;在此过程之中和基础之上,出版了《教育改革的社会支持》(吴康宁等著)和《新教育公平研究丛书》(程天君主编,详见总序第 5 页注①)等代表性成果。

④ 程天君.教育社会学就是研究"教育与社会关系"的学科吗——从"教学要点"到"教学难点"[J].教育研究与实验,2010(4):21-26.

度与社会相互关系说""教育活动(过程)与社会相互关系说"及"教育与社会相互关系说"等几种有所区别的"关系说"①。就传统的教育社会学(educational sociology)和新兴的教育社会学(sociology of education)来看,"关系说"在新兴的教育社会学尤甚;就中和外来看,"关系说"在中国更浓。援引两例为证。譬如,一项统计显示,在20世纪80年代的英国《教育社会学期刊》和美国《教育社会学》这两份学术刊物中,主题为"教育与社会关系"(包括"社会化与教育""社会结构与教育""社会阶层化与教育""社会问题与教育""社会变迁与教育"等)的论文,占据前一刊物的近三分之一(29%)容量,占据后一刊物的大半江山(52.9%)②。又譬如,被认为标志着中国教育社会学起点的第一本中文教育社会学著作便是《社会与教育》③。以至我国当代教育社会学者谢维和直言:"与其他学科相比,教育社会学独特之处在于它是通过教育与社会的关系来研究教育活动和教育现象的。"④

说到底,教育社会学研究的要领,从反向来说就是,既不能"就教育谈教育",也不能"撇开教育谈其他(社会)"。从正向来说就是,教育社会学的特点在于其既姓"教",又姓"社",即教育社会学研究的是特殊的教育现象或教育问题,也就是具有社会学意味的教育现象或教育问题,或者说是教育现象或教育问题的"社会层面"⑤。即便是对于"关系说"的反思和超越这一尝试本身⑥终究也难以彻底脱离"关系

---

① 吴康宁.教育社会学[M].北京:人民教育出版社,1998:2-5.
② 李锦旭.20世纪80年代英美教育社会学的发展趋势:两份教育社会学期刊的分析比较[J].现代教育,1991(2).
③ 陶孟和.社会与教育[M].上海:商务印书馆,1922.
④ 全国教育科学规划领导小组办公室.教育科研大家谈[M]北京:教育科学出版社,2007:162.
⑤ 吴康宁.教育社会学[M].北京:人民教育出版社,1998:1-20.需要说明的是,该著当时的界定是"社会学层面";在第253期南京师范大学教育社会学沙龙(2016年9月14日)上,吴康宁老师提出,其实应该是"社会层面",而不是"社会学层面"。据此,这里正式修订为"社会层面"。
⑥ 程天君.从"教育/社会"学到"教育社会"学——教育社会学研究范式的转换[J].北京大学教育评论,2017(2)77-101.

说"来进行言说。

  这就是我们将第四套教育社会学丛书命名为"教育与社会研究丛书"的理据,因为"教育与社会"可谓教育社会学研究的肇端;这也是我们将《教育与社会研究丛书》总序命名为"九九归一:教育与社会"的原因,毕竟,"教育与社会"实乃教育社会学研究万变不离之宗;这还是我们在出版南京师范大学教育社会学沙龙集萃时将其主标题恒定为"教育与社会"[①]的原委,因为这是一份坚守。

程天君

2019 年岁末

---

① 详见总序第 2 页注②。

目 录

九九归一:教育与社会——《教育与社会研究丛书》总序 ………… 程天君

第一章　绪论:社会学想象中的学校教育时间 …………………… 001

　　第一节　研究缘由:由背景走向前台 ………………………… 003
　　第二节　研究视角:从现象转向背后 ………………………… 006
　　第三节　研究综述:教育时间的多学科视野 ………………… 009
　　第四节　研究资料及方法:获得概括性教育事实 …………… 021

第二章　现代学校教育时间的社会建构 …………………………… 033

　　第一节　社会时间的溯源及特征 ……………………………… 036
　　第二节　社会时间的现代转换 ………………………………… 049
　　第三节　现代社会中的学校教育时间 ………………………… 061

第三章　现代学校教育时间的社会呈现 …………………………… 071

　　第一节　符号:学校教育时间的直观表达 …………………… 073
　　第二节　制度:学校教育时间的规范表达 …………………… 081
　　第三节　观念:学校教育时间的内在表达 …………………… 091
　　第四节　身份:学校教育时间的群体表达 …………………… 101

第四章　现代学校教育时间的超越意涵 …………………………… 109

　　第一节　超越现在:学校教育时间的未来指向 ……………… 111

第二节　构建超越:未来时间指向中的学校教育 …………… 123

　　第三节　审视超越:学校教育时间未来指向的反思 ………… 143

第五章　现代学校教育时间的规训图景………………………… 151

　　第一节　权力的规训:学校教育时间作为分析路径 ………… 153

　　第二节　时间的配置:学校教育时间的规训机制 …………… 161

　　第三节　身体的时间化:学校教育时间的规训结果 ………… 182

第六章　现代学校教育时间规训下的逃逸……………………… 193

　　第一节　柔性的抵抗:逃逸的特征 …………………………… 195

　　第二节　寻找缝隙:逃逸的战术 ……………………………… 198

　　第三节　破坏与生产:逃逸的功能 …………………………… 217

第七章　结语:现代学校教育时间的机器意象及反思 ………… 225

参考文献 ………………………………………………………………… 234

后　　记 ………………………………………………………………… 245

第一章

绪论：社会学想象中的学校教育时间

现代学校教育的创新与发展不仅需要改革学校外部的社会支持系统,更应该关注学校内部结构的治理。但是细细爬梳学校教育研究的众多议题,学校空间中的时间因素或被研究者忽略为背景从而视而不见,抑或被研究者以"当代""现代""后现代"等概念所遮蔽而鲜有提及。时间作为学校生活的一种建构性要素,其地位和作用并没有得到透彻的研究,现代学校教育时间的生产和统治意义并没有得到清醒的反思。

第一节 研究缘由:由背景走向前台

时间对于现代学校教育的重要性是不言而喻的。首先,时间是教育活动存续和展开的条件和形式。海德格尔在《存在与时间》中认为,任何一种存在之理解都必须以时间为其视野。时间不再是外在于人而自在地存在着,不是外在于主体的客体,时间与存在必然而内在地联系着。那么在这个意义上,教育活动的存在首先必须被理解为一种时间上的存在。其次,时间是教育活动组织和安排的手段。现代学校的教育活动就是根据不同的时间点、时间段、时间表、时间期限、时间框架之间协调一致而精心设计的。学校中的所有活动包括课程、测验、考试、休息、娱乐甚至学生成长和发展等都是在这些预制好的时间体系中按照规划而进行。甚至可以说,我们的教育体制结构首先就是一个时间的结构。这个时间结构为我们所有的教育活动提供一个严格的规程,使得学校教育中的所有活动按部就班地展开。

但是,"长期固定的社会生活制度及各种原则,长期固定的社会生活节奏,也会使人们将特定历史时期内的社会生活模式当成不容置疑的事实,即当成一种社会'惯性'来看待,将他们习惯的生活与其中的社会生活的时间和空间绝对化"①。由此,现代学校教育活动的诸多安排形成了固定的惯例、习惯的模式以及无法突破的规制。人们习惯于既有的时间组织和安排,理所当然地遵循既有时间制度的宰制,几乎不去反思和批判这种时间制度本身的合理性,几乎不去省思有无更好的时间安排形式,几乎不去触及时间这个本有却若无的背景因素。

事实上,现代学校教育时间已经表现出众多"异化"的事实,呈现出诸多无法忽视和回避的矛盾。首先,现代学校教育时间异化为机械化的时间。时间表如同机器一样成为学校教育活动的指南,控制了学校中每一个个体的行为和活动。个体的时间安排必须遵从集体的时间约定,集体的时间节奏又必须嵌入学校整体的时间框架,学校教育时间规制又早被更宏观的时间意识和制度所控制。个体及其时间安排如同宏大时间机器的一个小齿轮,学校教育时间如同现代机器般悄然运行。其次,现代学校教育时间异化为碎片化时间。时间的"分割"满足了学校教育活动的持续和间隔,保证人为秩序的实现。这使得现代学校时间似乎可以按照钟表时间来分割成若干时间片段。时间碎片化为上课时间、课间休息时间、午饭时间、午休时间、课外活动时间、自习时间等。在碎片化的时间中,现代学校教育生活始终处于一种"充满中断的时代",学校中的人则始终处于一种被控制的待命状态。再次,现代学校教育时间异化为霸权化的时间。从今天学校教育时间的实际构成来看,学校教育时间作为一种制度拥有绝对的刚性和约束性。守时、按时、省时早已在学校的种种律令强化下成为指导和约束学生一切活动的习惯。学生的私人时间几乎完全被排斥和被压抑。学校教育时间作为一种制度占据着绝对的霸权地位。

---

① 高宣扬.鲁曼社会系统理论与现代性[M].北京:中国人民大学出版社,2005:242.

第一章 绪论:社会学想象中的学校教育时间

不过令人遗憾的是,现实中学校教育时间的问题以及由此带来的矛盾并没有激发改革的行动。相对于改革洪流中处于风口浪尖的诸多改革主题,时间因素一直以默默无闻的背景而存在。"背景相对于前景而言,是隐于后面、退于暗处的,它是一种弥散的存在,是需要透过前景中的具体事件而行动去寻找出某种关联从而得以定位的一种存在。"① 也就是说,背景从来不曾消失,只是依赖前景展现。这意味着学校教育时间虽然作为背景存在,但是与任何处于"前景"中的改革都密切关联,任何学校教育改革的展开都不可或缺地触及时间"背景"因素的考量。从长时段的历史因素到短时段的时空因素,从宏观的社会时代到微观的生命历程,时间与任何教育改革活动都存在着错综复杂、千丝万缕的关系。"任何关于人类组织和互动的研究,除非考察了这些组织和互动过程的时间构成,不然,这种研究就不会被认为是比较好地完成了的。"② 由此可以说,我们绝不能仅仅视时间为改革的背景,也不可仅仅视为弥散的存在。相对于"前景"来说,背景只是因为其不在人们的焦点之内,所以隐蔽而容易被人忽略。但当"背景"已经成为关键要素或至关重要的主题时,"背景"必然走向"前台",成为分析的主题。研究的"热点"与"冰点"因为时间的累积必然发生转化。教育家史密斯指出:"时间一直使诗人、哲学家、浪漫主义作家和科幻作家们着迷。而教育学家们却刚刚发现时间作为教育过程中一种变量的全部意义和影响。"③ 因此,在这个意义上,时间由背景走向前台根本不是关注焦点的变化,而是因其与学校教育活动的紧密关系而具有重要的研究价值。

---

① 高水红.共用知识空间 新课程改革行动案例研究[M].南京:南京师范大学出版社,2008:77.
② [英]约翰·哈萨德.时间社会学[M].朱红文,李捷,译.北京:北京师范大学出版社,2009:64.
③ 中央教育科学研究所,比较教育研究室.简明国家教育百科全书 教学(上册)[M].北京:教育科学出版社,1990:405.

第二节　研究视角：从现象转向背后

保罗·利科认为："时间之所以不可思议，正是因为与之相关的论述东鳞西爪，无法统一。"①非但理论如这般，时间的现实更是如"线团"般"剪不断，理还乱"。也正是因为如此，面对学校教育时间与教育活动相互关联、难以剥离、纠缠不清的现实和问题，面对学校教育时间研究重要却不被重视的困境，如果不能进行一种"连根拔起"式的思考，根本无法理清与之相关的种种问题；如果不能提供一种彻底可行的框架，根本无法解释和揭示背后复杂的观念和结构。在时间这片园地里，"事实本身是深深掩藏着的"（康德）②。所以对学校教育中时间因素的研究必须力透时间的表象，转向背后揭示其真相。

基于这种迫切的需求，我们选择了从社会学的角度展开现代学校教育时间的研究。社会学的独特魅力在于其不仅生产了丰富的时间研究知识，还提供了时间研究的独特视角。

第一，社会学"化熟为生"的精神。"社会学让人着迷之处，在于它让我们能够以一种新的眼光看待我们的世界。""（它）给我们的首要启示是，万事都不像表面上那样。"③也就是说，社会学对人们视作当然的一切说法都表示怀疑，以某种审视的眼光去揭穿人们用来掩饰自己行为的各种借口。因为它研究的不是陌生的新世界，而是一个熟悉的生活世界。而熟悉往往是最大的障碍。因为熟悉，所以习惯和忽略；因为熟悉，所以遮蔽和阻挡；因为熟悉，所以视为自然。如此，难以认知。因

---

① [英]彼得·奥斯本.时间的政治：现代性与先锋[M].王志宏，译.北京：商务印书馆，2004：52.
② 渠敬东.缺席与断裂——有关失范的社会学研究[M].上海：上海人民出版社，1999：166.
③ [美]彼得·伯格.与社会学同游——人文主义的视角[M].何道宽，译.北京：北京大学出版社，2008：23.

此，社会学的精神首先使我们对学校教育中被人们视作背景的时间因素给予了重新审视，让人们熟视无睹的、难以察觉的时间进入研究者的视野。"如果能将已知的事物陌生化，然后再尝试挑战其真实性，才有可能深入了解它。"①因此，所谓的"社会学角度"是指期望通过社会学的"学科之眼"超越对学校中时间理解的常识和想当然性，让我们不仅能认识到学校中时间因素的千变万化的形态，而且能在彼此的关系中认识它们，并在研究和理论中解释它们。

第二，社会理论对时间的研究。虽然很多社会学家也常被批评在研究中漠视时间的存在，但是仍有诸多社会学家展开了对时间的探索。这些研究提示我们在时间的表面和常识的外表之下，存在着相互矛盾和冲突的隐蔽地带。各种冲突不仅源自公认的多种多样的主观评价，而且也因为时间被认为与不同情境中的社会生活有关。特别是迪尔凯姆"社会时间"的提出明确指出，"时间概念不再仅仅是人们对自然界依赖关系的反映，而是社会群体之间相互关系的反映，因而，它便不再是由生态学因素所决定的，而更多地由结构关系所决定。从某种意义上说，所有的时间性都是结构性的，因为它们都是对于并行的、协调的或合作的活动，即一个群体的运动的概念化表达"②。由此可以说"社会时间是社会现象的内在因素，它对于形成社会行动、社会生活和社会过程具有作为构成要素的意义"③。如此看来，学校教育时间之于学校教育活动的意义也绝不仅仅局限于背景，局限于手段，而具有重要的生产功用。

从社会学出发，首先学校教育时间被理解为一种"社会事实"，一种

---

① ［日］原研哉.设计中的设计[M].朱锷，译.济南：山东人民出版社，2006：1.
② ［英］普里查德.努尔人：对尼罗河畔一个人群的生活方式和政治制度的描述[M].褚建芳，等译.北京：华夏出版社，2002：124.
③ 景天魁.中国社会发展的时空结构[J].社会学研究，1999(6)：54-66.

涂尔干认定的"社会事实",一种类似于自杀、符号系统、货币系统、职业惯例一样的"社会事实"。之所以将其看作"社会事实",是因为这个概念把存在于学校空间中无形无相但普遍发挥作用的非物质现象"学校教育时间"凸显出来,把"学校教育时间"作为一种客观物来对待,给进一步的研究提供了极大的方便。另外,涂尔干进一步指出,一种"社会事实"只能通过其他"社会事实"去解释,那么学校教育时间必须通过与之相关学校教育活动的事实来阐释,甚至依靠更广泛的其他"社会事实"来解释。这也就意味着社会学对学校教育时间的研究既包括对"学校教育时间"作为一种"社会事实"本身的研究,更着力探索通过"学校教育时间"研究学校教育中被隐藏的"深层事实"。"通过"也即学校教育时间在其中是一种媒介、一种手段、一种桥梁、一种关联。譬如对身体史的研究,"凡是研究身体史者首先必须谨慎考虑关联:不仅是身体与思考、实践与语言之间的哲学关联,也包括以现存人类生命为基础的身体的社会关联,以及现代身体纠缠在对欲望的着迷"①。"关联"成为思考学校教育时间问题的关键取径,成为探索时间背后的途径。

当然,"每一项特殊的研究都是多面的镜子(其他的面都重新回到这个空间的每个角落),但却是破裂变形了的镜子(其他的事物在这里被打破和改变)"②。

古尔维奇也强调社会学能做的一切就是尝试重构,在每一种框架、情境之中,每一次危机、转折之际,都应该重新尝试一次重构,甚至每一种概念工具都需要更换或重新设计,而且每次都要从特定的参照点开始,这些参照点更加适用于理解处于运动中的社会实在的预料不到的

---

① Furth Charlotte. 再显与感知——身体史研究的两种取向[J]. 新史学,1999(4):129-144.
② [法]米歇尔·德·塞托. 日常生活实践 1 实践的艺术[M]. 南京:南京大学出版社,2009:108.

转向。[①] 从学校教育中的时间出发，揭开时间的遮蔽，解释时间的角色，进而呈现出与时间关联的因素"情理之中，意料之外"的"真相"；从"时间之镜"读出学校教育原有主题新的意涵或者发现新的研究主题；以时间为参照点，重构学校教育中的相关主题，重思时间关联主题的社会意涵。这应该是以社会学视角研究学校教育时间的应有之义。

第三节 研究综述：教育时间的多学科视野

培根说，一个人希望研究某一事物，他必须首先了解在他之前关于这个问题别人说了些什么，然后他才开始做研究计划。[②] 这清晰简洁地指明了研究综述应该完成的任务。纵观历史，学校教育时间的阐述和研究虽然从未形成理论研究的热点，但并不是完全无人问津。最新的研究[③]表明，早在《学记》《论语》这样的典籍中就已经明确阐述时间之于人生规划以及教育的重要意义。民国时商务印书馆还曾编刊出版过《教育时间之研究》，阐述学校教育时间的组织和安排。细查现实，学校教育时间已被多学科譬如哲学、历史学、人类学等展开了多角度的探索并累积了丰厚的思想和知识。因此，围绕本研究主题梳理已有的相关文献，既是为了理清研究的脉络，从而标记自己的研究起点，也是为了学习和借鉴前人的研究，为本研究奠定丰富的资源。具体来说，本研究将以"教育时间"为关键词从以下几个方面展开文献回顾：

[①] [法]乔治·古尔维奇.社会时间的频谱[M].朱洪文,高宁,范璐璐,译.北京:北京师范大学出版社,2010:5.
[②] [美]罗伯特·金·默顿.论理论社会学[M].何凡兴,李卫红,王丽娟,译.北京:华夏出版社,1990:43.
[③] 郭院林,冯月月.《论语》中时间的表述与价值指向[J].江苏社会科学,2018(3):45-52;李想.论《学记》中的"时"[J].全球教育展望,2019(1):44-54.

一、教育时间的教育学研究

教育学对教育时间的研究主要集中在对课堂教学时间构成和变革的研究上面。课堂教学时间构成是指"组织教学、检查复习、学习新教材、巩固新教材、布置课外作业"等基本教学环节在整个课堂教学活动中所被分配的时间比重。① 各个环节在课堂所占比重的不同直接影响教育教学的效果,因此受到学人更多的关注。最早对教学时间进行系统研究的西方学者当属卡罗尔。他提出了教学"所需时间"与"所花时间"的分类法,试图揭示教师教学时间与学生学习时间之间的函数变化,找到教师教学与教学效果之间所需的最佳时间的变量关系。这样,既可以节省教师教学的"所需时间",又可以使学生达到理想学习效果的"所花时间"经济化。另外,美国学者哈尼斯菲格和怀利,以及后来的安德森、卡维特等人对教学时间进行了更为细化的分类研究。② 国内也有学者对这个方面给予了关注。何红娇就提出学校教育时间的效益问题,并分析影响效益的因素和提高效益的途径。所谓学校教育时间的效益也就是学校教育时间投入与产出的关系。在这里产出指学生的各种能力与各方面素质得到发展的水平。③ 方琴在其硕士学位论文中通过对上海市四所中学的实证研究,重点从时间视角对有效课堂教学进行探讨,对有效课堂教学的时间现状、分配结构进行了分析并提出了改进建议。④ 张海钟则通过对夸美纽斯的班级授课制、布鲁姆的目标教学理论、奥苏贝尔的接受学习理论以及巴班斯基的过程最优化理论的分析,使我们进一步明确了教学工作包括教学改革与人类其他的社

---

① 南京师范大学教育系.教育学[M].北京:人民教育出版社,1984:471-473.
② 石健壮.时空的教学意蕴:一种人类学的视角[D].西南大学,2010:4.
③ 何红娇.学校教育时间效益刍议[J].山东教育科研,1999(Z2):53-55.
④ 方琴.有效课堂教学的时间视角:基于上海市四所初中的分析[D].华东师范大学,2009.

会性工作一样,必须首先考虑一个时间限制问题,并对教育时间、教学效率和教学改革三者之间的关系进行较为深入的阐述。① 与此研究类似,鲁正一、张广君基于对偶然性的认识,从个体意识时间、教学过程时间和日常生活时间三个维度,重新诠释了偶然性与教学时间之间的关系。②

教育学对教育时间研究的另一个集中点是在人们对时间认识的变化与教育的关系上。比如:在简单性思维里,时间客观存在,没有方向,是可逆的;而复杂性科学则认为时间具有方向性,是不可逆的。这种时间的不可逆表明了发展有着多种可能性,指向了开放、可能、生成和创造。文雪和扈中平从时间不可逆的特性出发,指出了对时间的这种认识变化带给教育思想方面的一系列变革:① 时间成为人的发展的结构性内涵;② 强调教育的生成性和非连续性;③ 注重人的发展和教育过程中的遭遇、唤醒等。③ 何敏在分析古今中外人类对时空认识与理解的基础上,提出了自己对教育时空特性的认识与理解,并结合新的教育理念(主要是生命教育的理念)提出要对教育(课堂教学)时空进行重构,特别是在对现代性条件下人性缺失的课堂教学时空进行深度挖掘的基础上,更好地整合和利用人类自身对时空的独特体验,进而让课堂教学时空中的师生充分享受到教学的魅力与人存在及生存的意义和价值。④

教育学对教育时间进行本体性、系统的研究集中体现在"教育时间学"的有关研究中。教育时间学以教育时间为研究对象。它是"时间升值趋势激起的研究兴趣,科学交叉生成的内在动力,以及教育改革提出

---

① 张海钟.教学时间、教学效率和教学改革[J].高等师范教育研究,1996(6):49-52.
② 鲁正一,张广君.偶然性视域下的教学时间观:反思、诠释与重构[J].教育发展研究,2016(4):25-29.
③ 文雪,扈中平.论教育的时间内涵——时间不可逆的教育意义[J].高等教育研究,2006(5):18-23.
④ 何敏.教育时空问题初探[D].华东师范大学,2003.

的要求和提供的经验"①等诸多因素交互作用的结果。国内代表的著作当属孙孔懿的《教育时间学》②。他认为,时间是物质存在、运动和发展的空间,也是人类存在和发展的空间。"时间实际上是人的积极存在,它不仅是人的生命的尺度,而且是人的发展的空间。"③他把教育时间的基本规律、功能、效益、结构、密度、节奏以及教育时序、教育时机、教育时间管理、时间教育等方面作为教育时间学研究的基本范畴,以"人的发展的特定空间"作为逻辑起点,以教育时间效益为纽带,对教育时间进行了系统的研究。与此不同,张延昭在其多篇论文中基于中国教育近现代化的进程思考教育时间体系的重构及其意义。④ 同样,胡振京从历史的维度阐述了现代性教育时间构建的历程。⑤

另外,针对各种对教学时间的研究,也有学者对研究本身进行了反思。比如,盛群力和吴文胜简要梳理和讨论了已有的八种教学时间研究模式。① 卡罗尔的"学习程度":经济模式;② 布卢姆的"能力新解":调速模式;③ 希尔等人的"所得优先":丰产模式;④ 安德森的"时间利用":减支模式;⑤ 卡威特的"学习变率":动态模式;⑥ 旺的"整合环境":适应模式;⑦ 斯莱文的"短板效应":均衡模式;⑧ 东阳中学的"教学时效":适配模式。他们通过对上述八种教学模式的分析,简要概括出了现有教学时间研究模式的走向心理——教育模式等三种特点,为今天教学和课程改革提供了一定的启示。⑥ 宋秋前对自 20 世纪 60 年代以来逐渐确立的教学时间分类体系做了系统的回顾和分析,指出教

---

① 孙孔懿.《教育时间学》出版十年反思与前瞻[J].江苏教育学院学报(社会科学版),2003(9):12-13.
② 孙孔懿.教育时间学[M].南京:江苏教育出版社,1998.
③ 中共中央马恩列斯著作编译局.马克思恩格斯全集(第 47 卷)[M].北京:人民出版社,1979:532.
④ 张延昭.简论教育活动中的时间呈现及其变迁[J].基础教育,2015(3):46-54;张延昭.试论中国教育近现代化过程中教育时间体系的重构[J].教育学术月刊,2014(4):29-36.
⑤ 胡振京.论现代性教育时间构建[J].教育研究,2014(8):135-141.
⑥ 盛群力,吴文胜.教学时间研究模式及其特点[J].课程·教材·教法,2002(10):18-23.

学时间是一个多层次、多维度的结构功能系统,其分类应从形式结构和内容结构两个维度展开。只有正确处理教学时间形式结构和内容结构及其各构成要素之间的关系,才能提高教学时间的利用效率和师生教学行为的有效性。①

二、教育时间的哲学研究

哲学对教育时间的主要关注点聚焦在人、生命与教育时间的本源性关系上。例如,杜威在其代表作《民主主义与教育》中呼吁尊重儿童的未成熟状态,让儿童在教育时间中自然地成长发展。在这个意义下国内学者张志先较早关注了教育的时空问题。他认为时间是无限的,但对一个人来说则是有限的。如何有效地利用时间,不仅是人作为自然实体的必需,也是使教育手段不断完美之必需。他从时间的"共振"效应、物质效应以及激励效应三个角度分析了教育的时间问题。② 黄泓枢在生命化教育思想的背景下,以个体生命为基准,展开对教育时间本性的思考、论述,以期在生命的时间性视域下深化对生命化教育的理论探讨。他指出教育者的一个首要任务就是引导学生重新认识生命与时间的本源关联,以使学生意识到生命的这种本己处境,之后才能很好地筹划人生。③ 侯海凤认为幼儿具有自然赋予的先在的时间观念,这种自然的时间具有内在性、无意识性,是幼儿转变生长的条件,是幼儿创造性潜能发挥的前提,"钟表时间"并不是衡量幼儿时间观念的唯一合理尺度,因此,现代幼儿教育时间应"取法自然",以达成个体内在时间与客观时间的和谐与平衡。④ 同样,张更立从柏格森的生命哲学角

---

① 宋秋前.教学时间的结构化多维分类研究[J].浙江海洋学院学报(人文科学版),2004(2):64-68.
② 张志先.教育的时空问题[J].新疆师范大学学报(哲学社会科学版),1995(1):92-96.
③ 黄泓枢.敞开时间,敞亮生命:论教育的时间内涵[J].湖南师范大学教育科学学报,2009(1):26-29.
④ 侯海凤.儿童的时间观念与儿童教育时间的"取法自然"[J].学前教育研究,2009(8):32-36.

度,基于对生命"真正的时间"的理解,提出要确立尊重儿童生命的生长性教育时间观。① 他们都认为只有当教育的时间与儿童生命内在的时间相一致,才能发挥对儿童生长的作用。这也充分说明了时间与人的生命是紧密关联的,人的存在是与时间不可分割的。

陈建翔认为,时间问题不仅是哲学思维的重要内容,也应当是教育哲学研究的重要范畴。他认为,时间应该是多层次的,时间的研究必然更多地围绕"时间的人化"问题展开。个体时间是自然时间与社会时间的综合,其本质是个体生命的发展尺度。教育对于个体时间的和谐运行与潜能发挥起着主导作用。② 与其类似,高伟也认为反思教育与时间的关系是教育哲学最核心的任务。他认为与知识论哲学有着天然而密切联系的"浮士德时间"哲学对现代教育哲学有着重要的影响。"浮士德时间"哲学对时间理解的线性、易控性和可计量性为知识论哲学教育哲学提供了形而上学的基础,现代教育应该在时间哲学上超越这种"浮士德时间"。③ 杨一鸣在其博士学位论文中明确地谈到其研究试图以哲学的方式讨论现代教育,他引用海德格尔关于时间问题的论述,指出时间与教育的问题就是"理解与把握教育中'与时间的关系'",在此基础上,他以教育概念中的时间为线索(社会化与个体化,连续性与非连续性,变动与永恒),以哲学解释学作为理论基础论述了教育的时间性(传统教育与现代教育之间的历史演变及其机制)问题。在关于日常教育活动与时间关系的分析中,他从时间表、效率、节奏和时机四个方面出发论述了现代教育所具有的技术化与工具化的控制功能。④ 高德胜以后现代时间哲学作为理论基础,从时间的功利化、利益化、为时间

---

① 张更立.生命哲学视域下的生长性教育时间观及其启示[J].学前教育研究,2010(12):31-35.
② 陈建翔.时间之谜的教育谜底[J].教育理论与实践,2007(7):7-9.
③ 高伟."浮士德时间"与知识论教育哲学[J].海南师范学院学报(社会科学版),2003(1):93-98.
④ 杨一鸣.教育与时间——现代教育基本特征的初步研究[D].南京师范大学,2003.

而牺牲人,以及放任时间对人的宰制、遗忘休闲与娱乐至死等几个方面对当今学校教育所持的时间观进行了更加深刻的反思与批判。① 总之,哲学对学校中时间的研究主要侧重从学生的生命本源、个体生命的发展以及教育的时间性存在等角度展开研究。

三、教育时间的人类学研究

这方面研究最大的成就当属德国教育人类学家博尔诺夫。博尔诺夫在他的经典著作《教育人类学》中论述了人类学视域中时间对于人成长的意义与价值。② 他对人与时空关系的理解与阐释用一句话来概括就是:人就是在时间中希望和在空间内居住。时间不仅是"能精确划分和有目的地利用的物质形式",而且具有特殊的内部结构。时间的内部结构"并非首先由人赋予的,而是在事物发生过程中自己形成的","时间始终是某个特定事物的时间"。③ 时间不仅有其客观向度,而且有其主观向度。因此,博尔诺夫讨论的重点不是"钟表所测定的客观时间",而是"人在生活中具体地度过时间的方式",即柏格森意义上的生命时间、心理时间。博尔诺夫认为,我们需要以人在生活中具体度过时间的方式来理解时间,并保持与时间进程协调一致。那么怎样才能实现"同时间进程的协调一致"呢?博尔诺夫认为,无论是"昼夜的交替""季节的交替"还是"超个人的生活制度的交替",都是人们基于对事物自身时间的认识而划分的。每个时刻始终是某个事物的时间,是在该时间应做的特定事物的时间,而人必须学习以正确的方式适应这种节律,并满足出于这种节律的种种要求。正确地对待时间,首先要区分"工作时间"与"自由时间"或"休闲时间"。

---

① 高德胜.学校教育时间观念的反思与批判[J].首都师范大学学报(社会科学版),2007(1):135-141.
② [德] O.F.博尔诺夫.教育人类学[M].李其龙,等译.上海:华东师范大学出版社,1999.
③ [德] O.F.博尔诺夫.教育人类学[M].李其龙,等译.上海:华东师范大学出版社,1999:78.

但是,博尔诺夫认为:"我们尚需扩大观察方式,因为问题不仅关系到正确满足现在,而与未来和过去的关系同属有限人生的完整结构。"那么人怎样面对过去呢?怎样才能使"过去不仅仅是人必须'克服'的负担,同时也是目前的生命赖以存在的主要基础"呢?博尔诺夫认为,必须负责地看待历史,必须承认它并将其吸收在自己生气勃勃的生命之中。对于未来,他认为人处于目前时刻,但总是超越目前时刻而注意到应当或可能发生些什么。人是创造未来的生命体。因此,人必须通过行动"负责地创造未来","必须对其未来具有责任感",而不应"得过且过地生活"。但问题是人能在何种程度上支配未来。博尔诺夫认为,必须对未来进行规划,"凡可计划和预见的,都应加以计划",但同时也要做好应对不可预见的各种风险与不幸的心理准备。在博尔诺夫看来,教育的作用主要是培养对待时间的正确态度;教育要为年轻人创造一个适当的环境,并为他们提供一个保持时空关系的良好榜样,避免他们犯某些威胁性的错误。[①]

另外,国内学者石健壮在其博士论文中,从人类学的视角对时间和空间的教学意蕴进行了分析。他认为,以往从物理学和社会学上对教学意蕴的探讨并没有将人身处的日常生活看作人"安身立命"的生存论基础和实现"人之为人"的超越性目的的实在性本身。他认为在人类日常生活中应该创生一种融生命性与价值性于一体的教育性教学时空观,并以此来超越制度化教学时空观。[②]

四、教育时间的社会学研究

社会学探讨时间的方式不同于教育学、哲学以及人类学,伯格曼认

---

① 宋剑.时空的教育学意蕴:博尔诺夫教育人类学的独特视域[J].教育理论与实践,2009(13):8-11.
② 石健壮.时空的教学意蕴:一种人类学视角[D].西南大学,2010.

为:"社会学首先把时间界定为其目标领域内的社会建构,然后又把存在问题转化成了意义问题……"① 在社会学意义上对教育时间的研究主要集中在以下几个方面。

(一) 课堂教学时间构成的社会学研究

"课堂教学时间构成是指不同类型的人际互动在整个课堂教学中所占时间比重。关于课堂教学时间构成的社会学研究的主要任务便是通过这种时间比重来展示课堂教学的社会学特征。"② 此类研究可视为发端于贝尔斯(Bales, R. F.)。贝尔斯于20世纪50年代初提出了著名的互动行为类目系统,并以一分钟为单位时间对群体中的互动行为进行观察与记录。受贝尔斯影响,弗兰德斯(Flanders, N. A.)于20世纪70年代初开发了弗氏互动分析类目系统(Flanders Interaction Analysis Category System,简称FIAS),进一步细化,提出以三秒钟为时间单位对教师与学生在课堂中的个体间互动为对象进行统计与分析,以期分析出课堂中师生互动的结构性特征。与贝氏及弗氏相比,英国学者高尔顿(Goaton, M.)等人的方法或许更适合考察课堂教学时间构成。高尔顿以"互动者"为线索,弥补了对学生群体互动观察的缺失,对58个班级的小学教师及部分学生的课堂活动时间进行分类观察与记录。国内开展此项研究最早的是南京师范大学教育系、无锡市西新中学课题组,他们为了研究我国学校课堂教学时间构成的总体特征,曾对14所小学五年级班级的28节课进行过观察研究,并把研究结果与英国小学在"教师课堂活动时间"和"学生课堂互动时间"两个维度进行了比较,得出一系列的结论。③

---

① [美]芭芭拉·亚当.时间与社会理论[M].金梦兰,译.北京:北京师范大学出版社,2009:54.
② 伍宁.课堂教学时空构成的社会学分析[J].教育研究与实验,1996(2):63-68.
③ 同②.

（二）教育时间隐含权力的社会学分析

哈格里夫斯把学校中与教师有关的时间分为四类：技术理性时间、微观理性时间、现象学时间（主观时间）和社会权力时间。① 他认为，从教师与学生在学校系统中所处的位置和地位关系出发，教师占据了课堂教学中更多的时间，并且教学时间上的计划和安排都无形之中体现了教师的意志，事实上是社会权力在学校中的微缩。国内也有学者对此给予了关注。比如，马维娜认为"教学时空"不仅作为自然性时空，以一种"存在性"要素呈现出来，而且更多地作为社会性时空，以一种"建构性"要素彰显出来。她不但拓展和深化了吴康宁教授关于课堂教学时间构成的研究，而且提出教学时空结构会直接或间接影响知识的分配方式与话语权力的运作。不同的教学时空结构会构成不同的教师群体、学生群体尤其是学生同辈群体，并对学生个体社会化过程加以不同的影响。② 项贤明尝试运用社会学和拓扑学的方法，对教育现象的时空特性进行了初步的分析，他分别探讨了生活时空、学习时空、工作时空和公众时空中教育场所的特性，在更加深入细致地分析学校及学校以外教育现象的时空特性方面，做出了新的尝试，特别是对权力在秩序化学习时空中所起的作用做了分析，很有启发意义。③

（三）时间作为规训和区隔手段的社会学研究

最早论述时间对人的规训的是福柯，他在分析监狱对犯人活动的控制时，论述了时间在其中扮演的角色，同时也对时间在"戈布兰学校"的规训作用做了简单的分析。④ 国内关于教育时间对人的规训的分析

---

① 何敏.教育时空问题初探[D].华东师范大学,2003:10.
② 马维娜.教学时空的双重建构[J].课程·教材·教法,2004(12):17-22.
③ 项贤明.教育的场所——一种对教育现象时空特性的尝试性分析[J].北京大学教育评论,2003(4):84-89.
④ [法]米歇尔·福柯.规训与惩罚:监狱的诞生[M].刘北成,杨远婴,译.北京:生活·读书·新知三联书店,1999:153.

在最近几年才开始出现。例如,闫旭蕾认为学校教育时空的建制、运行既基于物理学的层面,又超越了这一层面,呈现出异质的表现样态。他从时空的制度化、资本化、乌托邦化、仪式化等几个方面论述了时空与身体的关系。① 另外,王娟和陈建国的硕士论文在谈到"身体规训"时,也都分析了时间在其中的角色和作用。② 时间不但作为规训的手段,同样时间在教育中还具有区隔的意义。高水红以时空为视角分析指出了城乡时空结构与学生符号系统之间的关系,阐明了学生时空的城乡区隔。③ 石艳在对学校空间分析时,对学校时间的区隔作用也做了简单的分析。④ 与此不同的是,王友缘探讨了另一种时间——童年的边界问题,指出在制度化学校教育下,童年的边界从一段混沌模糊的时间域逐渐走向以理性时间为标度的确定时间节点,进而与学业生涯节点相结合。引发童年边界变迁的区隔机制则从家族主义文化下的人情网络转变为现代学校教育下时间与空间的双重制度化。⑤

(四)教育时间的教化功能的社会学分析

魏宏聚以布迪厄的"场域理论"为支撑,提出了教学时空的教化的意蕴。他认为教师通过创设特定的时间与空间,在一定情境中借助特定时空的社会意义,可以实现对受教育对象的教化与约束。有形时空与无形时空的结合是教学时空教化功能的独有特征。⑥ 关于时空的教化功能,江净帆的博士论文是目前关于空间教化功能比较典型的研究。他以喜洲白族传统民居为例,以中国传统建筑理论与空间社会学为主

---

① 闫旭蕾.关于学校教育时空的社会学分析[J].当代教育科学,2006(6):13-16.
② 王娟.教室中的身体——对W校初中生身体规训的个案研究[D].首都师范大学,2008;陈建国."微观权力"视角下的学校身体规训——以江苏省H市Y小学为例[D].华东师范大学,2009.
③ 高水红.学生符号世界的城乡区隔——时空的视角[J].教育研究与实验,2011(4):1-6.
④ 石艳.我们的"异托邦"——学校空间的社会学研究[M].南京:南京师范大学出版社,2009:155-157.
⑤ 王友缘.谁是儿童?——制度化学校教育背景下童年边界的变迁[J].教育发展研究,2018(8):6-12.
⑥ 魏宏聚.略论"教学时空"的教化意蕴[J].教育理论与实践,2008(25):48-51.

要分析工具,通过对民居的实地考察与理论分析,揭示出建筑空间同时具有的主观意义与社会属性。研究同时揭示出,由于具有这种主观意义以及社会效用,民居通过朝廷主导、社会习俗以及民众自觉而演变成我国传统社会的教化载体。① 但是,关于时间的教化意义目前尚未有典型的研究出现。

(五) 教科书中蕴含时间观的社会学分析

这个方面的研究主要是刘云杉在其博士论文《学校生活社会学》中论述"民间知识的日常生活"时,绕过了法定文化或者说制度文化,对教科书中蕴含的民间知识中时间观的分析。②

五、简评已有研究

综上所述,众多学者已经从不同学科和角度展开了对教育时间的探索和研究。但是相较于纷繁复杂的教育现实和不计其数的教育研究,已有教育时间的研究可以说是沧海一粟、凤毛麟角。尤其是在教育社会学领域中,较为清晰、透彻和深入的研究更是少之又少。因此本研究将继续沿着社会学的致思路径对学校教育时间展开更加深入的研究,更明确地说主要基于以下几点考虑:

第一,教育时间社会学研究的范围局限。已有社会学意义上的教育时间研究大多集中在微观层面上的课堂空间或教学互动中,尚未形成以"学校"为空间界限的学校教育时间的社会学研究,时间和空间范围狭窄。

第二,教育时间概念研究不够充分。已有研究仅仅在物理学上使用"教育时间"的概念,将其看作一种"客观时间",忽略"时间"概念的复

---

① 江净帆. 空间中的社会教化——以喜洲白族传统民居为例[D]. 西南大学,2010.
② 刘云杉. 学校生活社会学[M]. 南京:南京师范大学出版社,2000:83.

杂性。没有厘清"教育时间"与"自然时间""心理时间"等时间概念的关系和特点,造成研究中使用的"时间"概念指向不明、意义模糊。

第三,教育时间的社会学研究解释力不足。已有的研究虽然涉及诸如规训、区隔以及权力等主题,但是缺乏在时间层面上的清晰视角,也没有给予这些主题充分而有力度的深入阐释,广泛但只浮于表面。

第四,教育时间的社会学研究缺乏系统。已有的研究主题广泛、零零碎碎、东打西敲,没有基于社会学的视角和理论展开对教育时间或学校教育时间系统而连贯的分析,仅有社会学的"感觉",没有社会学的"味道"。

当然时间问题是充满迷惑的,教育问题也如丛林般复杂,对教育时间的研究更是难上加难,因此本研究也只能尽力而为,寻求进步。

第四节 研究资料及方法：获得概括性教育事实

米尔斯认为,任何一种社会研究都是由思维推进的,并只由事实加以限定。① 这意味着理论的推进需要实践的检验,能否获得充实的"社会事实"对于一种社会研究是否成功具有决定性意义。因为任何理论的探索都需要"社会事实"的确证和拓展,没有事实的理论无异于建构一种理论的乌托邦。另外,在一定的层面上,社会学的研究对象就是"社会事实",从对"社会事实"的解释和提升中获得理论。同样作为社会学的子学科,教育社会学也以教育中的"社会事实"为研究对象,是一种"事实性研究"。② 既然"事实"对于研究如此关键,那么,使用什么样

---

① [美] 米尔斯.社会学的想象力[M].陈强,张永强,译.北京:生活·读书·新知三联出版社,2001:75.
② 吴康宁,"走进教育社会学"学术讲座,2009年.

的"事实"(研究资料)以及如何获得研究的"事实"(研究方法)也就成为本研究必须回答的问题。

一、研究资料

基于教育领域中"社会事实"的存在特点以及本研究的境遇,笔者使用"概括性教育事实"①这一概念作为研究资料的总体性特征的描述。所谓"概括性教育事实"是指,这种教育事实既不是完全来源于对一个人、一个教育事件、一个学校,或一个社区所进行的深入全面的个案研究,也不是完全来源于对教育现象深描式的分析,而是研究者对于弥漫于自己日常生活中的日积月累的一些感受及经验的概括、综合和贯通的总结。虽然这些感受和经验可能来源于不同的时空、不同的情境、不同场景,但是当获取的这些教育事实具有相似性,也就意味着它们具有了一定的典型性和代表性,可以作为相对真实的教育事实来呈现。甚至有学者就主张要把原始资料进行分析和提炼后在中观层面上来使用。② 当然"概括性教育事实"并不排斥来自个案的调研资料和深描式的访谈资料,这些资料同样可以作为原始资料加以概括或者直接使用。之所以采用"概括性教育事实"作为论据,主要基于以下两点考虑。

(一)"个案研究"的代表性问题

"个案研究"的代表性问题一直是社会科学方法论研究中不断纠结的问题。人们不断地质疑如何能够通过对一只"麻雀"的解剖获得结论,并将其推广到更大范围或者所有"麻雀"身上,也就是"以微能否明宏,以个别能否例证一般?"弗里德曼(Freedman)和利奇(Leach)对费

---

① 此概念是由吴康宁教授提出的。参见南京师范大学教育社会学研究中心的沙龙文集(2011年卷)。
② [英]托尼·比彻,保罗·特罗勒尔.学术部落及其领地:知识探索与学科文化[M].唐跃勤,等译.北京:北京大学出版社,2008:2.

孝通《江村经济》的质疑具有代表性:"个别社区的微型研究能否概括广大中国的一般国情并展现整个中国社会的特点?"①在本研究中,问题也就转化为:在一所学校中的有关时间的个案资料能否代表更多的学校甚至学校整体?用"单一"的资料如何能够得出"复数"的结论。韩明谟转引费孝通的观点回应了这种困境:"吴江县小城镇有它的特殊性,但也有中国小城镇的共性。只要我们真正科学地解剖这只麻雀,并摆正点与面的位置,恰当处理两者关系,那么在一定程度上点的调查也能反映全局的基本面貌。"②事实上,为了摆脱这种方法的困境,费孝通在后来的研究已经通过"类型比较"的方式企图把中国农村的各个类型一一描述出来以接近整体,以"类型"化解个案的困境。③

但显然,这里费孝通提出的"类型"其实已经具有了概括的意义,因为每一种模式的提出都是在调查多个地区、多个研究单位综合概括的基础上提出来的。例如,在"苏南模式"中就包括了苏州、无锡、常州等地;他并不是针对一个城市的个案研究,而是寻找这几个城市的共性:都位于长江下游,都是由于乡镇工业的兴起而进入工业化时期,④等等。个案研究的生命力在于纵向上的"深度"方面,但是却无法顾及横向的宽度(代表性)问题。虽然能把一个"开弦弓村""解剖"透彻,但是却无法顾及其他的"村落",更无法推及更大的范围。我们在选择个案的时候,常常很难判定一个个案是否具有典型性或者说代表性,也即具有这类事物的所有共性特征。那么,在这个意义上,本研究使用的"概括性教育事实"就具有了一点"超越个案研究"的意义。因为用以论证观点的资料并非只是来源于一所学校的有关时间的资料,还有笔者多

---

① 费孝通.重读《江村经济·序言》[J].北京大学学报(哲学社会科学版),1996(4):4-18.
② 费孝通.行行重行行 乡镇发展论述[M].银川:宁夏人民出版社,1992:4.
③ 譬如20世纪90年代,他提出的"苏南模式""温州模式"以及"珠江模式",等等。
④ 费孝通.学术自述与反思:费孝通学术文集[M].北京:生活·读书·新知三联书店,1996:294.

年的在校生活经验、观察以及报刊等诸多方面综合和概括的有关教育时间的事实。正如风笑天的观点,"因为任何共性都存在于个性之中,任何特殊性也必定包含着普遍性的因素。因而,对从一个或几个个案的研究中得到的结果,仍然可以进行概括。只要注意概括的方式、结论、程度等问题"①。在一定的意义上,概括也就意味着"同类项"的合并、贯通以及提升,所以"概括性教育事实"首先在资料的收集方面就不局限于一时一地,而是把可概括的层面拓宽、延展;概括也意味着具有一种超越个别,走向普遍和一般的倾向,那么这就说明"概括性教育事实"已经在资料的收集、归类上照顾到了研究的代表性问题。

至于是否如有学者认为的那样,把原始资料提升到中观层面来使用,这仍是有待商榷之处,因为毕竟"中观"这个概念仍然是一个"没有落实的概念"②。"中观"毕竟是相对于"宏观""微观"来讲的,并没有办法给出一个确定的范畴。这里的"概括性"意在强调资料收集的来源拓宽,资料具有一定的综合性,并无意给出概括的程度。

(二)来源于经验生活的教育事实

对于一项社会学研究来说,依循质性的访谈或者大规模的定量调查获得研究的资料是惯常的做法,也是研究科学性的保证。但是,不可否认的是,作为研究者本身并没有也不可能完全从日常生活之外和之上来观察和俯瞰我们的研究对象或主题。实际上支配着我们判断和认可的,可能不是问卷调查,不是质性访谈那些东西,而是我们大量的日积月累的经验事实,是每天都在我们周围发生的,是我们不断产生的那些感受、体验,这些东西支配着我们的思想。③ 也正是这些日常生活中不断累积的大量经验事实促成了研究者问题意识的形成,成为问题形

---

① 风笑天.简明社会学研究方法[M].北京:华文出版社,2005:239.
② 此说法引自吴康宁教授。
③ 引自南京师范大学教育社会学研究中心的沙龙文集(2011年卷)。

成的前提性认识,同时成为问题论证的证据。因为这些事实给研究者一种类似压迫一样的切身感受,促使其不得不思考、不得不问"为什么"。福柯就坦然承认:"每次当我试图去进行一项理论工作时,这项工作的基础总是来自我个人的经验,它总是和我在周围看到的那些事情有关。事实上,正是因为我觉得在我关注的事物中,在我打交道的制度中,在我与他人的关系中,我发现了某种破裂的东西、某种单调灰暗的不和谐之处或运转失调的地方,我就会着手撰写一部著作,它实际上是一部自传的几个片段。"[①]可见,这些日常生活中的经验事实不是来自研究者秉承客观精神的调查,也不是研究者坚持"价值无涉"进入现场的访谈,而是每天都发生在研究者的日常生活中,弥漫在其周围的那些事实。日常生活场域在自然之中成了资料来源的对象。如果从纵向的时间角度来说,可以用马维娜的"累积的教育事实"[②]来概念化,如果从更加宽泛的角度来讲,则可称之为"概括性教育事实",这是研究者对日常生活中的经验事实的概括。

当然这种经验事实,可能是研究者日常生活中的直接感受,也可能是研究者通过阅读报纸、杂志所获得的资料。因为在日常生活中,人们虽然并不同处一个时空场域,但是对教育现象却有着相似的认识,形成了一种个性化"复调"的局面。也就是说,人们在日常生活中对教育事实有着相似而独立的感受和认识,发出步调不一致但是相似的"声音"。如果能将这些独立的感受和认识加以概括和总结,也就能够相对真实地反映教育的事实。因为,在一定的意义上,"教育事实是相对于教育存在而言的",教育事实只是不同的人对教育存在的一种个性化的认识。我们几乎不可能在绝对的意义上把握教育存在,每个人都基于自

---

① 杨善华.当代西方社会学理论[M].北京:北京大学出版社,1999:368.
② 马维娜.局外生存:相遇在学校场域[M].北京:北京师范大学出版社,2003:39.

己的主观倾向、认知能力等方面对教育存在有着不同的把握,从而形成多样的教育事实。也就是说,教育事实的真实性是相对的。① 那么在这个意义上,"概括性教育事实"就是对多样化教育事实的一种概括;对个性化"复调"的总结;对发生在人们日常生活中的经验事实的一种有意识的收集和整理,然后"将现实的碎片集缝合、编织在一起。这一过程创造并带来了心理上和情感上的统一,成为一种可解释的经验"②。也正因为如此,"研究者可以被看作一个用手头现成工具摆弄修理的人,一个缝制百衲被的人,或者一个电影制作者,一个将各种图像装配成蒙太奇的人"。③ 在本研究中,就是把发生在学校空间中有关时间的种种资料加以收集和整理,而并不局限于一所学校。因为,有人这样说过,学校就是学校,如果你见过一所,就等于见过所有的了。④ 也就是说,学校具有很高的同质度,学校对时间的安排和应用同样具有很大的相似性。如此,把多个学校甚至自己学校教育生活的体验都囊括在"概括性教育事实"之下来作为论证的资料也是具有一定说服力和可行性的。

  吴康宁教授认为,一项好的教育社会学研究最后的结果应该是"情理之中,意料之外"的。因为其研究的动因和资料就源于研究者的个人生活,完全与研究者毫无关系的研究只能是"异己"的问题,⑤很难取得突出的成果。完全与"大家"的生活无关的研究,在一定意义上,也可以说是一种无意义的研究,是"炮制"的问题⑥。因此,研究者的个人生活

---

① 马维娜.局外生存:相遇在学校场域[M].北京:北京师范大学出版社,2003:45.
② [美]诺曼·K.邓津,伊冯娜·S.林肯.定性研究:方法论基础[M].风笑天,等译.重庆:重庆大学出版社,2007:4.
③ [美]诺曼·K.邓津,伊冯娜·S.林肯.定性研究:方法论基础[M].风笑天,等译.重庆:重庆大学出版社,2007:6.
④ [美]约翰·I.古得莱得.一个称作学校的地方[M].苏智欣,胡玲,陈建华,译.上海:华东师范大学出版社,2006:277.
⑤ 吴康宁.教育研究应研究什么样的"问题"——兼谈"真"问题的判断标准[J].教育研究,2002(11):8-11.
⑥ 同⑤。

史和对生活的感受和体悟往往成为研究的起源,在此基础上不断累积的"概括性教育事实"成为研究学校教育时间的资料来源。

二、研究方法

就获取"概括性教育事实"的方法而言,本研究中资料来源的渠道是多元的。大致可以分为:其一,笔者以合适的身份进入学校教育现场,通过观察和访谈获取的资料;其二,笔者从报刊等间接途径获取的资料;其三,笔者自身经历和日常生活观察积累形成的概括性认识。关于后两种渠道,在阐述使用"概括性教育事实"的理由时,文中已有相关的涉及和解释。这里着重对质性研究的相关情况给予简单的说明。

前文已经强调,虽然本研究使用的资料从"总体"上讲,可以称为"概括性教育事实",但是这不意味着笔者排斥来自个案的观察以及访谈资料,也不意味着笔者放弃进入"田野"进行观察和访谈的可能。来自个案的观察以及访谈资料不但为"概括性教育事实"的形成提供了直接的资料,同时也成为确证其他资料真实性和可靠性的重要方法。因此,根据学校教育时间研究的需要,遵循质性研究理论、范式和方法的要求,笔者深入教育现场细致地观察和访谈学校教育时间中的人、活动和事物等。

陈向明认为,"质的研究是以研究者本人作为研究工具,在自然情境下采用多种资料收集方法对社会现象进行整体性探究,使用归纳法分析资料和形成理论,通过与研究对象互动对其行为和意义建构获得解释性理解的一种活动"。[①] 也就是说,质的研究主要目的是能对被研究者的经验和意义建构做出"解释性理解"或者领会,并对其生活"故事或意义"给出解释。这也就意味着质性的研究方法比较恰切地满足本

---

① 陈向明.质的研究方法与社会科学研究[M].北京:教育科学出版社,2000:12.

研究目的需要，即探索学校教育生活如何被学校教育时间创造出来并被赋予深刻的意义。另外，就本研究的对象而言，"社会时间"这一概念提示我们在社会学意义上，时间已经从客观的物理时间转化为社会时间，时间已经从存在问题转化为意义问题，那么如果仅仅停留在时间数量的计算和统计上，无法解释学校教育时间之于学校中的人有何意义，人们又是如何理解和赋予这种价值和意义的。这需要研究者进入教育现场"感同身受"的理解和"将心比心"的体会。在这个意义上质的研究方法同样为这个问题的解决提供了比较恰当的途径。

（一）调研单位的选择

1. 学校类型的选择

因为本研究主要关注的是学校教育时间，所以自然把研究单位定位在学校空间中。但关键是什么样的学校符合研究的需要。由于本研究主要回答的问题是一种概括性问题，即回答的是在一般的意义上有关学校教育时间的问题，因此在学校类型的选择上，笔者放弃选择具有特殊性、典型性（重点中学、职业中学等）的学校，而是定位在一般的、普通的学校。

2. 学校数量的选择

本研究的问题是过程性的问题，即主要回答学校教育时间在学校教育生活中"做了什么""如何做的"以及"起了什么作用""为什么这样"，所以不准备做对比性研究，也就没有选择过多数量的学校；另外，从本人的研究时间和精力以及进入现场的可能性等因素考虑，本研究准备选择2所中学（1所初中，1所高中，其中一所是有寄宿学生的学校）作为研究的调研对象。

基于以上两点考虑，笔者选择了呼和浩特市的两所普通中学作为调研对象。

其中学校A是一所以蒙古族学生为主要生源，以汉语为授课语言且有着 80 年历史的民族中学。在呼和浩特市高中阶段的学校中,如果以高考升学率来排名的话,A 校处于中等偏上的水平,排在第一中学、第二中学、师大附中、第三十四中学后面。按照中考的录取办法,进入这所高中的学生几乎都是在第一中学、第二中学、第三十四中学以及师大附中按照成绩筛选之后,才录取进来的,所以学生的学习基础并不是特别优秀。当然相对于升学率排名靠后的其他中学,它仍然具有一定的优势。针对这种情况,为了提高升学率,学校提出了"从夯实基础做起,向管理要成绩"的做法并卓见成效。学生入学后的成绩大幅提高,在高考中该校学生的成绩也一直排在全市前列,并曾因此获得"高考局长特别奖"。同时这所学校也是一所有寄宿学生的学校,因为有的学生来自郊区。

学校 B 始建于 1968 年,是一所拥有 50 多年悠久历史的普通完全中学,包括初中部和高中部。其中初中部是学校的主体,高中部规模偏小。按照义务教育"就近入学"原则,学生主要是来自学校所在的城区。近几年来,学校狠抓教育质量,依托雄厚的师资和科学的管理,实现了规模扩充与质量提升的同步发展。近年来学校先后被授予"内蒙古自治区中学管理先进学校""内蒙古自治区现代教育技术优秀学校"等荣誉称号。需要特别交代的是,之所以选择这两所学校还有一个原因就是两所学校都有笔者的大学同学在其中任教,方便进入调研现场。因为对于质的研究来说,"局内人"可以向研究者提前提供一些至关重要的关于调研对象的观点和信息,而且还可以为研究者从事研究提供一些有用的建议。

3. 学校班级的选择

本研究主要集中在两个阶段,分别是初中二年级和高中二年级的学生,各选择 1 个班级,但是可能对其他年级也有所涉及。之所以选择初二和高二两年年级,一个原因是高年级学生具有很高的认知能力和比较清晰的自我意识,能够回答比较抽象的问题;另一个原因就是这两个年级的学生马上都要面临升学考试的压力,主要想看看他们在这种突出性事件上对时间的认识和他们的不同表现。基于这种考虑,笔者分别选择了 A 学校的 A 班(简称 A-A 班),以及 B 学校的 A 班(简称 B-A 班)。

(二)调研方法的选择

1. 参与观察

在质性研究中,参与型观察是比较典型的实地调研方式。在参与观察中,观察者与被观察者一起生活、学习,在比较密切的相互接触和直接体验中倾听和观察他们的言行。这种观察的情境比较自然,研究者不仅能够对研究单位的现象得到比较具体的感性认识,而且可以深入被观察者的行动中,了解他们对自己行为意义的解释。特别对于学校教育时间问题的研究,主要对学生的课内与课外时间、校内与校外时间的生活进行观察,了解学校教育时间的表现形式以及在这种微观情境中学生对时间的反应,并记录学生一天的生活,尤其是在学习压力繁重的情况下,学生对时间的认识和对自己生活的认识。另外,参与型观察具有开放、灵活的特点,研究者可以根据问题和情景的需要随时了解自己想要了解的问题和内容。这对于笔者及时发现和捕捉到有关本研究的资料无疑也是比较有效的方法。

基于上述考虑,为了与被观察者建立良好的互动关系,并顺利获得研究所需的资料,笔者通过任教于这两所学校的同学,以一名实习教师的身份被介绍给所调研班级的学生们。这样既可以获得学生的信任,同时也能获得其他相关教师的理解。同时集中参与观察的两个班级,也就是笔者同学任班主任的两个班级,这样方便自己对班级同学进行了解。笔者并没有向学生告知与其班主任教师是同学关系,以免与学生交流时,他们心存顾忌。

需要说明的是,时间的保证也是参与型观察调研取得成功的关键。由于笔者的时间和经历有限,所以从进入调研现场到退场调研的时间略显短促,在 20 天的调研时间里,笔者虽尽力收集资料,但仍感觉不是十分充分。幸运的是来源于其他渠道的资料给了论文资料方面提供了有效的支撑。

2. 访谈

访谈是一种研究性交谈,是研究者通过口头谈话的方式从研究对象那里收集第一手研究资料的一种研究方法。作为一种研究性交谈,其与日常谈话存在不同,特别突出的就是访谈是一种有特定目的和一定规则的交谈,而日常谈话则目的性较弱且形式松散。① 当然为了能够获得尽量真实的资料,笔者也努力把这种研究性交谈的形式松散化,企图在与学生、教师、家长以及校长日常的聊天中获得他们对时间制度的真实看法,因为过分正式的提问和追问,有可能引起被访者的自我保护本能,从而影响访谈的质量。时间问题,不仅是一个情境类问题,也就是说研究需要了解学生在学校空间中对时间制度和观念的反应,它更是一个意义类问题。但时间毕竟是看不见、摸不着的东西,所有关于时间的研究只能通过观念、制度、文本等载体来进行。因此,通过对学生、教师等学校教育中相关"行动者"的访谈,了解学生及家长对时间的认识和看法,以及学校和教师制定严格的时间制度的考虑因素等相关问题。

基于上述考虑,笔者在调研观察的同时,也尽量融入所调研的班级,与学生们处理好关系,并在交往和沟通中选定访谈的对象。根据研究的需要,笔者分别访谈了学校 A 和学校 B 的多名学生、学生家长以及教师,在交流中了解他们的时间观念和对时间制度不同的看法。同样时间制度和观念对处于学校中不同地位、扮演不同角色的人具有不同的意义,不同的人会做出不同的反应。

---

① 陈向明.质的研究方法与社会科学研究[M].北京:教育科学出版社,2000:165.

(三)调研资料的形成

因为笔者是以实习教师的身份进入调研学校和班级的,在调研现场过多的笔录可能会影响调研的质量以及与学生之间的关系,所以笔者通常是在一天的调研结束后通过回忆的方式尽量去还原观察和访谈的情境及受访者的原话,并根据调研的时间和地点对调研资料进行了编码。同时根据调研的需要,笔者还收集了有关本研究的相关辅助资料。

第二章 现代学校教育时间的社会建构

第二章　现代学校教育时间的社会建构

时间究竟是什么？当人们遭遇此问题时，马上陷入"奥古斯丁困境"，即"没有人问我，我倒清楚，有人问我，我想说明，便茫然不解了"。于是为了摆脱这种无知的困境，时间一直是物理学或天文学讨论的话题。霍金的《时间简史》就阐述了时间的起点和终结。物理学或天文学意义上的时间，被称为"自然时间"，它是物质世界存在和运动的持续性，它反映自然界本身的相互作用和相互关系，是独立于社会活动而客观存在的。那么在这个意义上，学校教育时间显然不能理解为一种"自然时间"。"学校教育时间"这一概念的诞生并不是为了描述学校物质世界的空间和时间，也不能独立于教育活动而客观存在，更无法独立于学校中的人而存在，那样便无异于自然时间，也就失去了概念的价值和意义。既然无法归属于自然时间，那么"学校教育时间"究竟是什么，又是从何而来的呢？这意味着我们有必要从社会学的角度来阐释"学校教育时间"的内涵及其建构过程。

事实上，时间只有与人、人的生活结合，才具有鲜活的现实价值与意义。海德格尔就说"没有人便没有时间"[①]。在这个意义上，时间并不是一种关乎人的存在物，而是内在于人的一种状态，并在一定程度上取决于人自身的状态。在日常生活中，前后的顺序就是时间。……日常生活就是故事、情景与时间的综合，离开谁都不行。[②] 因此，时间就是一种生活事实。人们感知的不是时间，而是在时间中发生和进行的生活事件。时间与人、人的生活紧密相关，根本原因在于时间的社会建构。"社会科学家们认为时间——作为秩序原则，作为进行社会协调、定位和规范工具，作为自然事件和社会事件的概念组织符号——是由社会活动构成的。换句话说，尽管社会科学家们的理论存在分歧、争执

---

① ［德］海德格尔.存在与时间[M].陈嘉映,王庆节,译.北京:生活·读书·新知三联出版社,2006:24.
② 刘德寰.年龄论:社会空间中的社会时间[M].北京:中华工商联合出版社,2007:2.

并且相悖,但他们都坚信时间的根本性在于社会建构。"①被社会建构的时间即社会时间,一种不同于自然时间的时间表达。那么在这个意义上,学校教育时间显然是社会时间,因为其与学校中的人、人的生活紧密关联。但是若要充分回答"学校教育时间是什么以及从何而来",有必要围绕"时间的社会建构"这一主题更加细致地梳理相关问题。

第一节　社会时间的溯源及特征

社会时间的概念来源于社会学理论对时间的研究。社会学理论认为仅仅在物理学层面上探讨时间的自然属性是不够的,时间还是一个社会范畴,具有社会性。在社会学领域中,迪尔凯姆、索罗金以及默顿等人较早地阐述了时间的社会性。但是社会学研究时间的源流却时断时续,并没有形成宏大的理论景观,也没有明显的系谱学形态。因此,笔者将一些论文和著作中零散的观点聚合协调成一个整体,期望这种聚合有利于逐步清晰认识社会时间,并引导得出新的洞见。

一、社会时间研究的"脉络"

在社会学中,一般认为迪尔凯姆(Durkheim, E.)及其学派是时间研究的先驱。迪尔凯姆认为,既然组成社会的个人对时间都做共同的理解,那么,时间一定是集体的现象,是"集体意识"的产物。他说:"时间的概念或范畴不仅仅是对我们过去生活部分或全部的纪念,还是抽象的和非个人的框架,它不仅包含着我们的个体实存,也包含着整个人类的实存。它就像一张无边无际的图表,所有绵延都在心灵之前展开,所有可能发生的事件都可以按照固定的、确定的标线来定位。据此安

---

① [美]芭芭拉·亚当.时间与社会理论[M].金梦兰,译.北京:北京师范大学出版社,2009:52.

排的时间并不是我的时间,而是普遍的时间,是同一文明中的每个人从客观出发构想出来的时间。这足以暗示我们,这种时间安排应该是集体的。"①其实从以上论述中可以明确认识到迪尔凯姆对时间的认识与他对社会学研究对象即社会事实的理解是一致的。他认为,所谓的社会事实,是"超越于个体心灵之上"②,且具有一定强制性的社会现象,因此符号系统、货币制度以及信用手段、职业惯例等都是迪尔凯姆认定的社会事实。在这个基础上,也就可以把时间理解为一种社会事实,是独立于我们个人且属于"集体意识"从而影响我们生活的社会事实。这样时间的概念也就超出了自然范畴,具有了社会学的意义。迪尔凯姆也由此把这种意义上的时间命名为"社会时间"。

与迪尔凯姆从社会时间的起源论述时间的社会性不同,迪尔凯姆学派其他人,比如休伯特(Hubert, H.)、莫斯(Mauss, M.)则通过提出"质性时间"的概念来强调社会生活的节奏性。休伯特认为,"质"的意义上的社会时间,不同于可以衡量其长度的、表现为一定时刻或时期的时间。它是由许多部分组成的,通过各种各样的标志、符号、事件、仪式或活动,实际上构成一个连贯的整体,是通过其自身的节奏而体现着社会组织的一个象征性的结构。易言之,他把时间界定为一种象征结构,这种结构通过时间的节奏来再现社会的组织。"总之,迪尔凯姆学派为时间社会学开辟了道路。从那以后,时间有了一个特定的社会内容。"③

在美国社会学界,索罗金(Sorokin, P. A.)和默顿(Merton, R. K.)在社会和文化人类学的基础上,提出了有关社会时间研究"最早也最具煽动性的洞见"④。在他们合著的论文《社会时间:一种方法论和功能

---

① [法]爱弥尔·涂尔干.宗教生活的基本形式[M].渠东,汲喆,译.上海:上海人民出版社,2006:9.
② [法]爱弥尔·涂尔干.宗教生活的基本形式[M].渠东,汲喆,译.上海:上海人民出版社,2006:219.
③ 吴国璋.西方社会学对社会时间的研究[J].学术界,1996(2):56-57.
④ [英]约翰·哈萨德.时间社会学[M].朱红文,李捷,译.北京:北京师范大学出版社,2009:4.

的分析》(Social Time: A Methodological and Functional Analysis, 1937)一文中,他们除了像迪尔凯姆学派强调时间在文化节奏中的内在性①以外,主要说明的是社会时间的特征。具体来说,他们首先在微观层面上强调社会时间体现群体的节奏具有非连续性、相对性以及特殊性。他们和迪尔凯姆一样,认为"日历表达了集体活动的节奏,同时又具有保证这些活动的规则性的功能"②。比如农耕民族或游牧民族有着不同的社会节奏,以完全不同的方式来划分时间间隔。周期性的休整在不断流动的渔猎民族中或在漂流的游牧部落中似乎都是闻所未闻的,虽然远古从事农业生产的民族通常有这样的生活习惯。同样,大城市也需要一种完全不同于小乡村的时间参照体系。其次,在具有知识社会学特征的立场上,他们认为社会时间和组成社会时间的活动有着极为密切的联系。他们说明了一个活动或事件与其时间背景之间的联系有着重要意义。要认识时间的不同阶段,并给予某种名称,很大程度上取决于在这段时间内活动的内容。因此,社会时间会以不同的外观出现,"社会时间就是以其他社会现象作为参照点来表达社会现象的变化或运动"③。也正由于这个原因,他们同时指出了社会时间与天文时间的区别。因为牛顿物理学意义上的天文时间是统一的、同质的,完全是量的。"社会时间是质的,而不完全是量的……这些性质来自于由群体所共有的信念和习惯——它们服务于呈现它们在其中被发现的各种社会韵律、跃动和节拍。"④

乔治·古尔维奇(Gurvitch, G.)在社会时间的研究沉寂了二十年

---

① 这里所谓时间的文化节奏内在性,具体是指时间是内在于文化本身的,但仍然外在于文化社会中的个人,这与迪尔凯姆把时间看作社会事实外在于个人是不矛盾的。
② [法]爱弥尔·涂尔干.宗教生活的基本形式[M].渠东,汲喆,译.上海:上海人民出版社,2006:9.
③ [英]约翰·哈萨德.时间社会学[M].朱红文,李捷,译.北京:北京师范大学出版社,2009:44.
④ 转引自:[英]约翰·哈萨德.时间社会学[M].朱红文,李捷,译.北京:北京师范大学出版社,2009:5.原载:Sorokin P A, Merton Rk. Social Time: A Methodological and Functional Analysis[J]. American Journal of Sociology, 1937, 42:623.

后,在描述社会时间的异质以及多样性方面做出了一次深远的尝试。他写道:"社会时间,它和全部社会运动中协调和不协调的现象相联系。"[1]这就意味着将社会时间视为一个整体是错误的,实际上,社会时间是多样的。"社会时间的多样性有两个方面:一方面,意识到不同社会框架中时间的诸多方式;另一方面,社会框架在其中运动的真实时间的多样化表现形式。"[2]基于此认识,"为了研究体现在不同层次上的社会时间的不同表征",他建构了一种关于社会时间的一般类型学,即八种社会时间形态[3]。同时,他首次把社会时间区分为"宏观社会时间"和"微观社会时间"[4]。"宏观社会时间"指的是时间的"深层"(即制度、机构、共同的象征等);"微观社会时间"是群体、集团、社区的特征。尽管有学者批评他提出的各种社会时间范畴定义还缺乏精确性,不够严谨,且含义模糊不清,但他促使人们注意到社会时间的多样性和多相性。另外,他还比较清晰地阐明了"时间的自反性"或者说是"时间的二重性",即时间与社会框架的关系是交互的,社会框架调节社会时间,同时社会框架也受到社会时间的调节,"创造时间的运动同时也发生在时间之中"[5]。

几乎与古尔维奇同时,穆尔(Moore,W. E.)也发表了关于时间的社会学认识,但是穆尔探讨的是功能主义与时间的联系。他不是抽象地谈论时间,而是把时间作为一种资源,认为其是人们组织自己生活的

---

[1] 吴国璋.西方社会学对社会时间的研究[J].学术界,1996(2):56-57.
[2] [法]乔治·古尔维奇.社会时间的频谱[M].朱洪文,高宁,范璐璐,译.北京:北京师范大学出版社,2010:13.
[3] 古尔维奇提出的八种社会时间形态分别是:持久的时间、欺骗的时间、不规则的时间、轮回的时间、迟滞的时间、交替的时间、超前的时间、爆发性的时间。参见:[法]乔治·古尔维奇.社会时间的频谱[M].朱洪文,高宁,范璐璐,译.北京:北京师范大学出版社,2010.
[4] 吴国璋.西方社会学对社会时间的研究[J].学术界,1996(2):56-57;[法]乔治·古尔维奇.社会时间的频谱[M].朱洪文,高宁,范璐璐,译.北京:北京师范大学出版社,2010:6.
[5] [法]乔治·古尔维奇.社会时间的频谱[M].朱洪文,高宁,范璐璐,译.北京:北京师范大学出版社,2010:14.

方式。其代表作《人、时间和社会》(Man, Time and Society, 1963)就是围绕这个时间概念集阐述的。在功能主义的意义上,穆尔认为,社会时间既可以作为自变量,也可以是因变量。作为自变量,时间代表社会过程在其中出现的情境,时间往往与变化率、时长、重复、参数等概念联系;而作为因变量,社会时间往往成为一种策略,社会时间获得诸如权力或控制的意象,这时时间往往就与秩序、组织、尺度、定时等概念相联系。同穆尔认识时间的思路相似,哈萨德(Hassard, J.)借用马克斯·海因里希(Heirich M.)的观点把社会时间作为分析社会变革的一个中介性概念来使用。他认为,时间概念主要以四种方式来影响社会的变革和过程,因此"适合社会时间的一种研究框架"主要包括:① 时间作为一种社会因素(a social factor);② 时间作为一种因果联系(a causal link);③ 时间作为一种量的测量(a quantitative measure);④ 作为一种质的测度(a qualitative measure)。[①] 通过这四个方面,哈萨德企图阐明时间与社会生活各个方面之间的关系,为社会时间的分析提供一种新的类型学。

　　为研究社会时间而构建一种类型学的努力除了古尔维奇以及哈萨德以外,刘易斯(Lewis, J. D.)和韦加特(Weigart, A. J.)也是不可忽略的人物。他们在《社会时间的结构和意义》(The Stuctures and Meanings of Social Time, 1981)一文中,基于社会时间的广泛渗透性,从个体的、群体的以及文化的层次出发,根据社会时间在社会结构的不同层面发挥的作用形成了其新的分类。他们认为:"社会时间应该被解释为在互动中建构起来的人的意义的另一种形式,虽然受有机体和自然的物理实在性的限制,但它是每一社会中的制度和组织的组成部

---

① [英]约翰·哈萨德. 时间社会学[M]. 朱红文,李捷,译. 北京:北京师范大学出版社,2009:17.

分。"① 也就是说,时间因为参与了人的社会活动而获得物理形式以外的另一种形式,即社会时间的形式,同时社会时间因为有着社会活动的互动而参与了人的意义的构建。具体来说,在个体层面,是"自我时间";在群体层面,是适应于非正式互动的"互动时间"和适应于机构和其他正式组织的"制度时间";而在社会文化层面上则是循环时间。同时他把"这种类型学的结构建立在嵌入、分层和同步化这三个概念基础之上,他们认为这三个概念就是社会时间的核心"②。当然,他们的这种分类也是与其对社会时间的理解分不开的。因此,"对社会时间的研究,是对人的社会性的基本特征的探索,它极具诱惑力,而且从根本上是没有止境的"③。但是事实上社会学理论对社会时间,甚至可以进一步扩展说对时间和空间问题的研究并没有给予足够的重视。

吉登斯(Giddens A.)在其《社会的构成》(*The Constitution of Society*,1984)等著作中就强烈地批判西方社会学理论对时空问题的忽视。他认为大多数社会分析者把时间和空间仅仅看作行动的环境,以及把时间看成一种可测量的钟表时间这两种观念并非理所当然的。实际上,这种观念是一种文化的产物,是值得我们研究和反思的。在他看来,对社会系统的时间和空间构成进行分析解剖不但是需要的而且应该成为社会理论的核心。因为时空问题不仅是环境问题,还关系到社会学从一开始就致力于研究的社会"秩序问题"。因此,他建议应该联系社会学理论并从以下四个方面重新思考时间的概念。④ 第一,他认为时间其实是社会活动的构成形式。社会事物或社会制度的时间性并不是来源于某种内在的变化倾向,而是时间作为社会因素参与构成

---

① [英]约翰·哈萨德.时间社会学[M].朱红文,李捷,译.北京:北京师范大学出版社,2009:82.
② [英]约翰·哈萨德.时间社会学[M].朱红文,李捷,译.北京:北京师范大学出版社,2009:前言6.
③ [英]约翰·哈萨德.时间社会学[M].朱红文,李捷,译.北京:北京师范大学出版社,2009:前言82.
④ [英]安东尼·吉登斯.社会理论与现代社会学[M].文军,赵勇,译.北京:社会科学文献出版社,2003:157-158.

的。在这种意义上,他批判了仅仅把时间视作自然物体而起着环境作用的看法。第二,他认为生活在不同文化背景中的人们看待时间的方式是不同的,因为时间与人们的社会活动是紧密相连的,不同的社会活动形成多样的文化表现出不同的看待时间的方式和计时模式。第三,他认为,与线性的时钟时间表现出的"不可逆性"不同,时间规则支配下的日常生活中的活动和事件是重复的。第四,他认为对社会活动的时间和空间分析可以达到多种目的。除此之外,他还指出了社会生活中有关时间性的三种混合形式。① 一是以可逆时间表达的日常生活时段。二是与日常生活时段相交的个体的寿命期限,是以不可逆时间来表达的。三是制度性长时段,它是一种制度性的长期存在,是一种"超个体"绵延,具有可逆的表达,而且人类社会生活时间性的这三种构成形式是不可以分割开来进行个别分析的。这里需要指出的是,尽管时间是吉登斯著述中的关注主题,可是时间仍只是其结构理论的"副产品",并没有成为核心的关注点,因此在吉登斯的著作中并没有对社会时间的专门论述。

　　幸运的是在吉登斯《社会的构成》一书出版的同年,埃利亚斯(Elias N.)以德文首次出版了关于时间研究的专著《论时间》(*Time: An Essay*,1984),此书立刻成为时间社会学的重要经典著作。埃利亚斯认为过去时间研究往往多从物理学或哲学着手,这容易忽略时间与社会生活具体而重要的密切关系,反而把时间变成一种抽象思辨的学术主题。因此,他主张人们应该跳出物理学或哲学的窠臼,从更贴近社会生活的视角来重新思索时间。他认为,时间是人们协调社会生活的制度性象征,这种制度化的象征体系在人们协调彼此的社会生活时,具

---

① [英]安东尼·吉登斯.社会理论与现代社会学[M].文军,赵勇,译.北京:社会科学文献出版社,2003:158-159.

有一种外在强制性。但这种强制性来自于人们将这种制度化的象征体系内化成为社会习性并实践出来。同时,他也强调了这种象征体系并非固定不变,而是随着人类文明的进程而不断变化。①

二、社会时间的内在特征

理论的穿行,并不仅仅是为了欣赏路边的风景,更重要的是寻找自己的方向和出路。因此,上述对社会时间研究"脉络"的梳理,也不仅仅为了简单地概括出"别人说了什么",而是为了从"别人说了什么"中形成对社会时间的认知标绘(cognitive mapping)②,从这种"个性化的复调"中寻找认识社会时间的"重叠共识",即找出"社会时间是什么"。或者即便不能明确其定义是什么,也能比较清晰地分析出社会时间的特征。

那么,究竟应该从迪尔凯姆、索罗金和默顿以及古尔维奇等人吉光片羽的论述中,对社会时间形成哪些相对较为清晰的认识呢?笔者将从以下几个方面论述。

1. 社会时间具有社会性

时间的社会性是相对于时间的自然性而言的。因此"社会时间"的概念,一方面当然是为了强调时间的社会性;另一方面则是为了突显与自然时间的不同。时间具有社会性,按照迪尔凯姆等人的说法是因为时间的概念从起源的意义上来讲,是"超越于个体心灵之上"的"集体意识"的表现,是群体活动而非个体的产物。埃利亚斯在其《文明中的进程》中认为时间概念的建构,特别是公共时间的建立,是一个文明的进程。随着互动链的加长,人类协调活动范围的加大,要求更大范围和更

---

① [德]诺贝特·埃利亚斯.论时间[M].李中文,译.台北:群学出版有限公司,2013:8.
② 成伯清.走出现代性——当代西方社会学理论的重新定向[M].北京:社会科学文献出版社,2006:93.

广泛的社会协调活动成为可能。这时只有引进第三个公共的、标准化的事件序列作为媒介。这第三个序列，粗略地说，就是一定区域内的公共时间坐标。

但是迪尔凯姆和埃利亚斯强调的外在性与物理学意义上的"客观时间"以及康德哲学意义上的"先验时间"是不同的。社会时间所说的"外在"是相对于个体而言，其仍然是内在于群体活动中的。这也恰恰指出了时间具有社会性的更重要原因是其与人们的社会活动密切相关。一旦有了人的活动，它便从自然存在转换到了社会存在。易言之，社会时间是通过人的社会实践活动而获得其现实性的，没有社会实践活动的运动形式，也就没有社会时间的形式。"社会时间的本质，不是简单的物质运动，乃是人类实践活动的体现。"[①]"我的研究的一项基本原理是，时间与空间不能脱离社会行动来理解。"[②]自然时间，即是物理学意义上的时间，它是物质世界存在和运动的持续性，它反映自然界本身的相互作用和相互关系，是独立于社会活动的主体而客观存在的。虽然社会时间和自然时间是不同的，但是这并不意味着二者是毫无关系的。社会时间以自然时间为基础，是人们对自然时间的规划和组织，是一种社会建构，从根本上讲是属于人类社会的。也就是说，时间本身也许属于自然的，但是时间的组织和意义却是社会变化、社会转型和社会实践的产物。

2. 社会时间具有异质性

从上述时间社会性的分析中可知，社会时间的概念从根本上讲是人们社会实践活动的产物。由于人的社会实践活动本身是丰富多彩的，社会时间同样在以自己独特的方式去感知、体验它的各个阶层、群

---

① 汪天文.时间理解论[M].北京：人民出版社，2008：143.
② 转引自：严新明.生存与发展 中国农民发展的社会时空分析[M].北京：社会科学文献出版社，2005：17. 原载：Harvey, David. The Condition of Postmodernity[M]. Oxford: Blackwell, 1990: 204.

体的活动;或者如刘易斯和韦加特所讲社会时间广泛地渗透于社会的各个阶层、群体中。所以在每个社会中,不存在唯一一种"铁板一块的"时间,而是存在一系列由不同过程法则和由不同人群性质控制的社会节律。因此无论是古尔维奇的"宏观社会时间"和"微观社会时间"之别,还是刘易斯和韦加特的"自我时间""互动时间"以及"制度时间"之分,都强调了社会时间因为活动主体或者发生层面的不同而产生的异质性。当然社会时间不仅在每个社会文化系统内部存在差异,同时在不同的文化和社会之间也存在差异。正如布迪厄描述的卡比尔人的时间观和马林诺夫斯基讲述的特罗布恩德岛人的计时方式,就展现了这种不同。因此,社会时间可以从纵向上表现为不同历史阶段的时间形态,而从横向上则体现为社会内部不同组织和群体的时间组织形态。实际上,社会学家不能忽视每个社会,每个社会阶层、每个特定群体、每个层面都有在适合自身的时间中进行的趋势。①

社会时间的这种异质、多样构成了其与自然时间的另外一个重要区别。一般认为,物理学意义上的自然时间是同质的、一维的,可以用单向量化的方式来理解,这一点在笛卡尔以来有关纯粹事实的科学里表现得最为明显。较之自然时空,社会时间因为来源于丰富多样的社会活动而具有重叠性、不连续性、不均匀性、尺度有限性和性质无限性。同时,由于社会时间是对人类活动过程和结果的反映,社会时间不可能是一维的而是有更多的维度。

3. 社会时间具有生产性

社会时间是社会构造的产物,受到社会活动和社会结构的制约(这在上述有关时间的社会性中已经论述,然而社会时间同样也以各种不同

---

① 转引自:[美]芭芭拉·亚当. 时间与社会理论[M]. 金梦兰,译. 北京:北京师范大学出版社,2009:145. 原载:Gurvitch G. Social Structure and the Multiplicity of Times[M]//Tiryakian E A. (ed.) Sociological Theory, Values, and Sociocultural Change. London: The Free Press of Glencoe, 1963.

的方式构造着我们的社会生活。也就是说,社会时间被一定的社会关系及社会活动所建构,它总是特定社会关系及社会活动的凝聚,同时这种时间一旦建立反过来又会影响人们的社会关系及社会活动。因此可以说,"社会时间和社会空间所组成的时空结构是社会的基本结构,或基础性结构。它参与形成和建构了社会的生产和再生产结构(物质的和文化的,如马克思和布迪厄等人所研究过的),以及形形色色的制度结构和观念结构(如社会学家通常所研究的)"①。这种特性被称为社会时间的二重性或者自反性。同样因为这种自反性,时间表现出了生产性。

所谓时间的生产性并不是指时间本身所产生的功效,而是指时间给来自于它在其中起作用的关系结构赋予的意义。比如,布迪厄在谈到实践的意义和时间的关系时就认为,"实践的时间结构,亦即节奏、速度,尤其是方向,构成了它的意义"②。他曾形象地拿音乐的结构举例,他说哪怕只是稍微改变一下音乐的速度,加速或者减速,都将使音乐本身受到破坏。人的活动也是如此,实践活动是人们根据一定法则、综合各种要素的生产活动,这种活动不仅仅是在时间中展开,而且时间同时也作为一种活动的生产要素而发挥作用,时间的组织和安排的变化也必然导致活动意义的改变。

因此,我们常说我们生活在时间之中,时间是我们生活的环境。这里的"在……之中"与"钱在衣袋之中"不同,"它的含义是指个人和各种事物以及个人和其他人们之间进行着的交互作用。情境和交互作用这两个概念是互不可分的"③。也就是说,时间不是作为一种背景而存在。相反,"行动者将环境组合为他们行动的场所,利用其中的特征来

---

① 景天魁.中国社会发展的时空结构[J].社会学研究,1999(6):54-66.
② [法]皮埃尔·布迪厄.实践感[M].蒋梓骅,译.南京:译林出版社,2003:126.
③ [美]约翰·杜威.我们怎样思维·经验与教育(合订本)[M].姜文闵,译.北京:人民教育出版社,1991.

调整他们自身的行动"①。这时,时间已然影响了活动的组织,促使了行动者行为的改变,进而使行动的意义发生了变化,而这些改变显然是因为时间的参与而出现的。这时的时间毫无疑问已不是作为一种存在性要素,而是成为社会活动的构成形式,作为社会结构的因素而发挥了建构性作用,具有了生产的意涵。社会时间本身并不像客观物理环境一样,它在参与社会活动之前已经负载了人们赋予它的一定的要求和节奏,即社会性,而这种社会性也必然会带给其参与的社会活动悄然的影响。

4. 社会时间具有索引性

"索引性"这个概念在常人方法学中是指人们在互动过程中收发的信息在特定的索引中自有其意义,也即意义的索引性。他们认为,"当说一个表达有索引性时,就是说这一表达的意义是与某一特定的背景相联系"②。这里一方面是强调意义与其产生的具体情境的关系,意义的产生并不完全在实际表达本身,还来源于具体情境的赋予。另一方面,既然是索引性表达,也就意味着表达本身是简练的、概要的,或者说是部分性的表达而不是完整的表达,它具有隐匿的成分抑或是不言自明的成分,而索引所涵盖的内容必定多于实际所说。那么在这种意义上,索引性表达本身就具有了一种中介的意义,是意义与背景的中介,是探寻完整的表达或者是隐匿成分的中介。让我们扩展这个思路到社会时间的概念,社会时间是人们对自然时间的一种组织和规划,是与人们的社会活动密切相关的。一方面这种相关是源于社会时间的社会性,即社会时间是人们社会活动的产物,而这就意味着社会时间本身凝

---

① [英]安东尼·吉登斯.社会理论与现代社会学[M].文军,赵勇,译.北京:社会科学文献出版社,2003:160.
② [美]乔纳森·H.特纳.社会学理论的结构[M].邱泽奇,张茂元,等译.北京:华夏出版社,2006:397.

聚了"集体意识"和隐含了人们如此安排时间的要求和考虑。另一方面这种相关还来源于社会时间的生产性的含义，即社会时间不但是社会活动的产物，同时也作为一种社会因素、要素参与人们的社会活动。这时的社会时间在社会结构中以及在社会行动者意图中又被赋予新的价值和意义，成为人们实现其社会意图、满足其社会活动、建构其社会结构的中介。

因此，无论从其社会性还是生产性角度来讲，笔者认为时间具有"索引性"概念的性质，它关涉对象征性表象内容的探究，它作为一种透镜折射出社会关系和结构。这样就可以抓住时间这个媒介，牵扯出社会之网中与时间紧密关涉的规范、权力、纪律等社会因素，以一种不同以往的视角来审视社会生活。也正是在这个意义上，哈萨德以及海因里希才把时间作为一种中介来分析社会的变革，吉登斯才提出对社会活动的时间和空间分析可以达到多种目的的观点。揭示社会时间的索引性同时也就凸显其与自然时间的又一个不同。自然时间显然是客观的、价值无涉的，"自然现象是没有企图、没有目的，也没有规定性的，只是纯粹机械地发生或者由一定的因果关系而引起的"[①]。社会时间作为中介性、索引性概念是自然时间社会化的产物，是关涉价值和规范的社会因素。

当然，"概念只是用以描述现实的某些相关的方面，并进而'构成所研究的事物的定义（规定性）的工具'。"（默顿）因此以上对社会时间的特性的概括并不是也无法展现其全貌，只是解析出能凸显其内涵的关键特征，能把社会时间同其他时间形态，特别是同自然时间区别开来的要点。米尔斯说一个好定义的应有结果就是让争论集中在事实上，把

---

① ［德］诺贝特·埃利亚斯.文明的进程　文明的社会起源和心理起源的研究[M].王佩莉，袁志英，译.上海：上海译文出版社，2009：34.

对术语的争论转变为对事实的不同看法。① 那么,在这个意义上,以上所概括的社会性、异质性、生产性以及索引性比较清晰地总结了迪尔凯姆以来对社会时间较为关键的认识,即随着人类社会的产生,人(社会)和时间之间必然在实践基础上相互作用,其结果便是社会时间化和时间社会化,这样物理时间也就变成了社会时间。社会时间是人类社会活动对自然时间的一种规划,是人类社会活动的产物,具有自然时间所不具备的社会性,"主要表现在人在生产和生活实践的基础上,对时间的感受、经验、认识、利用和意义的赋予"②。因此,"社会时间的本质含义是时间社会化,即时间成为人类价值对象,成为人类的意义世界"③。同时,社会时间与人类社会活动密切关联,使得社会时间表现出了与同质的自然时间不同的异质性特点。另外,社会时间不但是社会活动的产物,同时也构造着我们的社会生活,发挥着生产性的功用。也正是社会时间的社会性以及生产性,使社会时间与更广泛的社会要素例如权力、控制以及超越等相关涉,从而具有了索引性的特点。这也为笔者以时间为中介,透过时间来把握社会生活的纷纭复杂,分析与社会活动主体纠缠的利害冲突提供了一条与众不同的路径。

第二节 社会时间的现代转换

社会时间的异质性已然表明它是一个时间的系统。这意味着社会时间不仅包含着社会不同阶层、群体所拥有的时间系统,而且还包含着不同社会和文化独特的时间结构。因为"各种独特的生产方式或者社

---

① [美] 米尔斯.社会学的想象力 2版[M].陈强,张永强,译.北京:生活·读书·新知三联书店,2005:35.
② 严新明.生存与发展 中国农民发展的社会时空分析[M].北京:社会科学文献出版社,2005:19.
③ 同②。

会构成方式,都将体现出一系列独特的时间与空间的时间活动和概念"①。这深刻地揭示了时间概念与社会生活的紧密关系,同时也意味着时间随着社会的变迁而不断变化,社会时间在传统社会与现代社会中有着不同的样态。

一、现代时间的社会生产

现代性虽然并不是一个时间的概念,但是现代性却与时间有着密切的关系。可以说,"现代性就是时间的历史:现代性是时间开始具有历史的时间"②。它意味着一种新的感受和体验时间的方式,一种新的思考时间价值和意义的方式。因此,"现代时间观念成为从现代化制度行为到现代日常生活,直至现代人自身人格气质最深层的建构条件之一"③。而在此以前,传统社会并不是没有时间观念。

在原始社会,人们对时间的衡量主要是通过与熟悉的工作或者家庭事务的重复循环过程相联系来建构的。英国社会人类学家埃文斯-普里查德(Evans-Pritchard)通过分析努埃尔人的时间感发现,牛群的日常生活过程就是他们每天的时钟。对努埃尔人来说,他们一天的时间或者时间通过一天的过程,就是牧人工作的一个循环。二者之间有着依次相连的关系。④ 与此类似,在中国传统的农业社会中,人们对时间的认识和组织主要是与农业生产和生活密切联系在一起的。人们的其他活动则围绕农业活动进行,比如经商、嫁娶和手工业活动等。费孝通在其《江村经济》中就比较详细地阐述了这一点,并列出了人们经济活动的时间表。"村里的人,每年有两个清闲的时期,第一个阶段是在

---

① [美]戴维·哈维.后现代的状况:对文化变迁之缘起的探究[M].阎嘉,译.北京:商务印书馆,2003:255.
② [英]齐格蒙特·鲍曼.流动的现代性[M].欧阳景根,译.上海:上海三联书店,2002:173.
③ 尤西林.现代性与时间[J].学术月刊,2003(8):20-23.
④ [英]爱德华·汤普森.共有的习惯[M].沈汉,王加丰,译.上海:上海人民出版社,2002:385.

秋天,从处暑到寒露,为时两个月……第二阶段是在冬天,从大雪到年底,也是两个月,在这农闲的季节,我们出去经商。"①所以,我们把标记时间运行的历法称作"农历"。农历上的时间安排基本上是与农作物的生长规律以及农业生产活动相对应的,特别是农历中的二十四节气的设置对农业生产具有重要的意义。它不仅是人们对天文、气象以及物候的经验总结,更是指导农业活动的时间表。从这种对节气的重视中可以看出农历对时间的安排更多的还是遵循自然的节奏,因为农业生产本身更多的是一种依赖于自然的行为。

随着传统社会逐渐走向现代社会,时间和空间概念也随之发生变化。在现代社会,大规模机械生产代替了传统农业生产成为整个社会的主要生产方式和生产活动。"机器是工业主义的核心。机械化的生产取决于对机械组成部件之间的有规律操作,在本质上它使机器的使用者,或是将生产出的产品进行分配的人的活动变得统一而有规律。"②现代的工业生产方式创造了一个独立于自然界运行的人工世界。这个世界由人们创造的各种工具、设备以及机械装置构成。人在其中的活动不再依据自然的节奏而进行,反而成为机器的附庸,每天重复着单调的节奏。而随着人造机械世界的诞生,大量的人口脱离乡村,被机械化的生产方式裹挟进城市。城市逐渐代替乡村成为人们主要的生活场所。这时传统农业社会的那种粗糙、模糊的时间衡量方式已经不能满足人们的需要。因为机械化的生产方式和城市人口的大量聚集需要更加广泛而准确的公共时间来协调人们的活动。人们需要依据工业化生产和生活的节奏对时间进行新的规划和分配。在农业社会中人们利用对自然节奏的把握制作出农历和节气时刻表。在现代工业社会

---

① 费孝通.江村经济:中国农民的生活[M].北京:商务印书馆,2001:135.
② [英]安东尼·吉登斯.社会理论与现代社会学[M].文军,赵勇,译.北京:社会科学文献出版社,2003:163.

中人们则发明了钟表。精确化的时钟,"这个规范工业生活新节奏的小小的工具,同时也是工业资本主义呼唤出来推进自己发展的很紧迫的新需要之一"①。这种时间的诞生满足了人们的工业化生产和相对集中的城市生活的需要,成为主宰整个社会的宏观时间。当然这个过程不是一夜而成的,而是一个逐步渐进的过程。这个过程也不是非此即彼的过程,现代时间出现的同时,其他时间形态的社会时间也仍然存在。

二、现代时间的特征分析

现代时间是社会时间在现代社会的表现,是现代生活和生产方式的需要,其内在是现代性的理念和精神。因此,与传统社会的时间观念相比,现代时间观念表现出截然不同的特点。

第一,现代时间是一种单向线性时间。

马林诺夫斯基指出,"计时系统在每个文化中都是实践和情感的需要"。② 因此,传统社会的时间观念是内在于传统社会的农牧业生产生活实践中的,是传统社会生产和生活的需要。农牧业生产活动具有自然的周期性,使得传统社会的时间观念往往具有明显的循环色彩。"循环的古代时间不仅缺乏三维分化,而且是可逆的。这种无方向性的循环时间是古代世界的普遍历史现象,并在东西方哲学史上均有其理论形态。"③

厄里指出,时空现代转换的物质和技术基础,即西方社会的现代化进程。这意味着以机器大生产为标志的社会生产方式和以城市生活为标志的生活方式是促使现代时间观念诞生的根本力量。可以说,现代

---

① [英]爱德华·汤普森. 共有的习惯[M]. 沈汉,王加丰,译. 上海:上海人民出版社,2002:395.
② 景天魁,何健,邓万春,等. 时空社会学:理论和方法[M]. 北京:北京师范大学出版社,2012.
③ 尤西林. 现代性与时间[J]. 学术月刊,2003(8):20-23.

化以及现代时间共同诞生于那些摆脱了依赖自然条件和以机器大生产为主的工厂。欧洲文艺复兴以后,新的计时工具——机械钟表开始出现。从此钟表成为时间的"代言人",甚至成为工业时代的关键工具。虽然机械的钟表被设计为一种不断循环的计时方式,但是现代时间观念的内在却是单向线性的。这主要源于现代性的核心理念"进化论"。"进化论"的广泛传播和接受,使线性观念彻底取代了循环观的支配地位。现代性理念中的"线性的、进化的历史不仅是我们体验时间的主要方式,也是我们存在的主要方式"。[①]

第二,现代时间是一种精细化时间。

吉登斯说,出现于18世纪的机械时钟体现了一种"虚化"时间的统一尺度,使时间的精确计算成为可能。事实上,钟表的出现也仅仅提供了可能。精细化时间的出现主要源于人们生产和生活的需要。在传统社会中,人们对时间的感知主要来自于自然界的季节转换、农业活动的播种和收获。但是季节变化是缓慢的,甚至是模糊的;农业活动因为地理因素也是有诸多差异的。因此,传统社会中时间观念是模糊的、不精确的。人们经常用"一炷香的工夫""一顿饭的时间"等来记录时间。14、15世纪开始点缀在许多欧洲城市市政厅塔楼的时钟也是不精密的,因为他们大多没有分针。

与传统社会不同,随着机器大生产的广泛应用以及城市生活的快速发展,人们对时间的同步化和精细化有着迫切的要求。吉登斯认为有两个"交汇点"促使精细化时间的诞生。一个是时间与机器主义的"交汇"。因为时钟不仅是机器的出色代表,也是机器的一个典型符号。因此芒福德说,"工业时代的关键机械不是蒸汽引擎,而是钟表"[②]。另

[①] 景天魁,何健,邓万春,等.时空社会学:理论和方法[M].北京:北京师范大学出版社,2012.
[②] [英]安东尼·吉登斯.社会理论与现代社会学[M].文军,赵勇,译.北京:社会科学文献出版社,2003.

一个是时间与资本主义的"交汇"。时间获得了商品化的意象,成为工作的尺度。人们需要提高时间的精细度来衡量工作的效率和效益。①

第三,现代时间是一种高速度的时间。

"高速度是现代时间最为突出的特征。""高速度时间是作为现代性首要特性的变动不居运动性的标志。"②因此,高速度既是现代时间,也是流动现代性的根本特征。在传统社会中人们的生产劳动和日常生活主要靠积累的经验来安排,而经验之所以能够指导人们的生活,主要源于传统社会的变化是缓慢的,是相对稳定的。在漫长的农业社会中,祖祖辈辈、世世代代面对的似乎是凝固的田园画面。米德认为,"当日常事件单调同一地重复时,个人就不会体验到时间的流逝"③。

在现代社会中,事物实际上是"一切皆流"的。"现代性就是过渡、短暂、偶然……这种过渡的、短暂的、其变化如此频繁的成分,你们没有权利蔑视和忽略。"④现代性的这种变动不居的本性,反映在时间上就是时间的不断加速。

第四,现代时间是一种指向"未来"的时间。

在传统社会循环的时间观念中,"过去"在时间的三个维度——过去、现在和未来中占据突出的地位。"在传统文化中,过去受到特别尊重,符号极具价值,因为它们包含着世世代代的经验并使之永生不朽,……日常生活的周期化仍然是与原来意义上的传统联系在一起的。"⑤也正因为如此,"现在"也只是对"过去"的重复。"未来"很少被人考虑。布迪厄在描述阿尔及利亚的土著人——卡比尔人的时间观念

---

① [美]刘易斯·芒福德. 技术与文明[M]. 陈允明,王克仁,李华山,译. 北京:中国建筑工业出版社,2009.
② 尤西林. 现代性与时间. 学术月刊,2003(8):20-23.
③ 刘云杉. 学校生活社会学[M]. 南京:南京师范大学出版社,2000.
④ 尤西林. 现代性与时间[J]. 学术月刊,2003(8):20-23.
⑤ [英]安东尼·吉登斯. 现代性的后果[M]. 田禾,译. 南京:译林出版社,2000:32-33.

时就指出,卡比尔人对未来没有什么兴趣,对试图把握未来也感到另类。从根本上说,这种时间观念主要源于过去缓慢而稳定的生产和生活方式。

与传统社会不同,在现代的线性时间观念中,"未来"取得了关键性的地位。"现代"与现代时间相互缠绕:"现代性时间重心在于'未来','未来'规定'现代','现代'先于并规定了'现在'。"①因此,吉登斯认为"现代性是内在地指向未来的"。②"现在"是"未来的现在","未来"决定"现在"的选择和位置,决定"现在"的意义和价值。在这个意义上,现代时间是无休止追求"未来",否弃"现在"、遗忘"过去"的高速矢量时间。

三、 现代时间隐喻的解读

莱考夫和约翰逊把隐喻定义为:"用一种事物来理解另一种事物。"③之所以要通过一种事物去理解另一种事物,是因为人们的认知总是由远及近、由浅到深、由具体到抽象的过程,人们总是从一定的角度通过隐喻或所了解的形象去理解事物,进而达到认识和解释事物的目的。隐喻本身是具有创造性的,通过隐喻我们能够唤起事物之间的内在关联。面对时间无影无踪、影响深刻但难以言说且难以认识的特点,生动而直观的隐喻无疑是理解的有力途径。拉科夫(Lakeff, G.)和约翰逊(Johnson, M.)注意到,我们的主流时间是与三个特别的隐喻结构联结着的——时间就是金钱④;时间是一项有限的资源;时间是一

---

① 尤西林. 现代性与时间[J]. 学术月刊,2003(8):20-23.
② [英]安东尼·吉登斯. 现代性的后果[M]. 田禾,译. 南京:译林出版社,2000:155.
③ 转引自:孔祥晶. 从语言学的角度解释语篇中的隐喻:以《蜗居》中的对白为例[J]. 黄石理工学院学报(人文社会科学版),2010(6):45. 原载:More F C T. On taking metaphors literally[M]//Miall D S. (ed.) Metaphor: Problems and Perspective, Brighton: Harvester Press,1982:35.
④ 一般认为,"时间就是金钱"这句名言是由美国人富兰克林(Benjamin Franklin)首先表述的。

种有价值的商品。① 因此,为了进一步揭示和解释社会时间在现代社会的角色,笔者将对现代时间的隐喻展开进一步的阐释。

1. 时间是一种有价值的商品

在现代社会中,时间获得了一种典型而独特的意象,即时间是一种商品。历史学家的研究已经表明,"把时间用作资源和商品"是西方工业化社会的现象。在社会科学中根据商品化时间来理解现代时间主要归功于马克思,虽然吉登斯和霍恩也有所论及。马克思提出以社会必要劳动时间作为衡量一件商品价值的标准。因为商品的价值必须量化,但劳动本身无法量化,只有劳动时间可以量化。"时间单位使商品的价值变得可以等分和量化,时间量从而成为普遍商品交换的基础。"②诚如马克思所言,在理论上这是一个纯粹抽象的过程,但"在实际的交换中,必须有一种实际的媒介、一种手段,来实现这种抽象"③。这也就意味着时间不仅是商品价值衡量的标准,它本身也可以作为商品进行买卖。换句话说,作为数量和抽象交换价值的劳动时间,不再仅仅是使用、度过或者填充的东西,而是成为生产的必要组成部分。在这个意义上,"时间是一种商品"的隐喻使得人们有了"给无价的时间定价"的可能。

2. 时间就是金钱

时间就是金钱显然也是一种隐喻,因为时间本身无法也不可能成为金钱。一方面,这个隐喻成立的关键是时间获得了商品化的意象。当时间获得了商品化的意象后,时间就成了衡量商品价值的尺度,时间成为交换的中介,具有了与金钱一样的交换和尺度的功能。"这种时间

---

① [英]约翰·哈萨德.时间社会学[M].朱红文,李捷,译.北京:北京师范大学出版社,2009:15.原载:Lakeff G, Johnson M. Metaphors We Live By[M]. Chicago: Chicago University Press, 1980.
② [英]安东尼·吉登斯.历史唯物主义的当代批判:权力、财产与国家[M].郭忠华,译.上海:上海译文出版社,2010:120-121.
③ 同②。

与货币一样成为一种纯粹普遍的、公共的表现模式。而且像货币一样，这种普遍的、公共的表现模式除了作为一种量化的衡量标准处于转换/媒介关系的中心以外，什么都不是。"①另一方面是因为在现代社会中，时间直接关联着产品的数量，进而关系着效益问题。只有在有限的时间生产出更多的产品，才能获得更多更大的利益。从这个意义上讲，时间就是商品、利润，也就是金钱。所以，哈维认为，"控制空间和时间在追求利润中是一个关键性的要素"②。

3. 时间是一种有限度的资源

在时间作为一种资源的隐喻中，关联本体（时间）与喻体（资源）的核心要点是有用性和稀缺性。这里的有用性主要强调两个方面，一是指时间像资源一样能够作为一种要素服务于我们的最终目的。因为资源为我们的生产和生活活动提供了原材料，是我们活动的基础。二是这种要素被当作一种生产性要素而不是背景性要素存在。也就是说，时间要像资源一样在一定意义上能够被精确地量化，并被赋予一定的价值。譬如煤能用来提供人们所需的热量。在这个意义上，时间被作为社会活动的一种生产性的资源而存在，时间具有了吉登斯的"配置性资源"的意义。稀缺性是指在人"向死而生"的背景下，时间对于任何类型的生产体系和劳动者来说都是一种稀缺的资源。因此，马克思指出："一切节约归根到底都是时间的节约。"③

时间隐喻的生成是人们在社会生活中对时间认识和理解的一种反映。时间隐喻不单单是为了告诉我们本体与喻体的关联，更关键的是

---

① [英]安东尼·吉登斯.历史唯物主义的当代批判：权力、财产与国家[M].郭忠华，译.上海：上海译文出版社，2010：133.
② [美]戴维·哈维.后现代的状况：对文化变迁之缘起的探究[M].阎嘉，译.北京：商务印书馆，2003：282.
③ [英]安东尼·吉登斯.历史唯物主义的当代批判：权力、财产与国家[M].郭忠华，译.上海：上海译文出版社，2010：121.

为了揭示其对我们社会生活产生的深层影响。

首先,这种影响表现为时间控制的加强。对时间的控制显然不是从现代社会开始的,但是现代社会对时间的控制却达到了前所未有的强度。这显然与时间在现代社会获得的这几种独特的意象是密切相关的。如果时间像阳光一样,没有在社会生活被赋予这样的意义,自然也不会触及时间的控制问题。因为时间关联着利益、利润以及金钱,所以人们企图通过对时间的控制来达到其追求利润和金钱的目的。人们发明钟表来精确化地控制时间,并与资本主义内在特征"管理"的意义联系在一起。

其次,这种影响表现为时间被赋予新的内涵。当时间获得了上述隐喻中关联的意象后,我们所理解和经历的时间也发生了变化,时间不仅是"度过""消逝"的时间,也是我们"花费""浪费""节省"或者"挥霍"的时间。这从汤普森的论述中可以明显地体会到:"这种算法包含一种简单的关系。那些被雇用的人体验到他们雇主的时间和他们'自己的'时间的差别。而雇主必须使用他的劳动力的时间,注意它不被浪费掉;当转化为货币时,不是工作而是时间的价值才是支配性。现在时间是通货,它不是消逝而是花费。"也就是说,时间在现代社会被赋予了新内涵,从而影响了人们对经历时间的重新认识。时间进入了一种"双重存在"状态,即"作为生命的时间,作为生命绵延之体验内容的时间,与纯粹的、'无形持续'的、可分离的时间维度携手同行"。[①]

再次,这种影响表现在时间获得了与更广泛的社会因素联系的可能。也就是指社会时间的索引性。比如权力与时间。如果时间仅仅是自然时间的自然流逝,我们何谈谁有权力控制谁的时间?时间又怎么

---

① [英]安东尼·吉登斯.历史唯物主义的当代批判:权力、财产与国家[M].郭忠华,译.上海:上海译文出版社,2010:133.

能被控制？但是如果时间获得商品、资源甚至金钱的意象，那么在此意义上谈论时间的控制才能有意义，这时权力才有出场的机会。这从历史上工人的罢工史可以观察到他们对时间控制的斗争。当然还有其他的因素，比如纪律、道德等，也都与时间获得的新意象有一定的关联。可以说，时间的隐喻不仅是人们对时间认识的反映，更是揭示生活中时间角色和理解时间功能的起点。

四、现代时钟时间的异化

哲学家普罗诺沃斯特指出："人类有历史，因为人类必须创造自己的生活，他们切断了自己对于自然的直接依赖，同时摆脱了自然时间对他们的直接制约，而愈来愈受到社会时间的制约。"[①] 特别是社会时间实现其在现代社会的转换后，现代时间成为现代生产和生活的核心之后，这种制约越发明显，且出现所谓时钟时间的"暴政"或者"异化"。

马克思把"异化"理解为人被自己所创造的事物奴役而使人自己的发展发生扭曲。这里我们说时钟时间的异化主要是指精确化时钟时间的发明使得时间本身成为我们日常生活的指挥棒，成了最高的价值标准，"时间就是一切，人什么也不是，他至多只是时间的残壳。这一贬值的时间作为'人类的发展的领域'，是时间的彻底倒置"[②]，是时钟时间的异化。"时间异化取决于成反比关系的两个因素：① 一个人服从时钟时间的程度；② 自我存在意识。换言之，一个人越倾向于体现和服从时钟时间的机械/数字节拍，就越能感觉到在时间中自我存在的丧失。"[③]

---

① 布兰卡·菲利普佐瓦，因德日赫·菲利佩茨，鲁辉. 社会与时间概念[J]. 国际社会科学杂志. 1987(1)：21-35.
② [法]居伊·德波. 景观社会[M]. 王昭风，译. 南京：南京大学出版社，2006：69.
③ [美]理查德·惠普，芭芭拉·亚当，艾达·萨伯里斯. 建构时间：现代组织中的时间与管理[M]. 冯周卓，译. 北京：北京师范大学出版社，2009：214.

在一个由钟表所驱动的社会中,人的很多行动并没有被给予足够的时间来获得一种自然展开,反而被机械地强加上了时钟时间单位,社会时间的许多自发性、创造性和新颖性因为时间的机械安排而被剥夺。时钟时间已经全面渗透到对社会生活的定义、经验和组织当中。[①] 因此,人的日常生活也就越来越类似于每月每日事务在其中被精确控制的时间结构,换句话说也就是日常生活结构越来越接近于时间的结构。这样的安排则会带给人们越来越大的压力、紧张感以及对时间流逝的担忧,造成"时间上的恐慌"[②]。但是在没有明确的时间意识和观念的文化和时代中,这种因时间的变化而带给人的压力是不存在的或者说是不明显的。比如,在努埃尔人的世界里因为没有与时间对应的词语,所以"我认为他们从未经历过我们具有的感觉,反对严格规定的时间或必须与一种抽象的时间段落的划分协调行动,因为他们的时间衡量标准主要是行动本身的需要,这种需要通常具有悠闲的特点。各种事件遵循着一种逻辑的秩序,但它们不是由抽象的制度来控制,不存在自律的衡量标准以便使行动符合精确的时间规定"[③]。同样,布迪厄描述的卡尔比人也把时钟描绘为"魔鬼的水车"[④],他们的生活是自然的舒展,是事件的本然展开,而不是受外在时钟时间的"奴役"。当然,这里需要说明的是,笔者并不是反对时钟时间的使用,因为精确化时钟时间的出现也是社会发展的需要,这里主要强调的是本来"服务"于人的时间反而成为奴役人的工具。

---

① [美]芭芭拉·亚当. 时间与社会理论[M]. 金梦兰,译. 北京:北京师范大学出版社,2009:143.

② 时间上的恐慌是对正在接近的时间的一种反应,它快速地靠近,已经超出了人完成现在的行动的能力。在社会快速变革的时代,自我的时间恐慌(temporal panic)成为文化上的"未来冲击"(future shock)。引自:[英]约翰·哈萨德. 时间社会学[M]. 朱红文,李捷,译. 北京:北京师范大学出版社,2009:69.

③ [英]爱德华·汤普森. 共有的习惯[M]. 沈汉,王加丰,译. 上海:上海人民出版社,2002:423-424.

④ 景天魁,邓万春. 发展社会学的时空视角[J]. 甘肃行政学院学报,2009(6):4-10.

"在时间之中"似乎是我们逃脱不了的宿命,但是"用时间做什么"似乎却是我们可以自由选择的。可是这种选择的自由也是一种有限的自由,因为单就时间因素考虑,这种选择还受制于人们对时间的认识,受到更广泛的时间规划和安排的影响,即社会时间的影响。特别是在现代时间的独特隐喻和表达下,时间更不能仅仅被理解为人们活动中可以忽略的背景,是不必考虑的因素,或者是一种"静默的语言",时间也是人们表达认识和意志的符号、方法和象征手段,是可以作为一种"社会事实"在结构中发挥作用的因素,是有着复杂的社会面向的存在物。当然,时间发挥作用必然依靠主体的存在或者其他社会因素的存在。吴国盛认为时间的"间"是处于两个事物之间的区域。[①] 但是这个区域不是空的,是需要填充的,是社会活动的主体或者说行动者的舞台,给其他社会因素提供出场的机会。

第三节 现代社会中的学校教育时间

学校,首先是教育机构,是"教育发生的具体所在"。学校教育时间作为一种教育形式深刻影响着教育的存在。孙孔懿在《教育时间学》中认为:"广义的教育时间,对个人而言,包括接受教育和自我教育的时间,几与个人生命共始终;对社会而言,则是社会时间总量中用于教育活动的时间。狭义的教育时间专指学校教育时间,是学校各种教育活动(包括闲暇活动)展开和延续的基本条件和形式。"[②] 当然,狭义与广义只是一种形式的区分,二者有着密切的关联。狭义的教育时间,即学校教育时间并不是孤立的,而是与其他教育时间有着紧密联系的。

---

① 吴国盛.时间的观念[M].北京:中国社会科学出版社,1996:1-35.
② 孙孔懿.《教育时间学》出版十年反思与前瞻[J].江苏教育学院学报(社会科学版),2003(5):12-13.

另外,教育时间狭义与广义的区分显然是从广义教育概念和狭义教育概念上演绎过来的。"广义的教育,泛指一切增进人们知识、技能、身体健康以及形成或改变人们思想意识的活动。狭义的教育,即学校教育,是指社会通过学校对受教育者所施加的一种有目的、有计划、有组织的影响,以使受教育者身心发生预期变化的活动"[①],与家庭教育、社会教育共同构成完整的教育活动。因此,学校教育时间,一方面强调教育时间与教育活动的关系,"离开了教育时间,教育教学活动就无法持续;离开了具体的教育教学活动,教育时间则成了毫无意义的'空壳'"[②];另一方面强调了以空间为标准对教育时间的划分,学校空间中的教育时间,是与家庭空间、社会空间中的教育时间不同的时间。由此总结而来,"学校教育时间"这个概念可以从两个方面展开分析:第一,依据"学校教育时间"这个偏正短语,强调的如果是"学校",那么学校教育时间是指学校空间里的教育时间;第二,如果强调这个偏正短语中的"教育时间",则学校教育时间重点强调的是时间与教育活动的密切关系。因此,学校教育时间可以解释为在学校空间里与教育活动有着紧密关系的时间。

学校,不但是一个教育机构,还是"在社会中、由社会所设置、为社会而设置的'社会机构'"[③]。它"是一个先于行动者存在的观点的网络,而它如此组织起来是为能够实现更加广泛的社会功能,尤其是社会化、为劳动世界做准备和社会整合的功能"[④]。那么,在这个意义上,我们该如何认识和理解现代社会中的学校教育时间呢?当然,"这不是我们想要发现的时间真面目,我们所关注的事实都来自现实世界。它会

---

① 孙孔懿. 教育时间学[M]. 南京:江苏教育出版社,1998:23.
② 孙孔懿.《教育时间学》出版十年反思与前瞻[J]. 江苏教育学院学报(社会科学版),2003(5):12-13.
③ 陈桂生. 学校实话[M]. 上海:华东师范大学出版社,2001:152.
④ [法]玛丽·杜里-柏拉,阿涅斯·冯·让丹. 学校社会学[M]. 汪凌,译. 上海:华东师范大学出版社,2001:2.

取代使我们感到神秘的时间这个名词"①。也就是说,我们要在社会学意义上,在现代社会中,在现实世界中来理解作为一种社会事实的学校教育时间。

一、作为特殊社会时间的学校教育时间

对于社会学家来说,学校的确是一个社会机构,是社会中的学校;但不可否认的是,学校是一个特殊的社会机构,是社会中的教育机构,而不是行政结构、生产机构或者其他什么机构。换言之,学校教育时间既具备了一定的社会性质,同时也具有与众不同的一些特质。

1. 学校教育时间是社会时间

学校教育时间是社会时间,这是对学校教育时间性质的一种判断。之所以做出这种判断,主要是因为学校教育时间与学校中的教育活动密切相关,教育活动是学校教育时间得以实现的基础。学校教育活动显然不是个体活动,而是一种"集体性活动"。"集体性活动"的开展需要考虑的是群体时间的组织和协调问题,特别是需要群体认可的公共时间。因此,学校教育时间并不是学校空间里自然时间的流逝,而是人们为了教育活动的开展而对自然时间的组织。这种时间是"集体意识"的产物,是外在于个体的并对学校中的群体具有支配性作用的一种群体时间。笔者在论述社会时间的概念时,强调的核心就是其与自然时间的不同,是人们对自然时间的一种规划和组织,特别强调的是社会时间是与人们的社会实践活动紧密相连的。因此,在这个意义上笔者认为学校教育时间是一种社会时间。

另外,学校教育时间是指学校中的教育时间,强调的是学校这个场

---

① [美]理查德·惠普,芭芭拉·亚当,艾达·萨伯里斯.建构时间:现代组织中的时间与管理[M].冯周卓,译.北京:北京师范大学出版社,2009:117. 原载:Wittgenstein L. The Blue and Books[M]. Oxford: Blackwell, 1973.

域对教育时间的组织。社会时间的异质性提示我们,社会时间不但在不同的文化和社会间存在着差异,而且在某一社会内部同样存在着多样的时间。因为每个社会中不同的社会组织和机构都会因为人群构成、行为习惯的差异而表现出不同的时间构成;或者说社会时间会在不同的组织中表现出不同的组织特点。那么在这个意义上,作为"社会机构"的学校不但是特殊的社会组织,而且还有着特殊的时空构成,因此学校教育时间是一种社会时间。

但是这并不意味着学校教育时间中自然时间是不存在的。在论述社会时间的社会构成性中,我们已经明确了自然时间是社会时间的基础,没有自然时间的存在,也就谈不上什么社会时间。社会时间只是对自然时间的一种人为的规划和组织。所以学校教育场域中的社会时间也是以自然时间为基础,只是自然时间都已被打上深刻的社会印迹和规则的烙痕。甚至在一定意义上,学校也是嵌在一定的历史和社会背景中的,是社会时间的产物。

2. 学校教育时间的特殊性

学校教育时间作为一种社会时间,具有一定的特殊性。这主要因为学校教育活动的本质是培养人。学生的身心发展应该成为整个教育活动的目的,学生身心发展的规律应该成为教育活动组织的依据。因此,学校教育时间的组织和规划应该从人出发,以人为目的,服务于人的发展。特别是马克思提出的两个命题,"时间是人类发展的空间"[1]和"时间实际上是人的积极存在,它不仅是人的生命尺度,而且是人的发展的空间"[2],这更突出了时间对人的发展的意义。所以对于学校教

---

[1] 中共中央马克思恩格斯列宁斯大林著作编译局. 马克思恩格斯选集(第2卷)[M]. 北京:人民出版社,1972:195.
[2] 中共中央马克思恩格斯列宁斯大林著作编译局. 马克思恩格斯全集(第47卷)[M]. 北京:人民出版社,1979:532.

育时间来说,时间不仅仅是教育活动的条件,学校教育时间也是人的发展的特定空间。因此,学校教育活动的"产品"就是学生在时间中的成长,而不是其他什么外在的"产品"。这与其他社会组织"以事的解决"来组织时间或"以物的生产"来组织时间有着质的不同。当然,自然时间也与其有着根本的区别,"前者是人的自发的发展空间,后者是人的自觉的发展空间,是人的特定的发展空间"。前者是在人的存在意义上来谈论时间,后者则是在社会意义上来谈论时间。

另外,既然学校教育时间是各种教育活动的条件和形式,那么学校教育时间的组织和安排自然首先就要围绕学校教育活动来开展,满足学校教育活动的要求。也就是说学校空间里的教育活动是学校教育时间组织的依据。但是教育活动与其他社会活动不同,教育活动除了要考虑学生的身心发展对时间的要求,也要考虑教育活动本身的开展对时间的要求。教育活动毕竟不同于其他生产活动,教育活动的内容和形式对时间的安排提出不同的要求,制约了学校教育时间的组织和规划。

二、现代社会时间支配下的学校教育时间

虽然学校作为一个特殊的社会组织,有着自己独特的时间构成,但它毕竟是社会系统中的一个子系统,所以学校教育时间不是也不可能是以"自我为中心"开展时间的组织。它不可避免地要受到其他社会组织的时间影响,特别是受到居于支配地位的、具有强制性的社会时间的影响。在现代社会中,强制性的现代社会时间必然在学校教育时间的组织中起着极大的作用,有着不可剥夺的话语权。

首先,学校教育时间受到现代社会时间的支配和制约,最根本的原因是学校作为一个社会组织,不但要考虑学校教育活动自身的节奏、学生成长发展对时间的要求,也要思考学校作为一个社会组织与社会其

他组织运转协调的问题。特别当现代社会时间控制了多数人的日常生活时,现代社会时间的安排就成了整个社会的公共时间,那么其他社会组织就不得不调整时间的安排和节奏以适应作为社会主导性的现代生产和生活方式要求的时间。现代社会时间则以形形色色的方式铭刻在现代社会中的各种组织和机构中。"在教育领域,许多为新兴的工人阶级设立的学校和主日学校,明显就是'抽象的机器',其目的之一就是反复给(工人阶级)孩子们灌输时间规训的习惯。在这些学校里,'时间被划分得越来越细;各项活动的细节都要遵从命令,而且这些命令都必须立即执行'。这里和工厂里一样,有罚金(和其他肉体惩戒),甚至还有金钱激励。"① 因此,可以进一步讲,学校教育时间实行的是与现代社会中的工厂、企业等生产部门类似的时间安排和组织。学校教育生活和思考已经紧紧系缚于现代社会时间的体系之上。追求效率、节省时间等成为学校教育时间的轮廓。因此,德拉蒙特(Delamont, S.)和高尔顿(Galton, M.)主张,一般来说,通过进度表和时间表来安排日常时间,是把学校、工厂和公共机构生活与度假和不工作时间的生活区分开来的特征之一。② 也就是说,学校教育时间与工厂时间以及其他公共机构的时间具有极大的相似性。

其次,这种强制性还源于现代社会时间的内在逻辑。现代社会时间的内在逻辑是控制。控制是现代时间制度和时间观的核心,只有可控制的才是可预见的,只有可预见的才是安全的。③ 这不仅体现在对精确化时间的要求上,还体现在"现在"对"过去"和"未来"的控制上。乔治·奥威尔(Orwell, G.)说:"谁控制过去,谁就能控制未来;谁控制现

---

① [英]约翰·哈萨德.时间社会学[M].朱红文,李捷,译.北京:北京师范大学出版社,2009:109-110.
② [美]芭芭拉·亚当.时间与社会理论[M].金梦兰,译.北京:北京师范大学出版社,2009:128.
③ 戚干舞.时间的社会构造和社会的时间构造——从传统到现代社会[D].广西师范大学,2004:21.

在,谁也就控制过去。"特别是相对于传统的农业社会,现代社会的未来存在着太多的不确定性,而现代社会时间的线性时间观念使人们确信通过现在的规划,未来是可以被控制的。那么如何通过规划现在实现对未来的控制呢？其实所谓的控制未来,也就是指个体能够很好地适应未来社会发展的需要,能够从容地应对未来社会的风险。学校作为个体社会化的重要社会组织,无疑成为人们试图应对未来风险的手段,控制未来的途径。当然这也是现代化过程中理性发展的结果。

再次,这种强制性表现在学校成为反复灌输现代社会"节省时间"精神的非工业机构。因为随着现代化的进程,特别是现代时间获得了独特的意象以后,时间代表着一种经济目标,是一种生产的象征,这就迫使现代社会要加强对时间的管理和使用。特别是人们在日常生活中养成节省时间的习惯,这在现代社会初期尤为明显。特别是"利用小学教育来驯服工人阶级,使他们养成遵守工作规训的习惯,因为这些习惯是工厂生产所必需的"。因此,"克莱顿抱怨说曼彻斯特的街头满是'闲荡的、衣衫褴褛的儿童；他们不仅失去了时间,而且还学会了玩耍的习惯',等等。他赞扬把勤劳、俭朴、秩序和规律性教给孩子们的慈善学校：'这里的学生必须按时起床,得极其严格地遵守各种时间规定'"①。同样,"1772年,鲍威尔也看到教育在培训'工业习惯'上的作用；当小孩子的年龄达到了6或7岁时,他应变得'习惯于劳动和疲劳,虽不能说这已成为自然而然的事情'"②。于是,在现代社会中,人们把学校作为"一个秩序和规律性的奇观"③。这就意味着孩子们一旦进入学校大门,就进入了新的有严格规定的世界。孩子在学校教育的社会化过程中,不但学会了进入社会的知识和技能,还养成了符合工业化社会时间

---

① [英]爱德华·汤普森.共有的习惯[M].沈汉,王加丰,译.上海：上海人民出版社,2002：411.
② 同①。
③ 同①。

节奏的生活习惯。所以技术世界的教育,不再仅仅为了知识的交流和获得,甚至追寻真理的功能也有所减弱,它更多地成为社会中人们适应发展的统一需要的一个有效的功能系统。①

虽然学校教育时间受现代社会时间的支配,但是毕竟学校教育作为一个特殊的社会组织,它不可能完全与现代社会时间一致。也就是说学校教育时间是强制性的现代社会时间与学校教育本身时间斗争、较量和博弈的产物。现代社会时间的强制性、支配性也是通过各种或清晰或模糊、或直接或隐蔽的手段和方法来实现,并不一定总是展现为直接的制度性要求或命令。但毫无疑问现代社会时间的体系及观念已经渗透到学校教育生活的各个方面,也已将这种时间认识和理论转化为必然性,转化为隐蔽的"先验性"。

三、作为一种中介的学校教育时间

既然学校教育时间是一种特殊的社会时间,那么也就意味着学校教育时间在学校教育中不仅仅是以一种"存在性"要素呈现出来,更是以一种"建构性"要素彰显出来。特别是在吉登斯的结构化理论看来,"时间和空间不能仅仅被认为是社会行动的边界,因为它还包含控制和能动的角色"②,也就是指时间溢出静滞的界限标志而具有了生产性和再生产性。但是需要强调的是时间的生产性并不是时间本身的生产作用,而是指时间依托社会结构而派生出来的力量。学校教育时间的建构性作用也必须依靠与其他社会因素构成一种"复合体"来发挥作用。

因此,马维娜在论述教学时空的建构性时说道:"作为社会性时空存在的教学时空,即在社会学意义上探讨教学时空所具有的社会特征,

---

① Samuel Ijsseling. Time and Space in Technological Society[J]. Man and World, 1992(3/4):409-419.
② Sundeep Sahay. Implementation of Information Technology: A Time-Space Perspective[J]. Organization Studies, 1997(2):242.

且这种社会特征不仅表现在人际交往的教学时空构成上,而且表现在与其同时发生的角色定位、互动类型、知识分配、话语权力等相关问题上。"① 也就是说,作为社会时间的学校教育时间不仅仅表现在学校教育活动的时间构成上,而且表现在学校场域中的群体形成、权力运作、纪律实施等活动中。吉登斯就说:"我们不能把时间和空间当成两个互不关联的'容器'(containers),因为它们并不是诸如此类的'存在物'(exitents)。我们只能在事物和事件的关联当中把握时间和空间:它们是事物和事件之间关系的表现方式。"② 亚当(Adams)则更为明确地表述这一观点,他认为:我们需要概念化社会时间与各种力量的关系,比如时间与社会结构、时间与经济结构、时间与控制、时间与规训以及时间与日常生活的标准等。③

因此,对学校教育时间的关注不止于对学校教育时间属性的探讨,更重要的是关注其在学校场域中真正的影响力。本研究循着这样的思路展开:首先,社会学认为时间具有社会属性,是一种社会时间;其次,判断学校教育时间是一种特殊的社会时间,特别是受到现代社会时间制约的特殊时间;再次,既然学校教育时间是社会时间,那么也就意味着学校教育时间参与了学校教育活动,与学校教育活动发生着密切的关联;最后,以学校教育时间为中介概念重新审视学校场域中的教育活动,分析学校教育时间如何参与学校教育中的各种活动,特别是现代社会时间在学校场域中对学生产生了怎样的影响。将学校教育时间作为一种中介概念,这主要源于社会时间的索引性。因为社会时间的索引性已经阐明了时间作为一种象征性存在,它作为"透镜"能够折射出社

---

① 马维娜.教学时空的双重建构[J].课程·教材·教法,2004(12):17-22.
② [英]安东尼·吉登斯.历史唯物主义的当代批判:权力、财产与国家[M].郭忠华,译.上海:上海译文出版社,2010:29.
③ Sundeep Sahay. Implementation of Information Technology: A Time-Space Perspective[J]. Organization Studies,1997(2):244.

会的结构。这也就意味着"透镜"本身即"学校教育时间是什么?"并不是本研究的主要研究问题。如同福柯的《临床医学的诞生》和古德森的《环境教育的诞生——英国学校课程社会史的个案研究》一样,"临床医学"与"环境教育"均不是问题本身,而仅是作者用来看问题的一双眼睛。① 用这双眼睛"转向教育的背后"②看到的内容才是本研究着重要探讨的,即"学校教育时间告诉我们什么"。

学校既是一个教育机构,也是一个社会机构。这意味着它不仅仅是一个时空构成的结构,而且是一个各种力量展现的场域,是一个复杂的关系网络。社会时间的概念已经表明学校教育时间不但与各种力量同处在这个关系网络之中,而且与它们存在着密切的关联。"如何将时间和空间当作对我们的分析具有建构作用的内部变量,而不仅仅是当作宇宙存乎其间的不变的物质现实,而重新安插进来。如果我们把时间和空间的概念看成世界(和学者)借以影响和解释社会现实的社会变量,我们就面临着发展一种方法论的必要性,从这种方法论出发,我们可以把这些社会结构置于分析的前台,而与此同时又不把它们当作一些任意的现象来看待或利用。"③具体在学校教育空间中,即以社会时间的理论来重新审视我们的学校教育时间,解释学校教育时间的特性;然后以学校教育时间为切口来观看我们的学校教育生活,揭示学校教育结构中的复杂关系和各种隐蔽力量。因此,学校教育时间是分析学校教育生活的中介,是探讨学校教育生活的新路径。

---

① 周宗伟.高贵与卑贱的距离——学校文化的社会学研究[M].南京:南京师范大学出版社,2006:19.
② 吴康宁.转向教育的背后——吴康宁教育讲演录[M].上海:华东师范大学出版社,2008:111-141.
③ [美]华勒斯坦,等.开放社会科学:重建社会科学报告书[M].刘锋,译.上海:生活·读书·新知三联书店,1997:82.

第三章

现代学校教育时间的社会呈现

第三章 现代学校教育时间的社会呈现

作为一种社会时间的学校教育时间不仅受到现代社会的制约和控制，其存在亦需要通过现代社会的要素来表达。"质的意义上的时间，是由许多部分组成的，是由各种各样的标志、符号、事件、仪式或活动等混合连贯起来构成的一个整体，是通过其自身的节奏而体现着社会组织的一个象征性结构。"[①]是故，为了更加清晰地发现社会时间的社会构成及其生产意义，我们有必要进一步阐释学校教育时间在学校空间中的日常呈现。为了论述学校场域这片早已熟悉的场景中的时间景象，指出在这一场景中时间存在的各种形态，寻找时间或明或暗、或清晰或模糊、或零碎或宏大的存在样态，笔者基于实际观察和经验性的体验，将主要从符号、制度、观念以及身份四个方面来入手。

第一节 符号：学校教育时间的直观表达

恩斯特·卡西尔指出：人与动物的主要区别在于人是"符号的动物"，"符号化的思维和符号化的行为是人类生活中最富有代表性的特征，并且人类文化的全部发展都依赖于这些条件"[②]。换言之，人类生活的典型特征之一，就在于能发明和运用符号，从而使人不再生活在一个单纯的物理世界中，而是生活在一个符号之网中。在人们的符号世界中，时间、学校教育时间显然应该拥有一席之地。因为对于这种看不见、摸不着但无处不在的事物，人们只能通过符号化的活动来使其在人们的生活中得以表达。

一、作为符号的学校教育时间

所谓学校教育时间是指学校教育空间里与教育活动有着紧密关系

---

① [加拿大]吉勒斯·普罗诺沃斯特.导论：从社会学和历史学的角度看时间[J].国际社会科学杂志，1987(1)：5-19.
② [德]恩斯特·卡西尔.人论[M].甘阳，译.上海：上海译文出版社，2003：38.

的时间。空间因素成为解释学校教育时间不可缺少的条件，即"时间的空间化"表达。之所以如此，是因为在日常教育生活中，我们发现"学校"作为一种物理空间的存在是我们容易感知的，甚至我们可以发现物理空间上的明显"切割"。譬如："围墙"把学校空间同其他空间分开来，学校建筑又把学校内的空间分割成不同的部分。① 可是，与空间不同，我们对时间的"切割"却是一件很困难的事情。至少现在我们尚无法对时间做出物理上的区分。因为时间始终是流淌的，似水流一样"抽刀断水水更流"。时间同样也是我们无法明确感知的。我们能感知到的所谓时间的流逝，只是太阳的东升西落、植物的生长枯荣、动物的出生死亡。

　　但是，人类不仅生活在一个物理的世界中，还生活在一个自己构建的意义世界中。对时间的认识以及表达，不仅是人类认知自然世界的一种好奇心，更是人们构建自己生活世界的需要。社会时间反映的是人的实践，它经由"意义之网"建构成人类社会的一种存在维度，它既是抽象的，又是具体的，既是客观真实的，又是主观建构的。② 既然在物理上我们无法对时间做出"如是观"的描述和类似空间一样的切割，那么只有在人们的理念世界中把时间再现，在生活世界中使时间得以表达。这时，符号成为人们表达时间的工具。一般来说，只有当你不可能将一个事物展示给他人看时，你才用符号来代替这个事物。因此，实际上"'符号'不过是某种事物的代号而已。但实际上它的真正意义所在，是采用一一对应的方式，把一个复杂的事物用简便的形式表现出来"③。也就是说，符号是一种中介物、媒介物。既然我们无法把物理的时间直接再现出来，也就只能通过其他媒介来替代时间。用媒介来替代时间的方式，其实也就是人征服自然、满足生活世界需要、走向生活意义世界建构的过程。在卡西尔看来，运用符号"这种自觉性和创造

---

① 石艳. 我们的"异托邦"——学校空间社会学研究[M]. 南京：南京师范大学出版社，2009：64-122.
② 张金岭. 法国社会中的时间及其文化隐喻[J]. 开放时代，2011(7)：115-136.
③ [日]池上嘉彦. 符号学入门[M]. 张晓云，译. 北京：国际文化出版公司，1985：1.

性就是一切人类活动的核心所在,它是人的最高力量,同时也标志我们人类世界与自然界的天然分界线"①。

因此,在古代我们有"结绳记事",有"漏沙计时"。"绳"和"沙"也就是时间的一种替代物。在这个意义上,如前文所述,在现代社会,作为人们对时间认识的表达,精确化的钟表时间成为代表性的符号,钟表成为时间的替代物。时间也因此从看不见、摸不到的存在转化为可以看得见、听得见、摸得着的物理实体。同时因为时间能够转化为可以触摸的物理实体,也就使得对时间进行物理上的切割成为可能。随着物理机械的运动,时间的流逝得以展现。表盘上指针之间的物理距离则是时间的流逝长度。这样人们就通过钟表这个工具性的符号实现了将时间实体化。钟表成为人们认识时间和安排日常生活的工具,成为时间的代名词和生活中不可或缺的物品。

依靠精确化的钟表时间作为符号来代替时间的存在,这是现代社会发展的需要。作为这种需要的代表性社会机构——工厂和学校为我们理解符号性钟表时间提供了教科书式的范例。从某种意义上,现代意义上的学校特别是班级授课制首先诞生于西方,伴随着工业化的发展,逐渐扩展到世界各地。班级授课制之所以得以推广,主要在于其高效率,也即在限定的时间和空间内向多数学生传播大量的知识。比起前现代无固定修业年限、以个别教学为主的教学方式,制度化教育显得更符合工业化时代对效率的追求。但是因为班级授课制主张集体授课而放弃个别教学,所以其需要用一个公共的时间来协调集体的行动。另外,上文在阐述工业化社会时间的支配地位时已经指出,虽然学校教育时间有其独特性,但是仍将受工业化社会时间的支配。那么,精确化的钟表时间作为工业化时间的表达,自然也必然支配着学校教育时间,精确化的钟表时间也必然作为学校教

---

① [德]恩斯特·卡西尔.人论[M].甘阳,译.上海:上海译文出版社,2003:序9.

育时间的一种符号性存在而存在。

二、学校教育时间的符号性表达

既然学校教育时间作为一种符号性的存在,那么若要发挥其作为符号的功能,首先应该让学校教育中的师生感知到这种符号。如何能让一个群体及时感知到这种符号的存在呢？视觉和听觉恐怕是两个优先选择的途径。所以在欧洲,从14世纪以来公共的时钟都立于城市和有广场的大城镇中相对较高的建筑上,"在17世纪里,继续有人为鸣响晨钟和晚钟进行慈善性的捐献"①。

同样在学校空间里,为了使学生能够方便感知到时间的存在,钟表往往被悬挂在学校最高的建筑上(见图3-1,图3-2)②,以及班级教室前面的墙壁上。钟表在学校空间中成为类似课桌、黑板一样的学校的必需品。

图 3-1

---

① [英]爱德华·汤普森.共有的习惯[M].沈汉,王加丰,译.上海:上海人民出版社,2002:391.
② 图片来源:2011年6月25日笔者参观某中学时拍摄.

图 3-2

作为钟表时间的延伸,铃声成为学校教育时间表达的另一个典型符号。从边缘地区学校敲的铁"钟"到城市学校的各种电铃,铃声成为钟表时间表达的一个替代物。因为相对于设计好的钟表时间,铃声的控制相对来说更为方便和容易,也更符合学校教育对时间切割的要求。之所以认为铃声是钟表时间的延伸,是因为学校空间中的铃声并不是随意地响起,而是依据钟表时间来进行的。但其又不单纯是钟表时间的替代,而是根据钟表时间对人们需要的表达。铃声从听觉传达了学校对时间的安排,成为指导学生行为的命令。因此,在学校空间中,不但钟表时间是学校教育时间的一种表达,依照钟表时间和学校对时间组织的需要而定的铃声同样也是时间的符号。

但是这里笔者需要强调和解释两个问题。第一,依据对学校教育时间的解释,学校教育时间除了强调学校空间的制约外,更关键的是强调其与教育活动的密切关系。因为如果在学校教育空间中没有发生任何教育活动,那么时间的流逝仅仅是自然时间的流逝,而不具有任何社会意义,不能称其为学校教育时间。"时间的表达,无论是关于持续时间还是标记时间,都是关于社会的活动或集体的成就。那些不存在任何意义的社会活动的时间就那么慢慢地流逝了,没有任何术语来表达它们。"①比如一所废弃的学校,就不能认为其还有学校教育时间,因为在这个空间里,已经没有任何教育活动发生。因此,严格地说,只有在一般意义上的学校空间里,即正常运转的学校中,才能说钟表时间是学校教育时间表达自己的符号,也可以说学校教育时间是钟表时间代表支配性的社会时间在学校空间中的运行。也正是在这个前提下,在学校空间中,看到的钟表时间的各种"身影"才能作为一种符号成为学校空间中的一个典型特点。第二,本研究把学校教育时间的符号性表达认定为钟表和响铃,但是似乎钟表和响铃并不是学校空间中独有的符号,怎么能据此就认定其是学校教育时间的符号性表达呢?这主要因为符号的传达关系和传达功能既受符号使用者的限定,又受使用环境的制约。因此,时钟和响铃在学校空间里和在其他空间中发挥着不同的功能,同样的对于学校中的教师和学生也有着不同的意义。在这个意义上,也就可以认为时钟和响铃是学校教育时间在学校中借以符号化的方式表达自己的手段。

三、学校教育时间作为符号的功能

人既是符号的"生产者",又是符号的"消费者"。因此,符号是一种功能性概念,它是作为一种交流和互动的媒介来定义的。"符号的意义不在于它是文化的载体,而在于它是社会活动的杠杆和个人经验及社会经验的凝结。符号是人类协调内部关系、适应外部环境变化的生存

---

① 严新明.生存与发展——中国农民发展的社会时空分析[M].北京:社会科学文献出版社,2005.

工具。"①也就是说,社会实践活动是决定社会符号现象发生、发展和变化的基础。那么,"研究社会符号现象,不能就符号论符号,要透过符号的物像把握其背后的精神生产规律"②,考察社会活动与符号之间的显现关系,特别地关注符号作为一种媒介的功能。因为"意义不在于事物、行动、过程本身,而在于赋予;意义的阐释必须首先涉及意义的赋予者——生活在社会里的人,解铃还须系铃人"③。

布迪厄追随涂尔干的学说,从结构和建构的视角看待形形色色的符号系统。他认为,符号系统首先是"建构中的结构",给予社会世界以意义和秩序;其次,符号系统还是"被建构的结构",即符号作为交流和认知的结构被嵌入行动者的观念体系之中;再次,布迪厄更加强调符号系统的政治功能,主要指符号系统为统治系统合法化游说,符号系统促使被统治者相信既定的社会体系。因此,布迪厄把符号系统的功能概括为:认知、交流和社会区隔。依据布迪厄对符号功能的认识,具体在学校场域中,学校教育时间作为符号的功能主要有如下两个方面。

1. 作为学校场域中认知和交流的工具

按照索绪尔的说法,"一个社会所接受的任何表达手段,原则上都是以集体习惯,或者同样可以说,以约定俗成为基础的"④。符号与特定的意义之间的联系一旦约定俗成,就不可分割。正是凭借这种联系,符号才能成为知识与沟通的工具。同样,作为涂尔干所说的"社会共识",时间作为一种符号同样也是社会的产物,在人们的生活中扮演着

---

① 苟志效,陈创生.从符号的观点看——一种关于社会文化现象的符号学阐释[M].广州:广东人民出版社,2003:12.
② 苟志效,陈创生.从符号的观点看——一种关于社会文化现象的符号学阐释[M].广州:广东人民出版社,2003:18.
③ 纳日碧力戈.人·时间·行为:符号结构与符号制度[J].国外社会科学,1996(1/2):58-64.
④ [瑞士]费尔迪南·索绪尔.普通语言学教程[M].高名凯,译.北京:商务印书馆,1980:103.

重要的角色。在学校场域中,作为学校教育时间的符号性表达,钟表和响铃成为人们认知和交流的工具。在学校的日常教育活动中,钟表首先再现的是时间,因此钟表成为人们认识时间的媒介。在小学生的课本上关于时间的认识,往往也就意味着对钟表的介绍。同时在教育生活中,比如"我们要求八点上课",这里的"八点"是指钟表时间,是人们为了交流需要而约定的时间。不难想象,在学校教育生活中,如果没有钟表时间,那么师生之间的交流将会遇到很大的障碍。再比如,铃声的响起,意味着教师要去上课或下课,而无须其他人的通知。钟表作为一种时间的再现,在学校教育生活的认知和交流中发挥着工具性的作用。

2. 给予学校教育生活以意义和秩序

符号不仅是知识和沟通的工具,符号产生以后,反过来会强化和塑造现实的秩序。符号是社会整合的最好工具,它们促成了一种对社会意义的共识,有利于社会秩序的再生产。[①] 同样钟表和响铃作为学校教育时间的符号性表达对于学校秩序的生成也起着关键性的作用。鲍尔等人写道:"学校生活按复杂的时间顺序组织,同时被组织成复杂的时间顺序。从这些时间顺序中,学校日常机构的现实采取了经验的形式,而且,正是这些时间顺序的有限长度制约了活动,并为排列有限顺序和进行分配提供了基础。"[②] 它为所有参与者提供了一个常规的程式,精心安排的学习、教学、考试、吃饭、娱乐等都能按照钟表时间有条不紊、按部就班地进行。特别是这个程式又被响铃强化,学校的响铃把

---

① [法]皮埃尔·布迪厄. 论符号权力[M]//贺照田. 学术思想评论(第五辑). 沈阳:辽宁大学出版社,1999:167.
② 转引自:芭芭拉·亚当. 时间与社会理论[M]. 金梦兰,译. 北京:北京师范大学出版社,2009:126. 原载:Ball S, Hull R, Skelton M. et al. The Tyranny of the 'Devil's Mill': Time and Task at School [M]//Delamonts. (ed.) Readings on Interaction in the Classroom, London, Methuen, 1984:43.

不同的活动分割开来,并确保所有人都能一起开始活动。响铃保证了规律性的集体节拍,进而使得学校中所有教育教学活动能有良好的秩序。钟表时间和响铃的配合把政治老师的时间与地理老师的时间区分开来,把学习时间与娱乐时间区分开来。时间作为一种符号性的存在塑造着学校教育生活的秩序。

第二节 制度:学校教育时间的规范表达

虽然符号是学校教育时间的重要表达方式,在学校空间里发挥着重要的作用,但是"符号权力弥漫在社会空间中,与各类制度相伴而生"①,也就是说学校教育时间作为一种符号若要发挥其在学校空间中的功能,必须依靠制度的存在。在某种意义上,"社会时间特别意指由社会制度所构成的生活协调机制"②。由此,制度成为学校教育时间表达的另外一种方式。在一定意义上,制度才是学校教育时间的一种规范表达,因为时间制度最明显地体现了人们对时间的组织和安排,是学校教育时间作为社会时间的集中表现。

一、作为制度的学校教育时间

制度是什么?制度是一个充满分歧的概念。在众多对制度的定义中,诺斯关于制度的定义获得了较多的认同。诺斯认为,"制度是一种社会的游戏规则,更规范地说,它们是为决定人们的相互关系而人为设定的一些制约"③。制度通过向人们提供一个日常生活的结构来减少不

---

① 张意.文化与符号权力:布尔迪尔的文化社会学导论[M].北京:中国社会科学出版社,2005:178.
② 郑作彧.生命时间的结构性[J].华中科技大学学报(社会科学版),2018(5):99-106.
③ [美]道格拉斯·诺斯.制度、制度变迁与经济绩效[M].刘守英,译.北京:生活·读书·新知三联书店,1994.

确定性。制度是人们相互发生关系的指南,实际上是一种约定俗成的规则,它是用来协调人们之间关系和行为的。制度必须理解为影响我们生存和行动模式的一切书面的和没有写出来的规则和习惯。① 依此,只要能够对人的行为和观念构成规约的有形的或无形的规则,如法律法规、规章制度、风俗习惯等,都可称为制度。另外,一种制度必须具有某种程度上的普遍性和稳定性,是被群体成员所共同认可的一种行为方式或者规范。同时这种规范必须有一定程度的认知基础,或者根植于人群的习惯或风俗,维护共同的观念或价值预期,且被共同的观念和预期所维护。

那么依上述而论,学校毫无疑问也是一种制度化的存在。作为基本的学校教育运作方式,制度直接决定着学校教育构成要素间如何发生作用、如何产生教育功能。它保证教育活动"有组织、有目的、有计划"地进行,这是学校教育形式优越于其他教育形式的主要原因。学校的形成是社会制度化进程中的一个重要事件,学校从其产生之初就与制度紧密相连,"在历史发展的视角下,学校教育的历史发展,就是不断建立制度、完善制度过程,学校教育就是制度规范落后的'教育',是教育发展的一个新的阶段"②。如果作为学校生存基础的制度条件不存在,就不能保证必要的经费投入,学校将无法维持;如果没有一定的教育规范,就不能保证学校环境的教育功能;如果没有一定的课堂纪律的保证,学习将不可能正常进行,教室将变成一盘散沙,学校教育将无法继续。学校教育活动的展开,都是在一定计划之下、在一定的组织单位的空间中、在教师的组织管理下进行

---

① 伦那·焦伯."瑞典皇家科学院伦那·焦伯教授的讲话"[M]//王宏昌,林少官.诺贝尔经济学奖获得者讲演集 1969—1995.北京:中国社会科学出版社,1997:217.
② 李家成.学校教育是"制度"保障下的生活[M].北京:人民教育出版社,1990:64.

的。班级授课制、分班分组制、日常时空的组织安排、考评制度、班级与教学管理制度、教育中的模式与规律等，在不同层面、不同领域构成了学校教育"制度"的面目。

在学校教育制度的众多面目中，学校教育时间也被认为是一种制度。因为时间制度是对自然状态的时间进行的社会规划，用社会制度的方式把时间固定化的产物。时间制度的建立表明了人类社会对自然时间的反思，它具有以下特征。首先，时间制度是外显的，是对人们社会生活时间安排的一种制度指导。其次，时间制度一旦确立，就具有广泛的社会共同性，为广泛的社会成员共同遵守。最后，时间制度还与特定的社会条件有关，它反映了人类社会与自然之间的关系，也反映了人类社会自身的特点。特定社会环境下的时间制度对其社会成员有一定的强制性。在某种意义上，学校教育是一种特定的时间安排，学校教育总会通过制度出台对时间进行分配、利用的规定。学校教育时间影响着学校中的人们在活动中的相互关系，约束人们的行为。学校教育时间制度使学校教育得以从自然性的时间中分化出来，在一定的自然时间中，获得展开"学校教育"的时间保障。没有了学校教育时间，就很难有学校教育，更难有学校教育价值的实现。学校教育时间作为一种制度的存在运行于学校教育生活中，是学校日常生活与教育制度的一部分，而不是外在于学校生活的东西。时间制度成为学校教育时间的代言人，在学校教育生活中发挥着建构性的作用。

二、学校教育时间的制度表达

美国政治学家普瑞尔教授指出："就制度得由一些'有形的'东西代表而言，它可以是具体的实体（工厂、银行、集体农庄或狩猎、采集队)。另一方面,虽然制度必然影响观测对象的行为,但它可以是抽象的、无形的,或不易被察觉的(如价格机制或物质配置机制)。它可以正规化,并通过颁布法令来完成;也可以非正规化,借助于默契来达成。它可以是狭义的,也仅涉及几项活动;也可能包罗万象,涉及众多的活动。"[①]具体说来,学校教育时间作为一种制度主要表现在以下几个方面。

1. 学时的安排

"学时又称教时、课时,是学校教育时间的最小计量单位。它是由若干与具体教学环节相对应的更短的时间段构成的,学时结构就是这些更小时段的相互关系的总和。"[②]从程序上来分析,传统教学一般把课时按照任务分为组织教学、检查复习、学习新教材、巩固新教材、布置课外作业等几大环节,并规定了每部分大概所用时长。例如,凯洛夫在其教育学中设想的教学程序是:① 组织教学,1—2 分钟;② 检查作业,3—8 分钟;③ 提问旧知识,过渡到新内容,5—10 分钟;④ 讲述,10—20 分钟;⑤ 提问、巩固,10 分钟;⑥ 课堂作业,5—8 分钟。当前对课程与教学进行的改革,也往往涉及时间上面的变革。[③] 比如,杜郎口中学在教学时间方面提出的"10＋35"的课程教学模式,即教师用每堂课的前 10 分钟布置学习任务和点拨引导,学生利用后 35 分钟在新教学方法的指导下展开自学;再比如,杨思中学在学教时间方面,强调把"先学"和"后教"控制在 30 分钟以内,而"当堂训练"不少于 15 分钟;等等。学时以及学时结构作为一种制度制约和调整着学校的课堂教学,甚至可以从外部形态上将一节课的时间分为以教

---

① [美]弗雷德里克·L.普瑞尔.东西方经济体制比较——研究指南[M].钱玮,霍小虎,等译.北京:中国经济出版社,1989:14.
② 孙孔懿.教育时间学[M].南京:江苏教育出版社,1998:154.
③ [苏]凯洛夫.教育学[M].沈颖,南致善,译.北京:人民教育出版社,1950:134-135.

师为主的活动时间和以学生为主的活动时间,"具体地则可以分为教师独立活动时间、师生交往时间、学生交往时间和学生独立活动时间四个不可或缺的部分"①。

2. 学日的结构

"学日,也即学习日。学日结构是指一个学习日中的各类教育活动的时间比例及时序排列。"②一个完整的学日结构,主要是由课堂教学时间、学生在教师指导下的课外集体活动时间和学生自由支配时间三个部分组成。这三个部分的时间分配比例不同,排列次序不同,就会形成学日结构的不同模式。学日结构明显的、直观的表现就是学校教育中的作息时间。作息时间表把学生的一天时间切割成不同的部分,并安排以不同的内容。(见表3-1)③

表 3-1　A 校 A 班作息时间表

项目	时间	星期	活动内容
起床	6:20	一	卫生大扫除
洗漱	6:20—6:35		
早锻炼	6:35—7:00	二	班主任会或团队活动
早饭	7:00—7:20		
早自习	7:20—7:50	三	班会或德育活动
第一节	8:00—8:45		
第二节	8:55—9:40	四	党团活动或教职工学习
课间操	9:40—10:15		
第三节	10:20—11:05	五	校行政会、工人政治学习
第四节	11:15—12:00		

---

① 孙孔懿.教育时间学[M].南京:江苏教育出版社,1998:157.
② 孙孔懿.教育时间学[M].南京:江苏教育出版社,1998:148.
③ 资料来源:笔者在调研学校 A—班级 A 拍摄,2011-7-15.

续表

项目	时间	星期	活动内容
午饭	12:00	备注	每周活动内容如有变化,以临时通知为准。 高三年级第三晚自习21:55—22:45,从二月二十七日起执行。
预备	14:30		
第五节	14:40—15:25		
第六节	15:35—16:20		
第七节	16:30—17:15		
课外活动	17:15—17:55		
自习	18:00—18:50		
晚饭	18:50		
新闻、活动	19:00—19:30		
预备	19:35		
第一晚自习	19:40—20:40		
第二晚自习	20:50—21:50		
就寝	22:00		
熄灯	22:10		

仔细观察表3-1,可以发现它除了在形式上满足一般的制表要求,即简单和明了外,更引人关注的是其中紧密分布的时间要素。它把学生的在校时间分为两个层次:第一层次是按照早晨、上午、下午、晚上来区分。这一层次的时间划分基本上按照教育生活的日常节奏来进行。第二层次的划分把四个时间段又再次按照精确的时间点来切割成不同的时间段。从这一层次的划分中可以发现从早晨起床到晚上睡觉,在整个一天的学校教育生活中,时间都被切割成长短不一的时间碎片。同时,这种每日的作息时间表还要配合每周的课程表,共同构成了对学生日常生活的时间顺序和活动内容细致和周密的安排。

3. 学年的设置

"学年是由学期、假期组成。学期和假期的划分和组合构成了学年结构。"①学年作为一种制度在学校中主要表现为学校的校历和教学进度表。顾名思义,校历是学校以学期或学年为单位编制的日历,是学校一年内工作和学习的日程安排,用来规划学校一年的整体工作部署。它鲜明地标注出本学期教学、复习考试和放假时间。在今天的社会生活中,随着人们对教育重视程度的加深,学校教育时间的组织和安排对社会生活的其他方面发挥了越来越重要的影响,例如人们的度假时间、休息时间等等。张金岭在分析法国社会中时间的构成时指出在法国人的三套时间体系中特别重要的就是"学校时间",即各公立学校所实行的时间制度,它以历年时间作为坐标来安排。②但同历年时间有所不同,学校时间的周期虽然也是一年,但它的起止日期同中国的学校一样并不是1月至12月,而是从每年的9月至次年8月。教学进度表是指,"以各门课程每个课题教学日程安排为主要内容的计划,在学期或学年开始前由任课教师制订。内容包括学生情况的分析,学年或学期教学总要求,教科书章节的教学时数及起止日期,各课题需要运用的教学手段等。可详可略,但要明确、具体。它有助于教师把握各章节的教学日期,掌控教学进度和避免延误时间,也是进行教学管理的一种手段"③。校历和教学进度表共同安排了学校一学期或一学年的教育教学活动的时间顺序以及活动内容。而学日结构和课时结构则嵌入这一时间结构中,成为对它的进一步细化。

4. 学制的体系

学制即学校教育制度,它关涉着学校教育发展的各个方面。在这里,笔者意在突出学制在时间上面的安排。例如中国古代教育中关于学制在时间上面的论述,"比年入学,中年考校。一年视离经辨志;三年

---

① 孙孔懿.教育时间学[M].南京:江苏教育出版社,1998:139.
② 张金岭.法国社会中的时间及其文化隐喻[J].开放时代,2011(7):115—136.
③ 顾明远.教育大辞典[Z].上海:上海教育出版社,1998:717.

视敬业乐群;五年视博习亲师;七年视论学取友;谓之小成。九年知类通达,强立而不反,谓之大成"①。由此可知,根据入学的年限,已经确定了教学的内容和考察的重点。入学的时间长短成为教学和评价的重要指标。到了近现代,学制对学生从入学到毕业各个阶段做了更加系统的安排。例如,我国现行的学校系统②如图3-4所示。

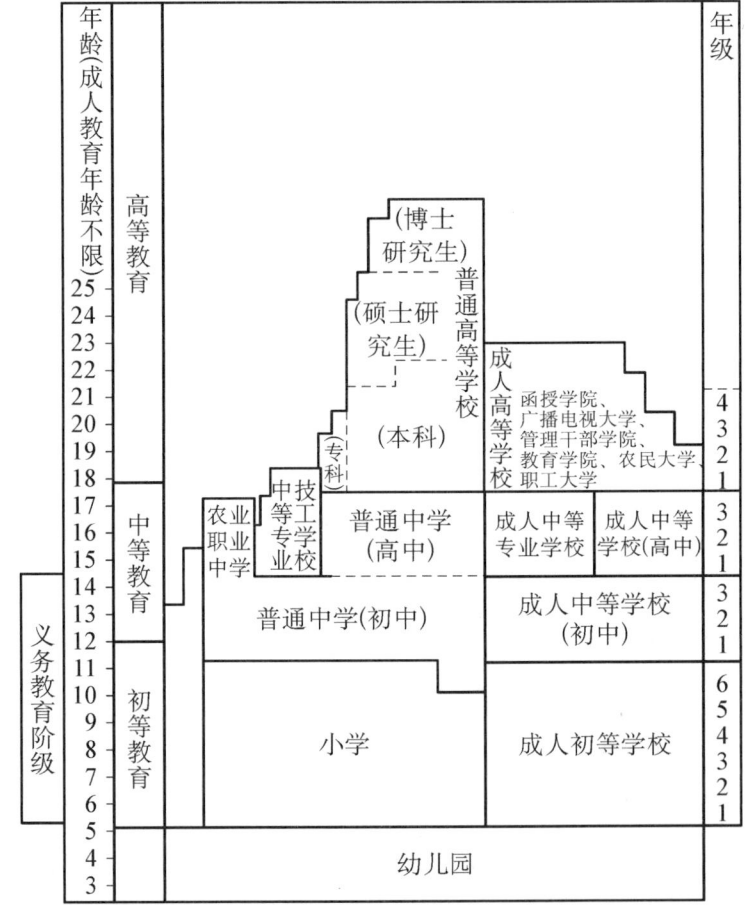

图3-4 我国现行学校系统图

---

① 乐正克.学记[M]//孟宪承,选编.中国古代教育文选.北京:人民教育出版社,1985:98.
② 吴文侃,杨汉清.比较教育学[M].北京:人民教育出版社,1999:70.

从图3-4可知,依据学生的年龄,整个学校系统被划分为初等、中等以及高等教育阶段。整个学校系统被编制成一个依据个体年龄为纵坐标的时序系统。几乎所有进入学校系统的学生都是按照整个既定的跑道开始自己的学业长跑,极少能逃出这个系统的控制。

吉登斯在阐述"时间与社会组织"的关系时特别指出,在组织之内最明显的计时工具就是时间表。从时间表的设计上来看,"时间表是由独立的事件或对活动的描述组成的"。因此时间表在根本上是对时空进行组织化的装置。时间表不仅仅描述事件或活动之间的次序关系,更为关键的在于它还是其中的协调媒介。制作时间表主要目的是组织具有异质性的个体时间,就像它协调了大量个体的活动一样。[①] 学校作为一个典型的现代组织,依据上面的阐述可以看出,整个教育活动就是由不同的时间表层层叠叠来安排:从微观方面每节课的时间如何分配、每天的时间如何安排,到宏观方面学校教育活动的学年结构,即一年的学期与假期设定以及依靠学制的时间结构来安排的整个教育阶段。受教育者接受教育的过程也即闯入一个时间编制的网中,整个教育活动都嵌入学校教育的时间结构中,学校作为一个现代组织无法脱离时间表而存在。

三、学校教育时间作为制度的功用

"从社会的角度看,制度最直接的功能,并不是成就和增进个人自由,而是形成和塑造社会秩序;而且,制度对个人自由的成就和增进,也只能以形成和塑造社会秩序的方式去进行。无论是对社会,还是对个人,社会秩序都具有功能上的优先性,虽然这种优先性只是工具性

---

① [英]安东尼·吉登斯.社会理论与现代社会学[M].文军,赵勇,译.北京:社会科学文献出版社,2003:174-175.

的。"①因此,学校教育时间制度的首要功用就是维护学校教育的秩序,保障学校教育的正常运行并提供时间的价值。从微观的角度而言,教学时间的安排、班级活动时间的安排,为师生不同类型的活动提供了时间的保证;从宏观的角度而言,学校教育的连续性,构成了学校教育的生命全程视野,对个体成长的全程提供了关照。

按照批判教育学者伊万·伊利奇提出的"机构的光谱"的看法,②学校被认定为一种"操纵性制度",是制度化的结构。制度化教育以有目的、有计划著称。计划就意味着限制,因为计划既是为了保证实现特定教育目的的时间,同时也为了达到目的设定了时间限制。因此,学校教育时间作为学校操作性制度的一部分对学校中的人们产生着强制性的作用,是依靠指示和指令完成秩序的构建。这种强制性主要表现为要么强行看管,要么有选择地提供服务。所以不难发现上述关于时间的种种制度中,无论是课时、学时结构还是学年和学制安排,学生真正自主的时间是少之又少的,即便是有选择的空间,可选的对象也是极其有限的。学校教育在时间的制度安排上表现出了明显的强制性倾向。这主要是为了节约时间的成本,因为只有保证学校成员的时间管理的同质化,才能尽量减少时间安排的冲突,避免时间的浪费。制度性的时间恰恰以其制度的规则来保证群体活动的节奏,进而保证了群体参与社会互动的可能,提高了教育教学的效率。

杨德睿在以道教学院为例论述"现代学校教育与时间意识的革命"③时说道,"制度的规训力是使一代代道士们不断再生产出传统的实践模式与包括时间意识在内的'惯习'的一项关键"。也就是说,制

---

① 邹吉忠.自由与秩序　制度价值研究[M].北京:北京师范大学出版社,2003:196.
② [美]伊万·伊利奇.非学校化社会[M].吴康宁,译.台北:桂冠图书股份有限公司,1992.
③ 杨德睿.现代学校教育与时间意识的革命——以道教学院为例[M]//中国研究(第三期).北京:社会科学文献出版社,2006.

度重要的规训力明显体现在"惯习"的形成上。伊万·伊利奇在论述操作性制度时同样指出,操作性制度会导致人们出现社会性或心理性"成瘾"——若人们对于制度的少量利用未能得到预期的结果,便会趋向于加大用量,从而出现社会性成瘾,或曰逐步加码。当人们陷入对过程与产品的日益强烈的要求状态而不能自拔时,便会出现心理性成瘾,或曰形成习惯。因此,美国社会学家伯格把制度的生成与运作理解为一个"习惯化—制度化—合法化—社会化"的过程,而学校教育时间制度的作用之一就是通过社会化使人们获得遵守规则的习惯。"人们通过习惯、教育和经验习得了规则,并达到在正常情况下无反映地服从规则的制度……这样的内在规则构成了像道德那样的东西。"[1]这样,习惯慢慢成了人们自发构建秩序的手段。在此意义上,学校教育时间作为一种制度出现,其核心的目的就是通过惯习的生产来保证学校教育的秩序,进而保证学校教育教学的效率。学校教育时间在制度中的存在和展演,其目的同样也是服务于制度的决策者以及制度中的表演者。学校教育时间本身并不关涉价值,而是受制度中的人控制。

第三节 观念:学校教育时间的内在表达

虽然学校教育时间主要表达为学校教育时间的制度安排,但是这种制度安排只是从外部规范人的行为,从而达到确立良序的学校教育教学的愿望。这种愿望的实现还有赖于学校教育通过其自身的活动把这种时间的安排内化为行动者的时间观念。当然,这种时间观念形成于长期

---

[1] [德]柯武刚,史漫飞.制度经济学——社会秩序与公共政策[M].韩朝华,译.上海:商务印书馆.2000:123.

的社会实践对社会成员的支配过程中。在这个意义上,学校教育的时间观念应该外化于学校的教育活动。学校教育活动的内容本身应该成为传递学校教育时间观念的载体。学校教育活动大略可以分为教育教学诸多活动以及各种各样的娱乐活动。因此,本部分重点从这两个方面分别分析学校教育活动所蕴含的时间观念和意识。

一、学校教育活动中传达的时间观念

1. 学校教育教学内容

课堂是学校教育教学的主阵地,课堂传递的教育内容成为学校教育时间内在表达的首要之地。因为认识的过程也即传达的过程,人们对时间的安排和人们遵守时间安排的前提是对时间本身有所认识。人们不是一生下来就知道"时间"这个概念的,也不是光用观察或意识思考就可以参透时间的。人们必须通过学习才会理解并掌握时间的概念。因此,学校教育教学内容承担着教育学生认识时间的任务。无论是小学课程中直接有关钟表时间的认读,还是课堂内容传递的时间观念,课堂传递的教育内容早已成为学校教育时间表达自己的一种独特方式。

例如,在小学一年级的《品德与生活》(上册)中,编者专门设计一节《和钟姐姐交朋友》[①]来告诉小朋友时间与日常生活的紧密关系。依据儿童的年龄特点,编者并没有直接给出抽象的时间概念,而是通过几个日常生活的场景来讲述时钟与小朋友在日常生活中的密切联系。课文中的内容采用了"钟姐姐对我说……"留白的方式引发儿童的思考,使儿童对时间的认识更加深入。

---

① 课程教材研究所,综合文科课程教材研究开发中心.品德与生活 一年级 上册[M].北京:人民教育出版社,2007:30-31.

第三章　现代学校教育时间的社会呈现

再例如,某位小学一年级的教师在"入学教育"的第一课①,在教育小朋友练习坐姿的过程中通过提出要求以及儿歌的方式传达给学生遵守时间的观念。

创设情境练一练坐姿。

(1) 引入:每一堂课开始都有铃声,叫上课铃。上课铃一响,大家都要坐得端端正正,静静地等老师来上课。

(2) 学儿歌:

铃声响,进课堂,

课本铅笔放得好,

静等老师来上课,

比比哪个坐得好。

(3) 念完儿歌练一练。

---

① 资料来源:2010 年 7 月 14 日笔者参观某小学的记录,2010 - 7 - 14。

在教师的要求和儿歌里,铃声成为时间的替代物,按照铃声展开自己的行为成为遵守学校作息时间制度的要求。虽然这里并没有直接强调遵守时间的重要性,但是通过儿童喜闻乐见的方式潜移默化地传达一种遵守时间的观念。

在《小学语文》(二年级上册)中编者安排了一篇题为"一分钟"的课文。编者意在通过课文培养学生树立珍惜时间的观念。文中通过描述一个虚拟的人物"元元"作为一个小学生在日常生活中的体验来阐释一分钟的重要性,进而培养儿童珍惜时间的观念。

一分钟①

丁零零,闹钟响了。元元打了哈欠,翻了个身,心想:再睡一分钟吧,就一分钟,不会迟到的。

过了一分钟,元元起来了。他很快地洗了脸,吃了早点,就背着书包上学去了。走到十字路口,他看见前面是绿灯,刚想走过去,红灯亮了。他叹了口气,说:"要是早一分钟就好了。"

再如,刘云杉在其《学校生活社会学》②关于教科书中农耕文化对时间感知的分析,也进一步展示了教育内容中蕴含的时间观念。

年公公③

年公公出来了。他摆摆袖子,就有鸟飞出来。每只鸟都有一个名字。

---

① 课程教材研究所,综合文科课程教材研究开发中心.小学语文 二年级 上册[M].北京:人民教育出版社,2001:31.
② 刘云杉.学校生活社会学[M].南京:南京师范大学出版社,2000:83.
③ 转引自:刘云杉.学校生活社会学[M].南京:南京师范大学出版社,2000:83.

年公公第一次摆袖子,飞出三只鸟来,雪就完全化了。田野里开满了花朵。

年公公第二次摆袖子,又飞出三只鸟来,天气就热了。农民在地里更忙了。

年公公第三次摆袖子,又飞出了三只鸟来。凉风吹起来了。不久,树叶落了。不久,房顶上有了霜了。农民都在收割了。年公公第四次摆袖子,飞出最后的三只鸟,跟着来了寒冷和冰雪。

这些鸟不是平常的鸟。每只鸟有四个翅膀。每个翅膀有七根羽毛。每根羽毛都是一半白的,一半是黑的。

课文通过拟人化的方式意在传达给学生对"年"以及"一年四季"的认识。虽然并没有直接告知这是一种关于时间的知识,但是通过"鸟飞出来""树叶落了"等内容,学生可以联系自身的经验去感知乡土社会中一种"绵延的时间"。

另外,除了"显性课程"传达的时间观念外,学校教育中的"隐性课程"也在加深学生对时间的认识,并帮学生树立珍惜时间的观念。典型的"隐性课程"就是学校中悬挂在校园和教室中的有关"惜时"的名言警句。例如:

浪费自己的时间等于慢性自杀。

一寸光阴一寸金,寸金难买寸光阴。

此刻睡觉,你将做梦;此刻学习,你将圆梦。

百岁光阴一梦蝶,重回首往事堪嗟!

莫等闲,白了少年头,空悲切!

少壮不努力,老大徒伤悲。

花有重开日,人无再少年。

黑发不知勤学早,白发方悔读书迟。

这些名言警句被装裱并挂在学校走廊上、教室墙壁上,或者校园中学生活动比较集中的地方。虽然学校并没有直接要求学生去观看、学习、记忆,但是在学生课余的时间里这些句子会时不时地"跳入"学生的视野中,提醒学生时间的重要性,把惜时的观念潜移默化、无声无息地传达给学生。

2. 学校的节日活动

在学校空间,除了学生日常的教育教学生活外,节日活动也传达着一种时间的观念。与日常教育活动的循环往复不同,节日活动可以被看成非日常性时间里的行为。受怀特黑德的影响,米德将时间建构性的来源定位于"事件",他认为,没有事件将流动的时间打断,时间的经验将无法形成。[①] 也就是说"事件"的存在是确证时间经验存在的基础。当事件的性质变化时,我们用来指定某一事件发生在某一时间的方法也会发生变化,因此,时间会以不同的外观出现。[②] 比如,在历史中我们经常见到这样的概念,"一战以后""二战以后""抗日战争前夕"等;在生活中我们通常采用这种方式来表示时间点,"音乐会结束后我去找你""晚饭前你联系我"等。杨善华在分析农民的时间时把日常时间区分为"日常生活时间"和"事件时间"。他认为日常生活时间通常是指个体为了生存和满足自己生理需要所耗费的时间,它的特点是具有重复性与稳定性。事件时间是指生活中出现各类对个体及其从属群体生产产生影响的问题时,被访人及其所属的群体在处理和

---

① Nowotny Helga. Time and Social Theory[J]. Time & Society, 1992(3):421-439.
② [英] 约翰·哈萨德. 时间社会学[M]. 朱红文,李婕,译. 北京:北京师范大学出版社,2009:44.

解决这些问题的过程中所耗费的时间,它具有突发性和不确定性。①

同样在学校教育中,日常的教育教学活动时间也具有相对稳定性和极大的重复性,也即吉登斯所讲的日常体验的绵延是一种"可逆时间"、日常时间。之所以称其为"可逆时间"、日常时间,核心是强调日常生活只有在重复中才得以构成。学校教育的节日活动虽然并不一定如农民的事件时间那样具有一定的突发性和不确定性,也不是为了解决对学生产生影响的问题而设置,但是单就对日常生活时间打破这一点来说,其一定程度上在学校教育中扮演着"事件"的角色。它将循环平淡的日常学校教育时间打断,让人们经历一种全新的时间安排。这种时间与学生每日正常的作息时间有着极大的不同,虽然也有一定的时间要求,但是显然并没有正常教学时间那么紧凑。

比如:开学典礼和毕业典礼。开学典礼是每个学校每个学期伊始都要举行的活动。开学,也即新学期的开始,因此开学典礼首先提示学生的是新学期的开始,是一个时间段的起始。特别对于一年级的小学生,开学典礼也即意味着进入制度化教育的开始,也意味着一种身份的转换。对于其他在读的学生则意味着假期的结束,正常教育教学的即将开始。虽然典礼本身与学生正常上课的时间安排并不相同,一般典礼开始较晚,结束也较早,但是开学典礼本身的时间安排或许并不重要,重要的是通过这种仪式,学校告知学生即将进入正常的学业学习阶段。因此,开学典礼作为学生假期"最后的狂欢",作为学校教育活动的一个"事件",标志学校教育时间的开始,在学生的日常教育生活中占有重要的地位。毕业典礼实质上是宣布一个学习阶段结束的仪式,特别对于高中毕业生来说意味着一段难熬的岁月结束了。毕业不但意味着

---

① 刘威."行动者"的缺席抑或复归:街区邻里政治研究的日常生活转向与方法论自觉[J].南京社会科学,2010(7):53-60.

学业成就的达标，更重要的是宣布一段学习生活的结束，是暂时脱离制度化时间的开始，因此可以称毕业典礼为"解放的狂欢"。毕业典礼成为又一时间划分的节点。在学校场域中，我们不难听到这样的话语，"等你们毕业以后""我们还有几个月就毕业了"等。毕业典礼作为学校教育中的重要"事件"用来标识时间。因此，开学和毕业本来是普普通通的时间点，但是对于处于制度化教育的学生来说，这两个时间点却具有更多的意义。

点缀在学年中不同时间点的校园文化活动，比如艺术节、运动会，看似是对于秩序化时间的打破，实际上这种打破本质上仍然是强调规划性制度时间的存在，更深层的目的仍是传达给学生遵守时间的观念。或者可以说这种有计划的打破更像是踢足球和打篮球的"中场休息"，为了给队员补充一下体力，调整一下战术。所以学校一般会在春季学期的中间安排艺术节，而在秋季学期安排运动会。在这期间学生执行的时间表都会比较宽松，具有很大的弹性空间。（见表3-2）

表3-2 某中学校园活动表[①]

时间	事件
9月2日	开学典礼
10月15日	学校第二十二届学生运动会
12月31日	新年团拜会
3月3日	春季开学典礼
5月14日	校园文化艺术节
7月1日	毕业典礼

栗木慎一郎认为，我们可以把日常性时间＝生产（劳动）＝有秩序

---

① 资料来源：笔者在调研学校A收集，2011-7-15。

的世界,而把非日常性时间=破坏(消费)=打破秩序的世界。他认为:"如果没有两面世界并存和交替发生,社会就会陷入病态,以致衰退死亡。"①这也就充分说明了节日时间存在的必要性,也就是说只有时常把日常生活打破,才能保证社会的活力。在学校空间中,同样设置了大量的节日时间,这些节日时间的设置从其设置初衷来讲是多方面的,比如,为了拓宽学生的视野、培养学生丰富的情感、增加学生的知识、丰富学生的生活、发展学生的兴趣等。但是不可忽视的是,在正常的学校教育教学时间中设置适当的节日时间还有一个"意外的后果":节日时间的设置使得学生可以暂时远离学校严格的教学时间的压迫,身心得以放松,学习状态得以调整,这样学生就可以更加严格地遵守正常的作息时间。这类似于工厂中的机器,运行一段时间总要接受一个简单的检查。如果我们在"秩序"的五花大绑下不停地干活儿,恐怕很快就会未老先衰。② 因此,节日活动时间作为事件时间,同样也是传达学校秩序化时间要求的时间观念和意识。

二、时间观念在学校教育中的作用

社会学认为时间的存在并不是不证自明的现象,时间也不是先验地存在于人的意识之中。"当人们说一个观念或概念是'先验'的——一个人们的'此在'或理解的不变的特质,一个在每个人的经验之前的永恒范畴,也就是说:不必学习且普世的——其实也就是说这些观念、概念是与生俱来的。"③时间不是先验地存在于人的意识之中的,因为埃里亚斯强调人们从小就需要学习辨识与理解时历上的符号,并被教

---

① [日]栗木慎一郎.穿裤子的猴子 人类行为新析[M].晨华,公克,译.北京:工人出版社,1988:47.
② 同①。
③ 郑作彧.时间即生活:Nobert Elias 的时间社会学简介[N].台湾:文化研究月报(第88期),2009-1-25.

导要透过观察钟表运作或时历变迁来理解与掌握时间。但是一旦时间的观念内化为人们的意识，这种意识就会支配着社会成员的其他观念与社会行动，参与社会的建构。韦伯在《新教伦理与资本主义精神》一书中，就曾描述过加尔文宗的新教徒有一种特殊的时间意识，他们认为人生在世，只是上帝考验他们信仰的一种方式，为了成为神的选民，在来世得到救赎，他们必须抓紧时间、兢兢业业、勤劳苦干。今天我们常说的"时间就是金钱"的隐喻，就是由韦伯视为新教徒代表人物的富兰克林最先说出来的。按韦伯的解释，现代资本主义的发生，与新教徒这种紧迫的时间意识有着莫大的关系。因此，一个赋予时间以很高价值的人，会在同样的时间内做一些别人不想做或做不到的事情。时间观念直接关联着人的行为。[①]

具体在学校场域中，学校传达给学生的时间观念和学生拥有的时间意识直接影响着学校的教育活动。特别是当学校教育时间作为一种社会时间，受到工业化社会时间的支配时，学校通过各种方式传递给学生的时间观念都会直接影响学生的行为。比如学生一旦形成珍惜时间的观念，就会自觉在学校教育生活中争分夺秒地学习，自觉地放弃很多正常的活动时间。什么是观念？观念就是在你头脑中形成的能够左右你行为的一种巨大的精神力量。[②] 因此，学校教育时间的表达不一定会以规范化的制度呈现，学校教育时间同样会以一种强大的观念性力量潜伏在学校教育生活中的方方面面，发挥着不可忽视的作用，同时这种作用以及表现方式成为学校教育时间存在的依据和表达。

[①] 比如，冯克利就分析了"时间意识与政治行为"的关系，分析了不同文化传统中的时间意识的差异，进而提出这种差异对人的行为方式会产生不同的影响。然后着眼于时间意识与政治行为的关系，分析三种不同的时间意识与制度形成的关系。参见：冯克利. 时间意识与政治行为[J]. 开放时代，2010(8)：5-20.

[②] [美]阿尔伯特·哈伯德. 观念[M]. 宋天天，译. 北京：金城出版社，2003.

第四节　身份：学校教育时间的群体表达

社会身份是基于个人的自然（性别、年龄）以及社会（教育、收入、等级、地位、关系）属性形成的身份，是社会成员的社会属性和社会分工的标识，致密的身份标识容易形成和制定对应一定身份的行为规范，进而使社会秩序井然。在一定的意义上，学校教育时间不仅可以被感知为学校空间中的时间点或时间段[①]，还可以表达在学校空间的某一群体的身份上。

一、身份作为一种社会时间

之所以认为身份在某种意义上是学校教育时间的一种表达，是因为身份本身是一种嵌入性的存在，并通过时间—空间"事件"形成。当我们说某人拥有某种身份时，意味着其归属于某一个群体，嵌入一定的社会结构中。在现代社会中，能够赋予个体某种身份的群体往往活动于共同的时间和空间中。当一群人共有某种时间感，共同遵循同一个特有的时间表，这群人相互之间也就被这个时间感所凝聚，扭结成一个自为格局的群体。[②] 哈布瓦赫关于不同群体的社会时间的论述开启了新的视角。他写道："不存在普适的和唯一的时间。社会分裂成多种多样的群体，每个群体各有其持续的时间。""因此，有多少不同的群体就有多少种不同的时间来源。任何一种时间都不能强加于所有

[①] 有学者使用时间点和时间段这两个概念来描述人对时间存在的感觉——时间的感知。在民俗生活中，时间点不是用以指代一瞬间或一刹那的概念，而是表示人所处的不计长度的时间位置，如"正晌午"等，时间段是指人们所经历的、有意计算一定长度的时间，比如"一袋烟的工夫""一顿饭的工夫"。参见：山民. 后山头村村民时间观念调查[J]. 民俗研究，2008（2）：70-85.

[②] 叶文心. 时钟与院落——上海中国银行的威权结构分析[M]//王笛. 时间·空间·书写. 杭州：浙江人民出版社，2006：19.

的群体。"①于是,在留意到家庭、学校、办公室、工厂或乡村以及城市之中所流动的时间之间存在分歧的同时,他最终似乎把时间的多样性简化成了这些群体节奏之间的差异,甚至归结为它们的不同的日程表。布迪厄同样写道,"人们如此苛刻地要求屈从于集体节奏的理由,在于时间形式或空间结构不仅构成了群体对世界的表达,而且也构成了群体本身,这是按照这种表达来使它本身有序化"②。"群体的一切划分都是在进入空间—时间结构的每个时刻规划出来的,那种结构把各种范畴分派给它的场所和时间:正是在这方面,实际劳作的模糊逻辑惊讶于能够使群体达到如此大程度的社会和逻辑的结合,正像与由性别、年龄和'职业'(铁匠、屠夫)之间的劳动分工所造成的多样性达到一致一样。"③ 我们以这种或那种方式属于不同的群体,每一种群体都赋予我们一种重要的身份。这些身份也因此与身份所归属群体的时间节奏具有一种内在的勾连。那么,在这个意义上,笔者依循身份—群体——时间节奏的逻辑认为身份也是社会时间,进而是学校教育时间的表达方式。时间意识同样也是身份构成的核心要素之一。

从个体的角度来讲,时间首先被我们体验为生命有机体的开始、成长、变老和死亡。但是,在我们的日常生活中这些自然的成长历程被象征性转变为从社会的角度来界定和赋值的不同阶段和个人的身份,也即社会学意义上的社会生平。一种非常不同的时钟类型——社会时间——控制着我们的社会生平,社会告诉我们什么时候投票、饮酒、开车、参战、上学、结婚,参加政治上的竞选以及退休。④ 社会为个人铺设

---

① [法]乔治·古尔维奇.社会时间的频谱[M].朱洪文,高宁,范璐璐,译.北京:北京师范大学出版社,2010:64.
② [美]戴维·哈维.后现代的状况:对文化变迁之缘起的探究[M].阎嘉,译.北京:商务印书馆,2003:269.
③ [美]戴维·哈维.后现代的状况:对文化变迁之缘起的探究[M].阎嘉,译.北京:商务印书馆,2003:270.
④ [英]约翰·哈萨德.时间社会学[M].朱红文,李捷,译.北京:北京师范大学出版社,2009:78.

了一条时间的轨道，我们就沿着预设的轨道出发，形成不同的恰当的时间表和计划。个人以一种被认可的次序经过彼此在意义上联系在一起的一系列地位演变过程，这种过程构成一种经历。① 种种的预先安排迫使每个人通过经历种种身份的转换建构一个社会生平。一般来讲，身份是在恒久性时间中创造的，它确实带来了过去与未来的结合。作为一个过程的概念来说，身份是依赖组织化按照顺序把过去和现在连接起来的时间。因此，身份成为社会生平的阶段性表现，成为社会时间转换的标签。

二、学校教育时间的身份表达

那么在上述意义上，无论从群体角度还是从社会中个人的角度来看，学校教育显然具有自己独特的时间安排，同时依据社会生活约定的社会结构必然扭结了一群具有共同时间感的群体——教师和学生。他们具有共同的时间节奏，几乎遵循一系列相同的时间表。他们塑造了群体的一个共同身份——教师和学生。也就是说，教师和学生不仅是群体的身份象征，也是社会时间进而是学校教育时间的表达。因为每一个身份背后都牵连着一系列复杂的、层层叠叠的群体时间安排。"大多数的职位都有它们自身的社会所规定的持续时间。每一职位都有它的时间表，这包含给每一个分配正常的时间去履行被指派的职位的计划。"②同样在个体意义上，个体身份的转换背后是一种特殊的社会时间——社会生平的建构，同样也是一种社会时间的再现。也正是在此意义上，个体的学生身份也是学生作为个体在其一生中某一阶段性的

---

① [英]约翰·哈萨德.时间社会学[M].朱红文,李捷,译.北京:北京师范大学出版社,2009:79.原载:Hughes E C. The Sociological Eye[M]. New York: Aldine, 1971. Roth J A. Timetables[M]. Indianapolis: Bobbs-Merrill, 1963.

② [英]约翰·哈萨德.时间社会学[M].朱红文,李捷,译.北京:北京师范大学出版社,2009:79.

时间表现。

具体来说，在学校空间里，学校教育时间主要呈现在"学生""未成年""童年"等身份上。"学生"作为一种身份的存在，主要是在学业生涯中不断建构发展的。我国的《义务教育法》已经明确规定："凡年满六周岁的儿童，其父母或者其他法定监护人应当送其入学接受并完成义务教育；条件不具备的地区的儿童，可以推迟到七周岁。"从儿童进入学校开始，学校作为一个社会机构就赋予儿童一种社会身份——学生。同时也就意味着儿童进入了一种与其他组织和机构不同但同样需要的时间安排中。虽然在不同的学习阶段，时间的安排略有差别，但是只要还具有学生的身份，就无法逃离其背后各种时间表的规定和安排。任何一种行为在时空方面的伸展都会受到一定的限制，而正是上述的那些制约给这种限制提供了总的"边界"。① 因此，当一个儿童9岁还没有上学，人们会感到这是一件不正常的事情；当一个学生24岁还在读高中，人们会感到诧异；当一个40岁的人拿着学生证去买半价的火车票，人们会投来怀疑的目光。在这个意义上，也仅仅在这个意义上，学生作为一种身份，不但与社会地位和角色密切关联着，而且还与社会时间、学校教育时间紧密结合。因此，在我们的填写各种生平履历中，学校教育时间作为社会时间的一种类型在构建个人的社会生平中占据重要的地位，学生作为一种身份本身也是一种时间概念。例如，某人的教育经历：

2004年8月—2008年7月：中国科学院农业政策研究中心，获管理学博士学位。

2001年9月—2004年7月：中国农业科学院农业经济与

---

① ［英］安东尼·吉登斯.社会的构成：结构化理论大纲[M].李康，李猛，译.上海：生活·读书·新知三联书店，1998：16.

发展研究所,获管理学硕士学位。

1997年9月—2001年7月:内蒙古财经学院外贸外语系,获经济学学士学位。

从其教育经历中,我们就可以知道其作为"博士生""硕士生""本科生"的在学校学习的时间范围。"博士生""硕士生""本科生"本身作为一种身份概念,背后关联着的是其教育的经历。这时在个体意义上,学校教育时间就被解释为个人的教育经历。随着个人的教育经历从中学到大学再到研究生身份转换,学校教育时间就像一个钟表一样也在不断地向前奔跑。

再来看"童年"这个概念。"童年"这一概念在西欧乃是近代之后的产物,在美国则是更晚些时候才出现的。在人类历史的大部分时期,作为与幼年期、青年期或年轻时期相区别的童年时代并不存在。直到20世纪,中产阶级家庭的儿童都是在家庭教师与私立学校的帮助下成长的。随着工业社会的出现,"童年时代"才成为普遍现象,并为平民所享有。如同作为其产物的童年时代一样,学校系统乃是一种起始于近代社会的现象。同时,学校系统在"童年时代"的诞生过程中也发挥了重要的作用。所以伊万·伊利奇认为,假如没有以特定年龄阶段的人为对象的强迫学习制度,"童年时代"自然就不会出现,富国的青少年便会免受童年时代的破坏性之害,穷国则也会停止其在童年时代方面追赶富国的努力。[①] 换句话说,童年时代的概念是随着制度化学校的出现而诞生的。伊利奇认为学校按年龄将儿童分类,这种分类背后隐藏着几个前提:儿童从属于学校,儿童在学校中学习,儿童只能在学校中受教育。这些"制度性的常识"迫使人们相信儿童应该在学校中,"我们只

---

① [美]伊万·伊利奇.非学校化社会[M].吴康宁,译.台北:桂冠图书股份有限公司,1992.

是通过把一部分人归入儿童期这一范畴,才得以使他们服从于学校教师的权威",也即通过年龄的划分赋予某一群体"童年"的身份,进而使其获得了进入学校的资格,而这些制度性的常识又是学校的产物。在这个意义上,当我们谈到童年的时候,它不仅是一个时间的概念,也是一个群体的身份概念,进而成为学校教育时间的表达。因为谈到童年时,自然就想到应该归属于某一阶段的学校,即童年=受教育时间。因此,在这个意义上,学校教育时间可以表达为童年的身份。

三、 学校教育时间身份表达的效用

在布迪厄看来,在当代消费社会中,每个人以及每个社会阶级的生命过程中时间的消磨及使用过程,就是他们社会地位的象征,因为也成为划分社会阶级和阶层的重要标志。[①] 也就是说,个人时间的使用过程和方式等是划分人群的重要指标。那么同理可推知,既然学校教育时间在一定的意义上可以表达为学校中"学生""教师"等身份,那么也就意味着身份的不同,其背后关联的时间也是不同的。卡尔·曼海姆曾经有力地争辩:"只有当我们试图根据群体的希望、渴望和目的去理解它的时间观念时才能够清楚地把握群体最深层次的心智结构。"[②]因此,如果不能理解一个群体的时间观念,就很难把握这个群体的活动取向,进而影响到社会中不同群体之间的沟通。虽然我们说在学校空间里,学生与教师的时间大体上相同,但是在微观的意义上,学生的时间与教师的时间在组织和安排有着巨大的差别。这种差别同样也是源于身份的差异。另外,学生因为在学校空间中身份的不同,同样也存在着

---

① 高宣扬. 鲁曼社会系统理论与现代性[M]. 北京:中国人民大学出版社,2005:243.
② 转引自[英]约翰·哈萨德. 时间社会学[M]. 朱红文,李捷,译. 北京:北京师范大学出版社,2009:192. 原载:Mannheim K. Ideology and Utopia[M]. New York: Harcourt, Brace & World, 1963: 188.

时间组织和安排的不同。因此,基于学校教育时间的身份表达途径,可以通过不同人在时间的组织和安排中的差异来了解身份的差异,进而分析身份背后的权力关系。

例如,虽然教师和学生共同活动在学校空间中,但是教师的时间安排显然具有更大的弹性空间和自由空间。教师除了固定的上课时间外,可以比较自由地安排自己的在校时间,也可以根据教学任务的多少自由调整自己的工作时间和在校的休息时间。相比教师,因为身份的不同,学生在学校教育时间的安排上缺少更多的自主性和弹性空间。学生的时间要接受教师的组织和安排,学生很少能有安排自己时间的权力。即便是同为学生,学生干部对时间的支配和普通的学生之间也存在着些许不同,学生干部可以借助自己的身份拥有更多的自由时间。因此,身份以及相关角色的转变,同样会带来与个体或群体活动关联的时间结构的差异。

综上所述,学校教育时间在学校空间中有着多样的表达。本文只是基于笔者自身的观察和实践体验从以上几个方面进行了简单的阐述。依据社会时间的内涵,时间与人的活动是时刻关联的,时间是不能脱离人的活动来理解的。这也就意味着学校教育中的诸多活动都可以或明或暗地作为时间的一种表达。埃里亚斯经过初步的整理指出,在一个社会组织中,时间至少具有三个社会功能[①]:第一,透过时间的排序,相同的社会中的成员得以拥有相同的记忆,而这使得时间拥有了沟通功能,人们可以彼此谈论同一事件。其实这是强调时间与个人记忆、社会记忆的关系,进而阐述了时间在人们日常生活中的沟通作用。第二,时间也拥有指向工具的功能,让人们能够知道什么事在什么时候该做或什么时间结束。

---

① 郑作彧.时间即生活:Nobert Elias 的时间社会学简介[N].台湾:文化研究月报(第88期),2009-1-25.

也就是指时间提供了一种序列的功能并使得秩序的获得成为可能。第三，时间具有调节人类行为与感受的功能，而人们也可以借着时间协调彼此的行动。也就是强调人们对时间的感受和认识会影响人们的行为，同时时间还会影响群体之间的互动。比如人们沟通之间的等待，没有时间上的等待、轮次，一个群体之间面对面的对话几乎无法进行。

当然埃里亚斯指出时间具有的社会功能，更多的还是集中在时间本身对社会的作用上。如果能在社会时间的视野上进一步拓展思考时间与社会之间的关系，可能会发现，时间与社会的其他要素比如权力政治、经济利益、组织机构、社会结构、文化类型等方面都密切关联着。也就是说，时间在社会中扮演的角色和发挥的功能远不止笔者上述所简略的描述，可能也不止于埃里亚斯所整理的功能指向。

第四章 现代学校教育时间的超越意涵

社会时间理论认为,人们对时间的认识并不是自然时间的简单反应,而是来自群体的生活和实践,并且一旦产生就作为一种观念事实或制度事实决定人的举止表现。正如托马斯定理所言:"如果人们将某种情境定义为真实的,那么这种情境就会造成真实的影响。"[①]如此看来,人们对时间的理解及形成的观念和制度决定着人们对教育活动的认识和自身的教育行为。因为"我们对自身以及整个世界的所有认识,都是经由我们对时间的想象、解释、利用和实践来传达的"。因此,本研究从"观念"和"制度"两个层面分别分析现代学校教育时间的超越意涵和规训图景,以期更加清晰地展现现代学校教育时间的生产意义以及现代学校教育时间是如何建构现代学校生活的。

现代学校教育时间首先作为一种观念的存在建构了现代学校生活。"虽然纯粹是观念的,但却像现实一样在起作用;它们像物质力量那样,能够实实在在地决定人的举止表现。"[②]换句话说,观念就是实在。它们虽然是人们的主观观念,却具有了客观事实的作用,具有了超出个体思想所不可能具有的效力,也即具有了社会性。在这个意义上,现代学校教育时间首先在观念上具有超越意涵进而发挥其在学校空间中的建构作用。

第一节 超越现在:学校教育时间的未来指向

社会时间的研究表明其本身并不是既定、稳定的象征,而是具有一定的异质性。在纵向上可以表现为不同历史阶段的时间形态,在横向上则体现为组织内部时间的不同样态。在纵向上,社会时间在不同的

---

① [美]戴维·波普诺.社会学(第11版)[M].李强,等译.北京:中国人民大学出版社,2007:132.
② [法]爱弥尔·涂尔干.宗教生活的基本形式[M].渠东,汲喆,译.上海:上海人民出版社,2006:216.

历史阶段表现出的不同形态,从根本上说是根植于社会文明发展的需要,且随着整体社会文明的演进其意涵也发生改变。依照埃利亚斯的观点,时间概念的发展也是一个"文明的进程"。在横向上,组织内部不同的时间样态显然又是内嵌在其所处历史阶段的整体社会时间之中。因此前文笔者认为学校教育时间是受现代时间支配的特殊社会时间,现代学校教育时间的内在是现代性的理念和精神。也正因为如此,学校教育时间具有鲜明的现代性特征,特别是其指向未来的特点深刻地建构了学校教育中人的时间观念和行为。

一、对未来的恐惧

现代化的步伐推动了社会的快速变革,特别是机器大工业的发展极大推进了现代化的发展。社会的发展加速效应表现为时间观念的演变,Rammstedt 便经典地提出,随着社会文化的发展,人们的时间意识经历了"偶然的""循环的",然后是"线性而封闭的未来",到今日的"线性且开放的未来"四种不同的时间意识发展阶段。[①] 且伴随着这些时间意识,当代社会也出现了特有的"持续变动且加速"的时间经验。这种"持续变动且加速"的时间经验带给人们的首先就是对未来的恐惧,主要有以下两个方面的原因。

第一,"线性且开放的未来"时间观带给人们确定感的丧失。本文在对现代社会时间的展开分析中已经强调了相对于传统的乡土社会,现代社会下人们对时间的认识和组织已经发生了新的重要变化。在讨论现代社会时间的特点时,笔者也重点强调了现代社会时间的"单项线性"的特点。这里无意再做重复,主要想强调的是这种时间观念的变化

[①] Bergmann W. The Problem of Time in Sociology: An Overview of the Literature on the State of Theory and Research on the "Sociology of Time", 1900—82[J]. Time and Society, 1992(1):81-134.

带给人们思想或者认知方面的影响，也就是笔者在阐述社会时间的特性时重点提出的社会时间的生产性，即一种时间观念一旦产生，就必然作为社会结构的因素而发挥建构性的作用，具有了生产的意涵。这种生产性具体在日常生活中，首先就表现为对人们生活方式的影响。

费孝通认为，在传统的乡土社会中，"传统就是经验的积累，能累积就是说经得起自然选择的，各种'错误'——不适合生存条件的行为——被淘汰之后留下的那一套生活方式。不论行为者对于这套方式怎样说法，它们必然是有助于生存的"[①]。依此进一步讲，在人们的日常生活靠着多少年积累的传统就可以安排自己的生活，日常生活运作的方式具有某种持续性，但并不具有明显的方向性。因为从整体上来说，传统的生活时间被人们感知为"循环时间"。米德强调时间在事件中，是被社会建构的。"当日常事件是单调同一的重复时，个人就不会体验到时间的流逝。"[②]也就是说，传统社会的人们依靠传统之所以能够生存下去，根本性的原因是传统社会的变化缓慢，很少能够遭遇重大事件的发生，自然不能明显地感受到时代的变迁、时间的流逝。即便是感知到未来的不可知，因为其观念中仍然信奉一种"循环时间"，所以并没有对未来产生巨大的恐惧。

比如，刘云杉在分析农耕文化的时间观[③]时，提到愚公移山的例子就比较精当地说明了这个问题。在愚公的观念中，他之所以对挖山这件事信心饱满，是其坚定一个信念："虽我之死，有子存焉；子又生孙，孙又生子；子又有子，子又有孙；子子孙孙无穷匮也，而山不加增，何苦而不平？"在愚公的生活中，他认为"未来"与"现在"并不会产生很大的不同，而子与孙的生活方式也不会发生很大的改变，正是基于这种判断，

---

① 费孝通.乡土中国生育制度[M].北京:北京大学出版社,1998:84.
② 刘云杉.学校生活社会学[M].南京:南京师范大学出版社,2000:84.
③ 同②。

他才能企图通过不断的劳作,通过代际的更替来实现挖山的梦想。也就是说,因为愚公认为其能够对"子子孙孙"的未来生活做出确定性的判断,所以才能坚定其今天的行动。对未来的确定性或者说对今天与未来生活的重复性的认识是支撑或者影响其挖山的重要原因之一。这种认识又主要基于传统社会的相对稳定性。布迪厄就直言不讳,面对乡村人,"没有什么比试图把握未来的想法更另类,也没有什么比以下观念更加奇怪:未来是广阔的、开放的,它蕴含着无数的可能,人们能够在其中发掘和选择这些可能性"[1]。也就是说,代表传统社会的乡村人并没有试图去把握广阔而开放的未来。

简而言之,当下的宏观社会状态和微观生活方式会影响人们的时间观念进而影响人们对未来的认知和推断,而这种对未来的判断反过来又会影响对当下时间的认知和生活方式。这种复杂的关系可以类比成吉登斯的"结构二重性",即"在结构二重性观点看来,社会系统的结构性特征对于它们反复组织起来的实践来说,既是后者的中介,又是它的结果"[2]。同样,时间观念对于人们对时间的认知以及生活方式来说,既是其活动的产物也是影响其活动的重要观念。

基于此种关系的判断,当现代工业推动社会快速变动,原来的时间观念不能有效地带来生活上的满足并带给人们对未来的确定时,新的时间观念就必然随着生活的需要而产生。社会的变动不居,首先造成的就是传统社会依靠的认知方式失去了指导性作用,人们必须重新建构新的认知方式和知识体系来安排今天的生活和预判未来的生活。传统社会的"循环时间"因为社会的快速推动而被打破,人们不再可能依

---

[1] [法]皮埃尔·布迪厄.卡尔比人的时间观[M]//[英]哈萨德.时间社会学.朱红文,李捷,译.北京:北京师范大学出版社,2009:216.
[2] [英]安东尼·吉登斯.社会的构成:结构化理论大纲[M].李康,李猛,译.上海:生活·读书·新知三联书店,1998:89.

靠传统和当下的生活就能预知未来子子孙孙的生活,甚至不能预判未来几年社会的变化。生活事件的不断出现使得人们感知时间不断地流逝而不可逆转,因此新的线性的时间观也就随之产生。线性时间观把时间比作一条不可逆的直线,强调其逝去就不可挽回的特点。这种线性时间观的诞生反过来又影响了人们对当下生活的进一步判断。因为当代社会的"线性且开放的未来"的时间观不但强调时间的不可流逝,更加强调未来的不可预知和无限可能,从而突出未来时间的重要地位。但就是因为未来的不可知及当下社会的快速变化,使得人们对未来的生活失去了像传统社会那样的确定感,造成了确定性的丧失,使得人们的内心充满了恐惧。因为未来的任何事物都有可能发生,但也可能不发生。鲍曼"流动的现代性"概念或许能够描述这种不确定的状态。他认为,"'流动性'是液体和气体的特性……流体的所有这些特征,简单地说是,液体不像固体,能够容易控制和保持它们的外在形状……在时间的意义上,流动不能长久地保持它的任何形状,相反,它是易于连续地改变它的形状的;对流体来讲,正是它时间上的流动(即时间维度),比它占据的空间(即空间维度)更为重要:占据某一空间,毕竟只是'短暂的'"①。换句话说,因为现代性的流动特性,不能保持它的任何形状,反而易于发生快速的转变,所以在时间流动的维度上,它变得更加的重要,同时也给了人们更多的恐惧。

第二,从根本上,人们对未来的恐惧源于人的"向死而生"。人的这种"向死而生"的命运对于任何的个体和群体来说都是基础性的,它构成了个体时间经验中不可拔出的芒刺,并在不同的情境中经常闪现自身。此种"时间"虽然已经不是社会学意义上笔者谈论的时间概念,但是作为一种"本源时间"——内在于个体生命中的一种时间——其关涉

---

① [英]齐格蒙特·鲍曼.流动的现代性[M].欧阳景根,译.上海:上海三联书店,2002:2.

着社会中的个体从"此在"意义上对自身的认识。这种认识并不是无关紧要的,它不但关涉着个体存在的意义,更关涉着群体进而是社会对时间的认识。或者可以说个体意义上的"向死而生"成就的时间性实实在在地影响了群体层面上时间的规划和安排,影响了社会时间的设置运行。弗雷泽认为,人从表面看起来是一种理性的动物,实际上,他是有死亡意识从而有时间意识的动物。同样,海德格尔进一步强调,我们的"向死而生"是我们在时间存在的根源。他认为,由于我们意识到存在的界限,才能产生了作为生命界限的时间,进而获得存在的意义。

人的"向死而生"不但提供了个体存在的意义,同时也产生了存在的紧迫感和恐惧感。因为人有限的生命,且如吉登斯强调的还具有"不可逆"的特性,所以人们企图把握自己生命的每一刻,并对时间的流逝产生了不可避免的恐惧。洛威尔①在诗中写道:

这就是死亡,死去后才知晓她;这就是黑蜘蛛,代表死亡的黑蜘蛛。

斯威夫特在《论时间》②的诗中这样描述时间:

永远吃,永不腻,
把一切吞噬,把一切毁弃,
永远不会感到酒足饭饱,直到最后把世界吃掉。

时间的川流不息,个体时间短暂易逝,使人对时间产生恐惧。特别

---

① [英]安东尼·吉登斯.社会的构成:结构化理论大纲[M].李康,李猛,译.上海:生活·读书·新知三联书店,1998:102.
② 吴国盛.时间的观念[M].北京:中国社会科学出版社,1996:28.

是当社会的快速变动使人感觉时间的加速流逝时,这种对时间的恐惧就会愈发明显。因为存在于未来的"死",凸显了对当下"生"的重视;对未来的"死"的时间的恐惧,使得人们对当下"生"的时间充分利用显得格外重要。在这个意义上,无论在什么时代,人们始终对时间的流逝都存有恐惧感。但是,这里强调的是与现代社会的快速发展相伴随的"线性的开放的"时间观带来了人们更多的对未来时间的恐惧。因为在传统社会,个体的时间在一定意义上属于个体自己,个体可以依据自己生活的需要来安排生活的时间分配。但是"社会生活节奏的加快,使得每个人似乎没有了自己私人时间,每个人的时间都属于别人所有或者公共所有。社会的发展,生活节奏的加快,各领域竞争的激烈,适合交往的频繁,时间的重要性已经使它取得了统领社会规范的最高标准:惜时就是效益,准时成为美德。人们在惜时和准时的匆忙中,往往忽略了自己的私人时间,个人的时间淹没在社会时间之中,这种现象,我们姑且称之为时间的外化"[①]。这种时间的外化迫使每个人放弃个人时间的私有权,跟随浩浩的时间之流,拼命地追赶时间的脚步,似乎也在拼命地结束自己的生命之旅,这使得个体感觉自己跟随时间的脚步不由自主地就走向了"死亡"。因此,在现代社会中,这种恐惧既来自于个体的"向死而生",也来自于社会的快速发展,使得个体对自我时间失去了一定程度上的自主,这加重了个体对未来的恐惧。

二、指向未来的时间

"确定性的寻求是寻求可靠的和平,是寻求一个没有危险,没有由动作所产生的恐惧阴影的对象。"[②]因此面对当代社会的快速变动引起

---

① 汪天文.时间理解论[M].北京:人民出版社,2008:517.
② [美]约翰·杜威.确定性的寻求——关于知行关系的研究[M].傅统先,译.上海:上海人民出版社,2005.

的对未来的恐惧,人们期望通过某种方式来获得一种确定感,消除未来的不可控制所带来的茫然和恐惧。在这个意义下,当代社会不能放任时间是一个绵延不断的长流,不能放任对未来时间完全失去把握,而是必须对时间做精密的测定切割,并划分出过去、当下、未来三种不同的时态差异。其实在哲学的意义上,胡塞尔已经指出:"时间并不是一个单一的线性而流逝的变化现象,而是'过去''当下''未来'这三种不同维度的统合;或者说,一般通俗的时间观念,其实构自这三个更根本的维度。"① 也就是说,胡塞尔认为时间从本体意义上来说就包括"过去""现在"以及"未来"三个维度。但是这里显然并不是接续胡塞尔在本体意义上对时间的认识,而主要是突出人们为了消除对未来时间的恐惧,而对时间三个维度中的"未来"时间地位的强调;更重要的是着重指出时间指向未来的面向与人们社会行动的关系。这才是这一探讨取径的重要目的。

随着开放的"未来"时间观念的出现,人们为了消除对未来的恐惧,"未来"时间成为当代社会主要依靠的观念。因为在一般的意义上,"现在"时间被认为是可以被人把握并被决定的,人对"现在"的时间具有一定的控制能力,那么如何以一种策略的方式面对未来时间的开放和不确定则成为社会系统必须面对的问题。人们认为"透过时间测定,人们可以进行计划,将未来欲行之事于当下便可置入时间点之中,以'时态化'悬置未来因开放而带来的不确定性"②。亚当(Barbara Adam)和古尔维奇(Chris Groves)将此种思想观念践行并概念化为"未来的现在化(present future)",主要指"为了现在的利益,我们需要努力寻求预

---

① 郑作彧.时间结构的改变与当代时间政治的问题:一个时间社会学的分析[J].台湾社会学刊,2010(44):213-275.
② 郑作彧.时间即生活:Nobert Elias 的时间社会学简介[N].台湾:文化研究月报(第88期),2009-1-25.

测、转化和控制未来时间,这是立足于当下而通达未来的重要途径。这也就意味着未来时间被当作开放和空白的领域,未来的主题被当下所统治"(笔者译)①。也就是说,通过预测和转化等方式,人们在当下的时间实现了对未来时间的统治,进而消除了人们因为社会变动而带来的对未来的恐惧。在这个意义上,未来变得不是未来了,因为它失去了未来的开放性和不确定性,未来被强迫整合进了狭窄的当下,被呈现为当下的计划、一张张蓝图和一项项政策等。进一步讲,未来也不再仅仅是可以被预测的,甚至是可以被把握的,是可以通过今天的行为创造的。如此当下的行为也不仅仅止于当下的意义,也具有了服务未来、创造未来的意义。

具体来说,"计划"被认为是具有"未来的现在化"意义上的典型策略。在我们的生活中,无论是宏观意义上的"规划""远景设计""策划",还是微观意义上的"行程表""任务表",都具有"计划"的意涵。"计划"充斥在我们日常生活的诸多方面,但是显然计划并不是当代社会才有的,不过"计划"在当代社会具有了突出的地位和扮演了重要的角色,因此才可能被认为是具有"未来的现在化"意义上的典型策略。从我们的日常生活的观念来看,时间包含的三个维度,即过去、现在和未来,其间的区别是显而易见的:过去是我们曾经看过、做过的事情;现在是在我们面前的、所有我们的行为和想法;未来是还未发生或者还未做的事情,我们看不到它们。在这个意义上,"计划"首要的意义在于实现了时间认识视角的重大转变,把未来以一种特别的方式转化为现在,把未来经历为现在,同时使得现在超越了现在,指向了未来。因此,计划的目标是指向"未来的现在",这一方面展现了"未来"的统治地位,使得"现

---

① Adam B, Groves C. Future Matters: Action, Knowledge, Ethics[M]. LEIDE: Brill, 2007:200. 参见:Clegg S. Time Future - the Dominant Discourse of Higher Education[J]. Time and Society, 2010(3):345 - 364.

在"本身变成了空白,从"现在"到"未来"的时间光谱中,我们"可见"的只是"一个个的未来";另一方面也使得"未来"难以成为真实的未来,被转化成了一个个可以计划的"现在"。简而言之,"现在"因为"计划"具有了"未来"的指向,而"未来"则因为"计划"转化为可见的"现在"。因此,亚当和古尔维奇认为"未来"没有任何内容和意义,未来是空的,它在等着我们根据计划和蓝图去填满我们的渴望,等着我们去创造我们的理想。"现在"却超越了"现在本身"的意义承担,具有了指向未来的超越意义。于是,在一往无前的线性时间观念中,每一阶段都是以"超越"前一阶段的形式存在,"过去""现在"必然会延伸到"未来"。这样就产生了"进步"观念,也即社会总是沿着一条从低级到高级、从简单到复杂、从机械到有机不断进化的时序向前发展。人们逐渐从对"过去"的回归性要求转向一种不断对"未来"的规划性要求。"对未来的全面规划"渗透到我们生活的方方面面,表现为各种对自身以及后代的教育规划、职业规划、婚姻规划等人生计划。"未来"被纳入人们生活的功能性建构之中。

  基于上面的阐述,再把分析的取径转回到恐惧未来时间的层面上来,转回到确定性寻求的层面上来,进而转回到时间的"超越"意义上来,从而明晰几个相关方面的事实关系,进一步解释时间的"超越"追求。社会的快速发展使得人们依靠传统来维系生活运转的安全感和确定性丧失,于是人们对未来时间失去了预判。加之自身的"向死而生",人的内心充满了恐惧。为了消除对未来的恐惧和寻求一种确定性,"他们是在跟时间赛跑,还要跑在时间的前面……在他们的游戏的核心,不是过去,也不是现在,而是未来的不确定"。于是人们企图以一种时间上的"时态化"来悬置未来因为开放和变动带来的不确定性进而消除恐惧。作为这种思想的具体策略立足"现在"时间而指向未来时间的"计划""蓝图"等成为人们日常生活中重要的实现控制未来时间的方式。

在这个视角下,未来时间就因为视角的转换成为人们当下可以控制的时间,把握了现在也就控制了未来,进而消除了内心的恐惧。这时,当下的时间也因为具有了超越"现在"时间的意义而获得"超越"的追求,用一句时髦的广告语就是"每一天,为明天"。因此,这里的"超越"主要是指人们在时间层面上企图以某种方式"超越""现在"而指向"未来"的意义。在这个意义上,现代社会时间展现的对时间的控制目的不止于适应现代工业化社会需求的争分夺秒,还具有以"现在"控制"未来"的目的。

但是这里有一个需要澄清的问题或者说有必要阐述的前提性认识,即现代社会的这种时间的"未来"指向到底是个体的一种认识转变抑或是人们心理层面的时间反应,还是迪尔凯姆意义上的"社会时间"的拓展。因为仅在个体意义上谈论此问题,也就失去了其社会学意义上的价值,同本文的立意与企图不相关联;在心理学层面对此种时间观念进行分析,也不是本文的追求。O'Rand 和 Ellis 提出的"社会时间视角"的概念或许可以确定时间"未来"指向的社会学属性。他们"不再把时间的未来视角仅仅理解为个人层面上对未来事物的时序化;而是理解为对未来社会事物在时间上的一种安排,因为这里的个人已经不仅仅是个体意义上的个人,而是社会组织或单位中的一员"[①](笔者译)。换句话说,时间的"未来"指向不仅是个人安排时间的一种观念,更具有群体的意义,具有迪尔凯姆以及索罗金和默顿意义上对时间的认识,即把时间作为一种社会上存有的"事物"种类。因为个人的时间观念并不是个人凭空产生的,并不是个人与生俱来的,个体的时间观念是根源于其所在社会的环境。"个人作为社会动物所获得的时间意识,在很大程

---

① Bergmann W. The Problem of Time in Sociology: An overview of the literature on the state of theory and research on the "Sociology of Time", 1900—82. [J]. Time and Society, 1992(1):81-134.

度上是对他的社会的连续性的意识,是对这一社会所拥有的连续性的形象意识。对时间的理解,对时间中体验到的人类生活的理解,是这一社会理解自身——它的结构和它的正当性来源,对它采取行动以及在它内部行动所采取的模式——的重要成分。"① 因此指向未来的时间观念是作为一种观念性的社会事实存在,且不以某个人的意志为转移,具有一定的强制意义。另外,个人对"未来"事物的安排,在一定意义上,并不是纯粹个人的事物,而是关联着其所在群体的社会事物。因此,本文论述的时间"未来"指向的观念是在群体意义和社会层面上来展开的。

那么在此意义下,现代指向"未来"时间观念的出现,必然影响着社会系统的变化和社会成员的行为。比如,时间意识的差异会对人的政治行为发生不同的影响。"也就是说,政治行为不但发生在时间之中,而且人们所形成的特定时间框架,会通过作用于人的意识而塑造他的政治行为。"② Bell 和 Mau 也认为,时间的未来指向被认为是分析社会变化理论的重要变量,是影响个人和集体行为的关键因素。"一般来说,行为被认为是决定的结果……决定关键在于对未来的选择……未来的印象会影响人们对未来选择。"③ 因此,时间观念的未来指向直接影响了人们的决定,而人的行为是依靠行为之前的决定做出的。因此,时间的未来指向是影响人的行为的重要因素。上述关于计划的论述也表明"现在"时间指向未来的结果也使得"现在"的时间安排具有了超越的意义,而计划本身必然是对人的行为指导,进而对整个社会系统的运行产生影响。

---

① 转引自冯克利.时间意识与政治行为[J].开放时代,2010(8):5-20.原载:Pocock J A G. Time, Institutions and Action: An Essay on Traditions and Their Understanding[M]. Chicago: University of Chicago Press, 1971:233.
② 冯克利.时间意识与政治行为[J].开放时代,2010(8):5-20.
③ Bergmann W. The Problem of Time in Sociology: An Overview of the Literature on the State of Theory and Research on the "Sociology of Time", 1900—82.[J]. Time and Society, 1992(1):81-134.

第二节　构建超越：未来时间指向中的学校教育

在学校空间中，指向"未来"时间的"超越"观念普遍存在但却少被关注。但是透过学校教育时间的多样化表达，审视弥漫在学校空间里种种时间的存在，可以发现学校教育时间追求"超越"的意涵穿梭于学校教育活动的宏观、中观以及微观之间，表露在学校教育活动的诸多方面，形塑着学校教育生活。布迪厄说："实践完全内在于持续时间，故与时间联结在一起，这不仅因为它在时间中展开，还因为它在策略上利用时间，特别是速度。"① 也就是说，这种超越现在、指向未来的时间观念形塑着我们参与学校系统思考和感觉的方式，这些方式进而会影响学校中的人与人、人与学校系统之间的社会关系。现代时间观念，不仅仅是生活经验的一个方面，更是生活经验据以组织的形式。后现代理论家利奥塔一针见血地指出，现代性本质就是一种通过特权性的"现在"实现对未来以及过去的布展的时间操控模式，无论是乌托邦计划还是解放叙事都是依赖这种线性时间秩序进行自我建构。在这种情况下，时间是现代性总体化与同一化统治的工具。② 因此笔者基于经验感受和实际观察、访谈，主要从以下几个方面对其"超越"意涵展开分析。

一、"深谋远虑"的措辞

学校教育时间的"超越"观念首先被描述在教育的战略目标上，整个教育要扮演为国家快速发展，参与世界竞争"准备"人才的角色。为未来"准备"、回应未来"要求"等词语成为学校教育时间追求"超越"的

---

① [法]皮埃尔·布迪厄.实践感[M].蒋梓骅,译.南京:译林出版社,2003:126.
② 余沉,王恒."现在":论利奥塔对现代性线性时间观的解构[J].安徽大学学报(哲学社会科学版),2015(1):34-41.

代表性措辞。这里可以依次粗略地梳理我国几个影响教育改革较为深远的《决定》(或《纲要》),在教育的宏观层面上,从文本中可以看出学校教育时间超越"现在"、指向"未来"的观念在语言表述上的呈现。

在《中共中央关于教育体制改革的决定》①(1985年5月27日)中,文件明确提出:

> 教育必须为社会主义建设服务,社会主义建设必须依靠教育。社会主义现代化建设的宏伟任务,要求我们不但必须放手使用和努力提高现有人才,而且必须极大地提高全党对教育工作的认识,面向现代化、面向世界、面向未来,为90年代以至下世纪初叶我国经济和社会的发展,大规模地准备新的能够坚持社会主义方向的各级各类合格人才。

在《中国教育改革与发展纲要》②(1993年2月13日)中更是清晰地指出了"未来"挑战对教育发展的影响:

> 当今世界政治风云变幻,国际竞争日趋激烈,科学技术发展迅速。世界范围的经济竞争、综合国力竞争,实质上是科学技术的竞争和民族素质的竞争。从这个意义上说,谁掌握了面向21世纪的教育,谁就能在21世纪的国际竞争中处于战略主动地位。为此,必须高瞻远瞩,及早筹划我国教育事业的大计,迎接21世纪的挑战。
>
> 面对加快改革开放和现代化建设的新形势,各级政府、广

---

① 欧少亭.教育政策法规文件汇编[M].延吉:延边人民出版社,2001:6.
② 欧少亭.教育政策法规文件汇编[M].延吉:延边人民出版社,2001:100.

大教育工作者和全社会,必须对教育的改革和发展具有紧迫感,真正树立社会主义建设必须依靠教育和"百年大计,教育为本"的思想,采取切实有力措施,落实教育的战略地位,加快教育的改革和发展,开创教育事业的新局面。

在《中共中央国务院关于深化教育改革,全面推进素质教育的决定》[①](1999年6月13日)中,文件开始陈述改革的背景和理由时,就首先提出《决定》是已经考虑到世界范围内的竞争对人才提出的要求:

> 当今世界,科学技术突飞猛进,知识经济已见端倪,国力竞争日趋激烈。教育在综合国力的形成中处于基础地位,国力的强弱越来越取决于劳动者的素质,取决于各类人才的质量和数量,这对于培养和造就我们二十一世纪的一代新人提出了更加迫切的要求。

在新近颁布的《国家中长期教育改革和发展规划纲要(2010—2020年)》[②]中,指出了教育在应对未来国际竞争和国家进一步发展中所具有的重要地位和应该做出的贡献:

> 当今世界正处在大发展大变革大调整时期。世界多极化、经济全球化深入发展,科技进步日新月异,人才竞争日趋激烈。我国正处在改革发展的关键阶段,经济建设、政治建设、文化建设、社会建设以及生态文明建设全面推进,工业化、

---

① 欧少亭.教育政策法规汇编[M].延吉:延边人民出版社,2001:253.
② 国家中长期教育改革和发展规划纲要(2010—2020年)[M].北京:人民出版社,2010.

信息化、城镇化、市场化、国际化深入发展,人口、资源、环境压力日益加大,经济发展方式加快转变,都凸显了提高国民素质、培养创新人才的重要性和紧迫性。中国未来发展、中华民族伟大复兴,关键靠人才,基础在教育。

从以上几个关于教育改革的《决定》可以看出,《决定》已经很明确地将教育置于回应未来全球压力和挑战,为国家未来发展准备人才的关系中。从时间的视角来看,基于未来的考虑成为制定教育改革发展决定的重要因素之一。当然正如笔者一再强调的那样,对未来的判断主要还是依靠现在生活的节奏。因此可见,"当今世界,科学技术突飞猛进,知识经济已见端倪,国力竞争日趋激烈""当今世界正处在大发展大变革大调整时期""当今世界政治风云变幻,国际竞争日趋激烈,科学技术发展迅速。世界范围的经济竞争、综合国力竞争,实质上是科学技术的竞争和民族素质的竞争"等措辞表达了人们对当今社会的认识。基于对现在社会快速变化、发展的判断,人们预测社会未来的发展会在很多领域和方面都会"日趋激烈""发展迅速""日益加大""日新月异",进而要求教育"面向现代化、面向世界、面向未来,为九十年代以至下世纪初叶我国经济和社会的发展,大规模地准备新的能够坚持社会主义方向的各级各类合格人才""造就我们二十一世纪的一代新人提出了更加迫切的要求""中国未来发展、中华民族伟大复兴,关键靠人才,基础在教育",宣称"谁掌握了面向二十一世纪的教育,谁就能在二十一世纪的国际竞争中处于战略主动地位",等等。简而言之,在整个关系中,处于"现在"的学校教育时间被认为主要是回应"未来"社会的竞争和挑战。"现在"的学校教育时间始终指向"未来",成为为"未来"准备的时间。进一步讲,"现在"的学校教育时间不但承担了教育"现在"发展被赋予的价值和意义,同时还被赋予了更多的为"未来""准备"的意义;甚至"现在"的学校教育时间已经被忽略,指向"未来"成为"统治"学校教育时间的主导的"意识形态"。在这个意义下,教育成为以"现在"为"未来"准备的活动,成为连接"现在"与"未来"的桥梁。

另外,从上面的几个《决定》制定的时间和文本中指向的时间之间的关系也可进一步明晰其指向未来的特点。1985 年制定的《中共中央关于教育体制改革的决定》提出要为"九十年代至下世纪初叶"做准备,而在 1993 年制定的《中国教育改革与发展纲要》和 1999 年制定的《中共中央国务院关于深化教育改革,全面推进素质教育的决定》因为在时间点上处在世纪之交,所以才要提出"迎接二十一世纪的挑战"。2010 年颁布的《国家中长期教育改革和发展规划纲要(2010—2020)》则把时间指向了未来十年的时间段上。总之,在"过去""现在""未来"的线性时间维度上,不同的《决定》指向未来的时间点或时间段虽然不同,但是几个《决定》都很明确地指出《决定》本身并非仅仅是为了指向当下的教育发展,而且更具有指向未来的追求。未来社会发展对教育提出的要求"反馈"到今天教育应该做出的准备上,今天的教育成为满足社会未来发展的条件,而不是目的。

虽然几个《决定》也对过去的教育发展进行总结性的回顾,对当下的教育发展现状展开了详细的分析,但是显然应对未来的挑战成为教育《决定》制定的关键性要素。笔者认为这不仅因为几个《决定》是作为一种"规划"和"纲要"而制定的,还因为在现代教育活动中潜在着一种指向未来的时间观念。当然这种指向未来的时间观念并不是现代教育所独有的,教育活动本身就内在地有一种指向未来的倾向。这种指向未来的倾向在今天工业化社会快速变化的背景下,成为国家应对未来挑战的工具,成为人们消除未来恐惧的手段,从而使这种指向未来的观念倾向更加突出,成为人们思考教育思想和展开活动自然而然的"习惯"。因此,在几个关于教育《决定》的文本中也就不难见到国家"深谋远虑"的措辞。

在宏观层面上,笔者已经初步展现了国家关于教育改革的文本在时间上"超越现在,指向未来"的观念。但是在学校教育生活中,学校教育时间又是如何在其运行中,通过学校空间中的人和事表露其"超越"的观念呢?由于捕捉一种观念的存在,必须通过其表达的载体,"在我们身边,有些人对此加以肯定,其实这是社会在借其口而言说,我们在倾听他们的时候实际上是在倾听社会,全部声音都是一个口吻,那口吻光靠个人是不可能具有的"①。综上所述,笔者分析了几个有关教育、学校教育的重要文本,因此在下两节笔者将重点分别集中在家长的行动和学校的有关时间的安排上。

二、"寅吃卯粮"的潮流

改革开放以后,随着中国经济体制的改革,人们逐渐告别"捧铁饭碗""吃大锅饭"的时代,竞争意识逐渐深入人们的日常生活中。除了经济资本和政治资本,文化资本在社会竞争中的地位越来越突出。因此,当教育逐步成为人们获得文化资本的重要制度通道时,社会的竞争就沿着社会关系的链条延续到教育领域。人们在未来社会能否成功赢得地位很大程度上依赖今天的教育。

但是沃尔夫教授认为,"教育是一种'相对位置品'(positional goods),也就是说,你能否成功,不取决于你自己的教育水平,而取决于你是否高于别人的水平。这相当于一场赛跑。如果每个人的奔跑速度都提高了,这当然是件好事,但这并不能改变这样的事实:最后,只有一个人能得到冠军,只有三个人能上领奖台"②。因此,为了使自己的孩

---

① [法]爱弥尔·涂尔干.宗教生活的基本形式[M].渠东,汲喆,译.上海:上海人民出版社,2006:201.
② 曹征路.不该忘却的纪念——一位大学教授的手记[J].杂文选刊(上旬版),2010(10):17.

子能够在未来社会的竞争中赢得成功,今天教育出的孩子就要比其他人优秀。正是这种对未来竞争的焦虑,对未来确定性的寻求,使得家长们选择了让孩子先学一步的高招。在中国基础教育的链条上,有一句口号异常响亮:"不要让孩子输在起跑线上。"

日前,有媒体爆料:一小学教师对今秋即将入学的一年级新生家访。不料家访变成了摸底考试,教师就三门学科了解孩子学习情况。这样的家访让年轻的家长们顿感五味杂陈,已是过来之人的家长则更是感慨万千。

有的家长非常得意。一位孩子今秋要上二年级的女士说:"当年我让孩子提前学习,入学前,拼音滚瓜烂熟,识字1 000多个,20以内的加减法毫无障碍,英语已考过两星级。这样一上学就能跟上老师的进度,上课回答问题总能抢在前面,回家作业半个小时就能完成。"

有的家长十分沮丧。一位最初信守"顺其自然,快乐学习"的母亲,如今则如坐针毡:孩子入学一月,老师就要求3分钟内完成100道口算题,每天练习100道题,周而复始进行"魔鬼训练",孩子常常急得浑身发抖,家长每每弄得寝食难安。一年折腾下来,只能改弦更张,加入超前学习快车道,暑假赶紧找来二年级教材提前辅导。①

暑假未到,各种辅导班的宣传单便如雪片般飞进千家万户,"不要让孩子输在起跑线上""天才宝贝集中营""精英宝贝课程"……各种蛊惑人心的广告词无疑给家长们本已焦躁不安的内心火上浇油。如今不少家长甚至把"起跑线"提早到了幼儿园阶段,许多幼童小小年纪就成了上"班"族。②

一句"不要让孩子输在起跑线上"的广告语,把几乎所有的孩子都

---

① 陈亦冰.抢跑的教育也必须减速才能真正转轨[J].上海教育,2011(17):44.
② 罗阳佳,李擎.静安区出书为家长育儿支招 "不要输在起跑线上"是提醒还是忽悠[J].上海教育,2011(14):43.

赶上了超前学习的快车道。几乎很少有家长和孩子能够置身事外，悠然自得。很多孩子，从娘胎就开始接受教育。

据调查，现在60％—70％的幼儿在入学前都有超前学习的经历，从小学到初中到高中，从学生到教师到家长，大家都在提速，人人都在抢跑。①

对未来成功的渴望和对未来社会竞争的恐惧，使得家长们不敢懈怠，也不得不跟随"潮流"而涌动。

在一家培训机构的外面，一位家长带着孩子来报名交费之后，看到孩子满脸泪痕，心中不忍，又向培训班老师请假，说好歹让孩子先玩一天。当问及孩子的家长既然孩子这样不情愿，为什么还要送他进培训班时，这位家长说了一段意味深长的话："看到别人都送，感觉自己就被落下了。不送，就怕孩子成绩跟不上；因为让他学一样特长，以后考学能够加分呀！我也知道孩子累，可没办法呀！"一个"没办法"，尽在不言中，充满了无奈，也充满了心酸，可怜天下父母心啊！②

在题为"家长的心声"的反馈意见中，有位家长如实写道："老天吝啬！只给我一次机会去培养儿子，而且只能成功，不能失败。在这毕其功于一役的战场上，作为父母，其诚惶诚恐之心，望子成龙之情，老师会同情，会理解，恳请老师帮我们一把。在此，更感谢各位老师。"③

如同在国家层面上，教育被用来作为满足全球竞争的条件，应对社会未来发展的挑战的需要一样，在孩子的"今天"与"明天"之间，学校教育时间在其中承载更多的是指向孩子的未来的意义。在物理学意义上，时间对于每个人都是公平的，这也就意味着家长们所谓的"超前"并不是物理学意义上的时间。但是在社会时间的意义上，家长们的"超

---

① 陈亦冰.抢跑的教育也必须减速才能真正转轨[J].上海教育，2011(17):44.
② 佚名.辛苦的孩子和可怜的家长[J].教育文汇，2011(6):6.
③ 资料来源：笔者在调研学校B收集，2011-7-24.

前"不只是指学习内容的超前,更是指"超越"现在,向着未来"前"进了一步。学生在今天的学习内容已经不是"现在"的内容,而是"未来"的内容。这样类推下去,学生的所有学校教育时间都指向未来,现在变成了空白,时间已被未来填满。

前文在分析社会时间以及学校教育时间的性质时已经一再强调,学校教育时间的关键内涵是与学校空间里的教育活动密切相关的。之所以认为学校教育时间具有"超越"的追求,是因为学校教育的活动虽然发生在现在,但是却具有指向未来的意义。这种指向未来的活动又是在整个社会的大环境中发生的,其中人们不得不把关注的焦点从过去和现在转向未来。在这种视角下,"现在"的教育就是"未来"教育的准备,是未来参与社会竞争的准备。"游戏的意义乃是游戏之将来的意义,是将其意义赋予游戏的历史的方向之意义。"①这种视角的转换,也就使得人们把未来不可知的竞争转化为现在可见的竞争,把在未来"终点线"上的较量转化为"起跑线"上的争斗,把"未来"该"卯"时"吃"的"粮食"拿到"现在""寅"时来"吃"。人们这种时间视角的转换直接影响了人们对行为的选择。但是这种时间视角的转换又不是自然而然的,而是人们在所生活的社会中逐步认识和学习的,是被社会的潮流所推动的,甚至是超出个体控制的范围之内的。

三、"精打细算"的计划

因为学校教育时间被国家赋予了应对未来挑战的使命,同时学校教育时间又被家长赋予了准备未来竞争的任务,所以学校教育时间接续了工业化社会时间的内在逻辑——控制。乔治·奥威尔有一句话可谓是恰到好处地指明了其中的奥妙:"谁控制过去,谁就能控

---

① [法]皮埃尔·布迪厄.实践感[M].蒋梓骅,译.南京:译林出版社,2003:127.

制未来;谁控制现在,谁也就能控制过去。"①只有可控制的才是可预见的,只有可预见的才是安全的。因此,只有对"现在"的学校教育时间进行精细化的控制,才能保证今天的时间被充分利用,进而完成"现在"的学校教育时间承载的国家和家长赋予的价值和意义。那么在学校空间里学校如何实现对时间的控制并体现学校教育时间的"超越"追求呢?

(一)计划的"网络"

在阐述时间的未来指向时,上文已经指出计划被认为是一种应对未来的典型策略。人们为了抗拒未来的不稳定性,会努力地让未来变成现在的计划。在诸多社会组织中,学校对计划的应用被认为是提供了一种教科书式的范例。计划在学校教育中协调和安排学生的活动、维持教育教学的秩序等方面发挥着举足轻重的作用。具体来说,学校教育中丰富多彩的计划可以按层次梳理为以下部分。

1. 宏观层面

宏观层面的教育发展计划,除了国家层面的各种教育规划外,还包括作为一个社会组织的学校为自身发展制定的发展规划。它对学校未来的发展做了战略性的部署,指出未来学校的发展方向、发展重点、发展任务、发展步骤等。当然这个计划也确定了规划的期限即年限。有些规划是未来三年或五年的规划,有的则是根据五年规划进一步分解的年度计划。下面以一所小学的未来三年发展规划为例。

××小学是一所办学历史不算悠久,但紧跟管理区教育发展步伐的学校。学校有一批淳朴乐学的学生和一支有一定专业水平、敬业重教的教师队伍。现在原有办学基础上,结合

---

① [英]乔治·奥威尔.一九八四[M].藤棋,金滕,译.北京:中国戏剧出版社,2002:17.

管理区教育改革布局结构调整引起的生源变化,在全国教育现代化深入推进和管理区教育综合配套改革的背景下,特制定我校新三年发展规划。

一、基础与现状

……

二、学校发展思路

……

三、重点发展项目

(一) 学校管理

阶段性目标:

第一学年(2010年9月—2011年8月)

年度目标:

1. 以传统文化导读为抓手,进一步确立办学理念、办学目标。

2. 提高教育教学质量,创设校园育人文化环境。

任务:

1. 强化校长室—教导处(政教处)—教研组三级管理的制度建设。

2. 加强干部自培,认真学习现代教育思想和教育基本理论,明确干部个人和分管工作的发展目标。

3. 完善校园文化活动建设的评价指标,以加强教师作风主流意识为抓手,营造用心育人的工作氛围。

4. 完善教师成长的发展规划,鼓励教师在专业和个性发展上自创特色。

第二学年(2011年9月—2012年8月)

年度目标:

1. 以人为本,形成学校共同愿景。

任务:

1. 增强干部的目标管理意识,主动将目标任务落到实处。

2. 以"打造书香校园,促进师生共同成长"的课题研究为抓手,提高教师职业素养。

第三学年(2012年9月—2013年8月)

年度目标:

以构建和谐校园为出发点,推进学校、家庭、社区的现代学校制度建设。

任务:

1. 以创建学习型学校为目标加强团队建设,形成教师终身学习和个人发展的良好氛围。

2. 加强与社区的沟通,逐步完善学校、家庭、社区科学合理的、多元的评价体系和监督机制,实现管理工作的制度化、规范化、民主化、科学化。

三年目标达成的预期效果:

1. 干部专业素养:干部深入教育教学第一线,力争成为教学骨干型的管理者。中层及中层以上干部要积极开展学校管理和教学工作的研究,力争每人每年有1篇以上论文在市级范围交流或发表。

2. 管理成果:学校要争创"管理区安全文明校园""管理区教育科研先进集体""市传统文化教育特色学校"。学校的教学质量在管理区学校中处于中等以上水平,家长满意率达到98%以上。

……

2. 中观层面

在中观层面,学校为了保证教育教学的秩序,保证对未来的教育教学始终在可控的范围之内,要求教师制订学年工作计划、学期工作计划、教学计划、班级活动计划等等。这些计划依据学校教育教学的目标和学校的发展规划进一步细化,并在学校教育教学的各个部分、领域内被分解为若干不同的子计划。比如:

表4-1 2010学年度第二学期教学工作安排表

周次	内容提要	班会主题
第一周	全面布置工作,快速落实班级的各项具体工作,使班级尽快进入正常工作状态	安全教育
第二周	检查班级各项工作的落实情况,特别是各条线的落实。学生的仪容、卫生、单车的排放、出勤等	学生的仪容问题
第三周	做好学生收费工作,核对数据的统计,落实好学生的学费问题	
第四周	为迎接2011年学校的评估工作,做好各种档案的统计工作,积极开展各项有意义的活动。自查班级常规工作执行情况	校园是我家
第五周	了解班干部工作开展情况,调查班委在工作中遇到的阻力,拿出切实可行的解决办法。学生学习过程评测	如何正确处理同学之间的矛盾
第六周	收集学生的专业作品,做好家访工作	自信——成功的垫脚石
第七周	布置好教室图书阁的风格,提前做好评比的准备工作	校园打架斗殴的危害
第八周	进行第一次月测,提高学生的积极性	
第九周	开展学生的消防意识提高活动。检查班级一些情况的具体落实情况。例:笔记本的检查,课堂作业及家庭作业的检查	消防安全知识的教育

续表

周次	内容提要	班会主题
第十周	自查班级常规工作前半学期执行情况。	赌博的危害
第十一周	跟踪后进生转化教育情况。班主任作期中工作总结，总结的内容要结合班级的实际情况，起到承上启下的作用	团结、和谐、激励、放飞梦想
第十二周	跟进班级的仪容，定期的对班级同学的仪容进行检查。切实做好这项工作	
第十三周	学习过程评测，鼓励一批学生的学习积极性，带动整个班级的学习气氛	技能——助我扬起自信的帆
第十四周	跟进后进生的转化工作，在班会上有的放矢地进行评价。对班上的每位同学进行客观的评价	
第十五周	上交评语参考，发掘每个学生的闪光点，进行班主任月工作小结	
第十六周	开展诚信学生评比活动，对班级这段时间的情况进行总结	考试作弊的危害
第十七周	跟进后进生的转化情况，初步对学生进行品行鉴定	
第十八周	协助学校开展文艺汇演活动。动员学生搞好考前的复习工作	
第十九周	提交学生评语给行政审查，班主任常规工作自查	
第二十周	写家庭报告表，对学生进行法制教育、安全教育，期末工作布置	

3. 微观层面

在微观层面，学校中的计划主要体现为学校作息时间表和课程表。学校作息时间表和课程表的结合意味着对学生未来一天甚至一周的活动内容提前安排。相比学校未来发展的规划和教学进度表，作息时间表和课程表在时间的安排上更加紧密和严格，少有弹性的时间。

（二）在计划中"超越"

从上面提到的国家教育战略、学校发展规划到教师制订的教学计划、班级课程安排计划（课程表），可以发现"计划"在学校教育生活中占据重要的地位，是指导学校教育教学活动的关键。所有学校的教育活动计划都是在预先设定的计划下进行的。计划决定了学校发展的方向，决定了教学的进度，决定了学生的时间安排。"一切都在计划之中"也就意味着一切都在控制的范围内。校长 L 在对教师谈到班主任工作计划的重要性时如是说：①

> 班主任要有年度计划，如这一年准备怎么办，定什么样的目标，搞什么活动，怎么搞活动，等等。一个学期有计划，一个月也有计划，学期的计划要落实到每个月、每一天。这一年怎么带，要有计划，除此之外计划是要分阶段、分层次的，不是写一个学期的计划就完了。
>
> 现在，我们学校各位班主任的工作是不是有计划呢？根据我的了解，虽然也有计划，因为学校领导要求你有计划，老师总得应付几条。但是许多老师的计划不是那么实在。至于到期末总结的时候，我该怎么总结，那时候再说，根本没有真正地从班级实际情况出发，制订切实可行的计划，到期末根据计划，去反思一个学期的工作……没有这么细致的考虑。如果真的要把一个班带好的话，是很难的。班主任工作必须有计划，不能够东一榔头西一棒子的。

从校长的讲话以及上面不同的计划中，可见计划成为安排学校教

---

① 资料来源：笔者根据对调研学校 B 校长 L 的访谈整理，2011-7-23。

育活动的重要形式。伊利奇说:"学校教育是一种彻底的制度化力量,它已经成了一个对人进行加工、使其适应于早计划好的世界的有计划过程。"①如果以时间为视角,我们可以从以下几个方面对计划展开分析。

1. 计划的构成

一项计划,不但是一个任务的列表,同时也是一个时间表。也就是说,计划不仅是对任务的分解,更是对未来时间的一种安排。在时间上,一个计划的制订必须有制订的日期,如表述为:本计划或本规定从×年×月×日开始执行。同时还包括一个截止日期,也就是计划在未来的某一个时间点的停止。虽然表述有的较为模糊,但基本都有大概的时间截止日期,如表述为"未来五年的工作计划""×年度工作计划"等等。如果计划的时间过长,一般还有对时间再进行细化的切割,使得时间进一步的细化。也就是说,从时间的角度来说,计划其实提供了一个开始到结束的界限。

在齐美尔看来,界限是有意图的活动和理解的前提条件。他指出,界限不仅可以确定方向,还可以提供安全感、解释上的确定性,以及世界的可理解性。根据齐美尔的看法,可以把时间理解为一系列的界限,分割成过去、现在和未来的领域。在谈到社会性的空间时,齐美尔指出:"界限不是一个具有社会学后果的空间事实,而是空间性地形成它自身的一个社会学的事实。"②这也意味着界限的形成并不能够单纯地还原为物理环境的效用,空间本身就具有一种独特的社会空间性。在齐美尔的这个意义上,其实他所谓的时间作为一种界限,指的也是社会时间的效用。例如,农业劳动者是在一定的时间界限中生活、思考和做

---

① [美]伊万·伊利奇. 非学校化社会[M]. 吴康宁,译. 台北:桂冠图书股份有限公司,1992:27.
② [英]基思·特斯特. 后现代性下的生命与多重时间[M]. 李康,译. 北京:北京大学出版社,2010:169.

出决定,这种时间界限不仅仅是自然周期和大气条件强加给农业劳动者的,而且也是还可能主要是传统文化的遗产。因此,基于齐美尔有关界限的分析再来看学校教育中的各种计划,可以说计划提供了时间的界限,同样也提供了确定性的前提。因为界限提供了某种坐标体系,使得学校活动本身告别无目的的胡乱折腾,提供了活动的一种形式。如此一来,齐美尔提出,是界限创造了形式,而形式又是意义和解释的基础。在这个意义上,计划作为一种时间表赋予了学校教育活动以形式上的确定性,进而使得人们对活动内容的安排有确定性,对未来有了一定的安全感。

2. 计划的指向

一项计划显然是指向未来的,是对未来一段时间的工作安排。但是计划的制订却是现在,因此可以说计划是把未来的事情转换到现在来安排,使得未来的时间被现在控制,同时也使现在的时间成为未来计划的一部分。所有现在的任务都是在未来目标的指引下,在未来时间的安排下进行的。米德认为"未来"能够影响"现在"主要是指它影响了我们的行为。正如一个象棋手现在选择一个动作是因为他或她已经预测到将来的一个或多个反应。米德认为行动者之所以构想一个行动的路径、建构和组织一系列的刺激行为是因为他或她不得不做出反应。[①]

3. 计划的特点

从上述的各种计划可见,与"现在"时间距离较近的计划在时间上要求更加严格,而与"现在"时间距离较远的计划则在时间上要求的弹性空间更大。这与学校作为一个现代组织是分不开的。"作为现代组

---

① Flaherty M G, Fine G A. Present, Past, and future-conjugaing George Herbert Mead's perspective on time[J]. Time and Society, 2001, 10(2/3):147 - 161.

织的一个特征,我们应当注意通过组织不同部分的划分而产生的场所与活动的定时和定位之间的关系。"① 因此,作为现代组织的学校,其时间表安排的严格性是组织时间指向未来的特性的一个结果。就其面向未来的时间指向而言,与个人时间相比,组织时间更加一致,更具系统性,也更具理性。之所以在计划中距离现在的时间安排越发精细,是现代组织持续地在评估完成目前所有任务所需要的时间,所以不断在调整和预先制定有未来展望的时间表。一旦这些以时间表为基础的计划任务得以分解,教师和学生会被要求强制去遵守执行。如此一来,事件的密度便会因为计划的精细而增加,在微观的层次上也必然会使得个人的生活步调速度增加。这种开放的未来观造成了人们"加速的应许"。因为每一分的现在时间都关联着未来的目标,所以为了未来的成功必然要对现在的时间"精打细算"。

四、"乌托邦式"的憧憬

所有外在的观念和潮流,需要内化在学生的观念中才能成为影响他们的力量。那么反之,从学生的言谈举止中,同样可以分析出学生的时间观念中的超越意涵。比如:

> "这次开完家长会,父亲语重心长地找我谈话,说了让我好好学习之类的话。我听完很有感触,我觉得自己应该好好学习,这几年努力以后就能好好玩了。我也知道学习是为自己学的,不是为老师家长学习,所以我一定会努力上课认真听讲,不会再让老师家长头痛的……"

---

① [英]安东尼·吉登斯.社会理论与现代社会学[M].文军,赵勇,译.北京:社会科学文献出版社,2003:174.

第四章 现代学校教育时间的超越意涵

"期中考试过去了,我想这并不代表我可以放松自己了,反而要更加抓紧自己,不能松懈……"

"时间匆匆而过,碧水哗哗长流。青山郁郁葱葱,白云皑皑如玉。这一句实在是再好不过了,我即兴写的。这次周记,我就要说说近日的感受。这个星期,我发现同学们的紧张感增强了,抄作业现象没有了,更多的是同学们努力的身影。其实我每天在家也很努力,可是和别的同学比起来,觉得他们都比我努力啊……"

"当老妈骑自行车带着我时,她虽然不识字,但是对我说:'想过上好日子,就得争气,好好学习,不要怕苦怕累。'看着她的背影,我知道我必须这么做。可我也经常怀疑我自己,我真的行吗?"

"妈妈早就告诉我,要是不好好学钢琴,将来考高中或者考大学就没有加分。别人都加分了,如果我不加,就考不上好大学,考不上好大学,就找不到好工作。于嘉嘉说,其实她并不喜欢学钢琴,甚至不知道自己将来想做什么。有时候挺想赶快长大的,可一想到长大以后要做那么多事,我真的很害怕。"[①]

从以上"学生的心情表白"中可知学生对当下教育生活的认识。他们今天之所以"觉得自己应该好好学习",是因为在父母和教师的教导下,他们相信"这几年努力以后就能好好玩了"。他们虽然不是很明白未来竞争的激烈,但是明白"想过上好日子,就得争气"。可以说,很多学生之所以能够坚持承受繁重的学业负担,就是因为教师和家长们构

---

① 资料来源:笔者根据在某小学参观收集整理,2011-2-3.

建了一个"未来"的乌托邦。所以我们经常听到这样的教育话语,"吃得苦中苦,方为人上人""好好学,坚持住,等上了大学就好了"等等。教师和家长们描述的"乌托邦"是他们坚持的动力之一。

　　如果以时间的视角来审视这个问题,其中一个突出的特点就是学校教育时间被划分为不同的"阶段",被切分为作为"阶段"的"上课时间"和"休息时间"、"上学时间"和"放假时间"、"初中""高中"和"大学"等等。此"阶段"存在的意义是为下"阶段"做"准备",是对下一阶段的"期望",是在"等待"下一阶段的来临。在舒茨看来,这也就是指:生活在我们的行为中,指向我们行为的目标,那就意味着我们活在现在,但是却通过期望关注未来。因此舒茨说:期望是把未来拉回现在的重要部分。用这种解释再来将学校教育时间的"阶段"划分置于过去、现在和未来的时间维度上来理解,那么可以断定,在学校教育时间中学生们的真正注意力并不在现在,而是超越现在的未来,一个个阶段性的"现在"都只是他们的一个开始,一个进步的基石,一个超越的目标。学生的学习行为指向的是行为的未来目标。舒茨进一步指出,只有以"未来的目标"为驱动的"行动",才能将人们内心想象的计划在生活世界当中实现、推动或改变,进而时间才是真正被体验到的。也就是说,学生感知到的时间必须是指向未来目标的行动时间,否则时间的流逝并没有给他们以经验性体验。从学生的内心表白中可见,"未来"在他们的期望中得以"实现",而"现在"却在他们阶段性的超越中不断地被丢弃,未来时间在他们的学校教育生活中占据了统治地位。这也正是"乌托邦式"的憧憬在把未来拉入现在时起的重要作用,对未来的期望成为现在教育时间之所以如此安排的理由之一。当对现在的安排考虑到未来的因素时,未来的目标自然也就进入了现实的生活世界中,同时也就意味着现在具有了超越现在的意义。

第三节　审视超越：学校教育
时间未来指向的反思

社会时间理论认为,时间并不是一个抽象而虚幻的概念,而是构成社会行动结构性的要件,并由此形塑出特定的社会行动模式。在此意义上,上节对学校教育时间的剖析就不仅展示了社会时间的"超越"观念在学校教育空间里的表现,同时也可见这种观念对学校教育时间在组织和安排方面的制约甚至决定作用,进而形塑了学校教育活动的模式。因此,鲁曼认为:"时间不是一个孤立的流程抽象的空洞框架,而是同行动及其成果始终相互包含、相互伴随和相互穿插。"①

布迪厄认为,"每个场域都具有自身的逻辑、规则和常规"②,学校作为特殊的社会场域,社会时间的"超越"观念又是为何能渗透其中呢?也就是说,学校作为特殊的社会场域,自身具有何种特点使得学校教育时间获得一种"超越"的观念呢?这种追问主要从学校作为一种特殊的场域,从学校自身的特性这个路径来找寻学校教育时间追求"超越"的原因。

一、学校教育时间何以成为"超越"的典范

学校教育时间的"超越"追求首先受到了居于其中的整体社会时间的影响,这一点前文已做陈述。除此之外,作为一种社会时间的学校教育时间还必须置于关系中来理解,必须置于与学校教育活动的关系中审视。因此,有必要从学校教育活动的角度来简要阐述学校教育时间

---

① 高宣扬.鲁曼社会系统理论与现代性[M].北京:中国人民大学出版社,2005:242.
② [法]皮埃尔·布迪厄,(美)华康德.实践与反思——反思社会学导引[M].李康,李猛,译.北京:中央编译出版社,1998:142.

之所以超越现在、指向未来的原因。

(一) 学校教育作为个体社会化的途径

教育从其诞生之日起就被认为是个体社会化的重要渠道。涂尔干把"教育"解说为:"教育是成年一代向尚未为社会生活作好预备的那一代人施加的某种影响。教育的目的是要唤起或发展儿童身体、理智和道德方面的某些状态,这些状态是整个政治社会和儿童将必定要生活于其中的特定环境所要求他们的。"[①]简而言之,"教育是使年轻一代系统地社会化的过程"。所谓"个体的社会化是个体学习所在社会的生活方式,将社会所期望的价值观、行为规范内化,获得社会生活必需的知识、技能,以适应社会需要的过程"[②]。因此,教育就担负着将社会的知识、技能传递给年轻一代的任务。

在传统的农业社会中,个体生命的成长是与他进入社会的节拍一致的。在个体幼年时期,他就开始参与劳动生产,从事一些简单的任务。当个体具有了足够的体力从事农业生产时,他们就获得了群体成员的正式身份。总之,个体的社会化是在一个连续的、不间断的过程中实现的,个体生命的时间进度与他进入社会生活和退出社会生活的节奏是一致的。也就是说,教育活动并没有与人们生产和生活时间相分离,教育活动的时间与生产生活时间并没有明显的切割。专门的教育时间并没有占据很大部分并成为社会生活不可缺少的部分。然而到了现代社会,随着社会的快速发展以及分工的细化和知识的剧增,个体只有掌握了足够的知识才能成为合格的社会成员,进而进入社会从事生产活动。因此,现代社会的社会化成为一个长期的过程,这只有依赖社会化的正规组织即学校教育来完成。个体只有在学校中为进入社会做

[①] [法]涂尔干.教育的性质与任务[M]//瞿葆奎.教育学文集·教育与社会发展.北京:人民教育出版社,1989:19.

[②] 全国十二所重点师范大学联合编写.教育学基础[M].北京:教育科学出版社,2002:33.

好了充足的准备,才可能适应未来社会的发展。这样,学校教育就承担了个体社会化的重要任务,学校成为个体社会化的重要社会组织,学校教育时间成为个体社会化的重要时间。

既然学校教育促进个体社会化的核心目的主要是使年轻一代能够适应社会的需要,而社会的需要和发展又是快速变动的,也就是说个体社会化所要面对的社会充满了不确定性,因此个体社会化的过程必然要思考如何面对社会的快速变动。作为个体社会化的重要组织,学校就不可避免地需要思考社会未来的可能性问题。当然学校教育之所以能够被赋予应对未来社会的可能性的任务,从根本上讲还是因为受教育者的成长和发展在未来具有极大的潜能和可能性。因此可以说,"教育中的个体和社会同时呈现一种面向未来的可能性"[①],作为关联个体与社会的重要组织机构——学校的所有活动就担负了个体社会化过程中面向未来、为未来准备的责任。学校教育时间也因此具有了超越现在、指向未来的意涵。

(二)超越作为学校教育的"组织惯习"

学校教育时间的"超越"观念一旦形成,就会与学校教育生活的其他结构发生"互构",即时间因素作为一种建构性要素影响学校教育活动的组织和安排,进而影响学校教育的结构特征;而学校教育时间的组织和安排又会进一步强化这种"超越"观念的形成和凸显。这样,我们也就不难理解学校教育时间的"超越"观念在学校空间中的生产意义了。随着时间的推移,这种"超越"时间观念和行为在学校教育的常规性和例行性生活中逐步被人假定为不言自明的东西,是一些"不假思索"地重复进行的行为方式,从而成为学校教育活动的"惯习"。

---

① 杨一鸣.教育与时间[M].南京:南京师范大学出版社,2003:42.

麦克唐纳将布迪厄的"惯习"理论进一步细化，首次提出"组织惯习"[①]来概念化这种组织机构的惯习。布迪厄认为，"惯习，作为一种处于形塑过程中的结构，同时，作为一种已经被形塑了的结构，将实践的感知图式融合进了实践活动和思维活动之中"[②]。也就是说，惯习是一种感知图式，用布迪厄的话讲是作为一种心性结构而存在。但是布迪厄的"惯习"主要还是指场域中的行动者所拥有的"感知图式"或"心性结构"，并没有细化或深化到社会场域的组织和机构层面。麦克唐纳的"组织惯习"简单地讲，就是指社会场域的每个社会组织都有它自己的惯习，也就是说，它自己的倾向、认为理所当然的期望和感知的计划。

布迪厄认为，"用惯习和场域之间被建构的关系，来取代'行动者'和'结构'间似是而非的表面关系，也是将时间引入社会分析的核心的一种方法"[③]。在他看来，"时间绝不是什么先验的条件，超越了历史性，而是实践活动的产物。实践活动正是在创造自身的同时，创造了时间。因为实践是惯习的产物，而惯习又来源于世界固有的规律和趋向在身体层面上的体现，所以，实践自身就包含了对这些规律和趋向的预期，也就是，包含了对未来的一种非设定性的指涉，它深刻地存在于现在的直接性之中"[④]。

在此基础上再来审视学校教育时间，可以说，学校教育实践活动同样也是学校作为社会组织的"组织惯习"的产物。这种"组织惯习"同样也是来源于世界固有的规律和趋向在社会组织层面上的体现，即学校

[①] Atkinson W. From Sociological Fictions to Social Fictions: Some Bourdieusian Reflections on the Concepts of "Institutional Habitus" and "Family Habitus"[J]. British Journal Sociology of Education, 2011,32(3):331-347.
[②] [法]皮埃尔·布迪厄,[美]华康德. 实践与反思——反思社会学导引[M]. 李猛,李康,译. 北京：中央编译出版社,1998:184.
[③] [法]皮埃尔·布迪厄,[美]华康德. 实践与反思——反思社会学导引[M]. 李猛,李康,译. 北京：中央编译出版社,1998:182.
[④] [法]皮埃尔·布迪厄,[美]华康德. 实践与反思——反思社会学导引[M]. 李猛,李康,译. 北京：中央编译出版社,1998:183.

场域固有的场域趋向。在这个行为中,学校对教育中个体和社会的未来进行预期,实现了对直接现实的超越。所以,学校教育活动本身是一种时间化的行为。惯习在自身展开的同时,也使自身同时时间化了。"在这个行为中,行动者通过组织调动过去经历的实践,对以客观潜在性状态深藏在现存事物中的未来进行实践预期,实现了对直接现实的超越。"①但是一旦把这种"超越"作为一种社会"惯习"来看待,当成学校生活的制度和原则,当成固定的生活节奏,它就成为自然而然的生活模式和事实,同时也就将学校教育活动的时间绝对化了,把超越当成惯例了。"社会时间是社会生存结构的反映,是人们在社会生活中形成的一种协同节律,但是,这种协同的节律上升为人们共同遵守的社会规则之后,则反过来成为制约人们社会生活的一种观念力量。这种观念的力量具有很大的惯性和自洽性,是保证社会生活按部就班的稳定剂。"②同时如戈夫曼使我们认识到的,绝大多数社会活动的例行化特征,都需要由那些在自己的日常行为维持这些特征的人持续不断地"施加作用"③,因此在学校空间里,我们可见国家、教师、家长以及学生等与学校教育时间"超越"惯习相关的主体通过各种途径在不断地强化这种"惯性"的思考和行为方式。

二、学校教育时间追求"超越"的悖论

在布迪厄看来,重新引入不确定性就意味着将时间及其节奏、取向和不可逆性重新引入社会分析,"将时间置于分析社会行动的核心"④。

---

① [法]皮埃尔·布迪厄,[美]华康德. 实践与反思——反思社会学导引[M]. 李猛,李康,译. 北京:中央编译出版社,1998:183.
② 汪天文. 时间理解论[M]. 北京:人民出版社,2008:471.
③ [英]安东尼·吉登斯. 社会的构成:结构化理论大纲[M]. 李康,李猛,译. 上海:生活·读书·新知三联书店,1998:165.
④ 杨善华. 当代西方社会学理论[M]. 北京:北京大学出版社,1999:278.

正如前文所述,学校教育时间之所以追求超越是因为人的向死而生和社会发展的变动不居,使得人们对未来丧失了确定性。为了消除因为线性开放的时间观念带来的不确定感,人们企图通过某种策略达到超越"现在"而控制未来的目的。这种超越现在、指向未来的时间结构为我们参与社会生活提供了一种结构感,而结构在"相当程度上指向社会生活最令人熟悉而且可预期的样貌"①,这样人们就重新获得了一种确定感。学校因其担负着个体社会化的重任,期望通过今天的努力为未来做准备,所以其时间具有指向未来的面向。因此,"学校是技术时代实行时间体制的一个榜样"。学校教育时间成为"追求"超越的典范。

  学校教育时间若要实现超越现在、控制未来的目的,首先需要的就是对现在进行控制,因为现在是未来的准备。"游戏的意义乃是游戏之将来的意义,是将其意义赋予游戏的游戏历史的方向之意义。"②也就是说"现在"的教育行为不仅具有当下的价值,更具有"未来"的意义,是"未来"教育的准备。于是,愈是具有"未来"意识的人,赋予"现在"教育行为的地位愈重要,给予"现在"教育的任务愈多,当下教育行为的节奏也就愈紧凑。例如,当下中国的家长并不是因为功利和短视而造成孩子负担过重,恰恰是因为现代时间的"未来"指向和对"未来"的恐惧促使家长把未来社会的竞争提前到"起跑线"来较量。每一分"现在"时间都关联着"未来",想取得"未来"的"成功"必然要对"现在"精打细算。因此现代学校教育始终焦虑的是"效率"问题。特别是现代社会飞速增长的知识和社会生活快速的变迁,促使学校教育一直努力追求在有限的时间给学生传授尽可能多的知识并促进他们全面发展。效率问题成为推动现代教育不断变革的重要动力和核心内容。教育变革始终围绕

---

  ① [美]艾伦·G·约翰逊.见树又见林——社会学与生活[M].喻东,金梓,译.北京:中国人民大学出版社,2008:88.
  ② [法]皮埃尔·布迪厄.实践感[M].蒋梓骅,译.南京:译林出版社,2003:127.

着高效的管理、有效的教学以及富有成效的教育效果等来进行。效率成为衡量和评判教育活动终极目标的关键要点。如此一来,"现在"的教育行为就因为要为"未来"准备而节奏加速和效率提升,结果造成学校教育时间负担过重,承载的意义过多,伴随而来的是越来越大的压力、紧张和对时间减少的担忧,进而使得儿童把接受现在的学校教育认定为新的恐惧,"超越"本身演变成了恐惧的来源。为了消除未来恐惧的行为结果造成今天新的恐惧,学校教育时间的"超越"追求陷入"恐惧"的悖论中。

"每一天,为明天",今天何在?卢梭就说:"当我们看到野蛮的教育为了不可靠的将来而牺牲现在,使孩子受各种各样的束缚,它为了替他在遥远的地方准备我认为他永远也享受不到的所谓的幸福,就先把他弄得那么可怜时,我们心里是怎样想法的呢?即使说这种教育在它的目的方面是合理的,然而当我看见那些不幸的孩子被置于不可容忍的束缚之中,硬要他们像服苦役的囚徒似的继续不断地工作,我怎么不感到愤慨,怎能不断定这种做法对他们没有一点好处?欢乐的年岁是在哭泣、惩罚、恐吓和奴役中度过的。他们之所以折磨那可怜的孩子,是为了使他好;可是不知道你们却招来了死亡,在阴沉的环境中把他夺走了。"[①]因此在这个意义上,学校教育时间既是学生消除未来恐惧的策略,同时也是新恐惧的制造者。指向未来的时间观念具有一定的合理性,同时也可能成为束缚学生新的桎梏。

当然,从根本上讲这是现代工业化社会发展带来的时间观念上的变革。"现代人生活在时间的维度之中。他毫不费劲地处理'时间'范畴和估量最遥远的过去。他要求预见未来,要求规划自己的行动,要求事先决定科学、技术、生产和社会的发展。他所拥有的这种才能盖因我

---

① [法]卢梭.爱弥儿 论教育(上卷)[M].李平沤,译.北京:人民教育出版社,1985:66.

们所使用的时间体系达到了一个非常精细的阶段。"①也就是说,时间体系的精细化促使人们对未来生活不断预期,要求人们对自己的行动进行规划。其实,这种对未来的预期和规划也进一步促进了时间体系的精细化。这也是笔者在文中一再强调的:它们之间是一个互构的过程,也是一个类似"结构二重性"的问题。因此,当整个社会结构弥漫着这种时间观念时,作为一个特殊的社会组织,学校在"超越"的引领下成为践行这种观念的典型组织。令人吊诡的是,学校教育时间却由此陷入了"现在"与"未来"的双重恐惧之中。

---

① [法]路易·加迪,等.文化与时间[M].郑乐平,胡建平,译.顾晓鸣,校.杭州:浙江人民出版社,1988:314.

第五章

现代学校教育时间的规训图景

社会时间理论认为,一旦"时间"不被视作一种貌似具体的物理现象,而是被视作一种透过社会制度加以结构化的社会行动网络,这也就意味着时间更多的是群体所构成与加诸的;它牵涉的是广泛规约出的规律性社会集体生活,且是通过规律性的社会集体生活而表现出来。埃里亚斯就提醒人们,"时间"这个词并不是一个指涉某客体对象的"名词",而是一个"与关系之中"、让社会形态透过人们时间性地交织起来的生活运作、呈现出结构性的"动词"。因此,笔者在前文阐述社会时间的索引性和生产性时已经强调,虽然人们可以借以理解时间的钟表或日历来协调性地组织、安排人们的日常生活,但是时间也"牵涉到构成社会形态的各个人际生活关系之间,动态的权力的斗争与平衡问题"[①]。也就是说,虽然我们都"在时间之中"或者说我们都受宏观社会时间形态的控制,但是当时间的结构即是社会形态的结构性表现时,它就可以作为一面透镜来反映社会结构中的权力关系;甚至当社会时间成为人与人交往之间关键性因素的时候,谁控制了谁的时间问题也就被提出来了。那么在这个意义上,具体在学校场域下,笔者主要关注的是学校教育时间制度的生产意义,特别是学校教育时间的组织和安排中关涉的权力与规训问题。

第一节 权力的规训:学校教育时间作为分析路径

以学校教育时间作为分析路径研究学校场域中的权力规训问题,显然是"管中窥豹,可见一斑",不可能呈现学校规训的整体面貌。

---

① 郑作彧.时间结构的改变与当代时间政治的问题:一个时间社会学的分析[J].台湾社会学刊,2010(44):213-275.

因此本研究并不追求通过学校教育时间对学校规训进行彻底的分析。只要透过一件件关联时间的不同描述能够展示一种规训的图景,也就达成了"见了一斑"的目的。若要达成这个旨趣,首先有必要简单解释一下规训与学校教育时间的关联问题,解决能不能"窥见"的问题。

一、 作为规训机构的学校场域

"规训"(discipline)是福柯在《规训与惩罚》中提出的概念。他在书中通过"系谱学"和"考古学"的方法对近代以来确立的"微观权力机制"进行了揭示。他认为任何社会中,人的身体都受到最严密的权力控制,而这种权力所要产生的就是驯顺的身体,"其目标不是增加人体的技能,也不是强化对人体的征服,而是要建立一种关系,要通过这种机制本身来使人体在变得更有用时也变得更顺从,或者因更顺从而变得更有用"[①]。在这个意义上,身体不但变成了权力的对象,同时也是可以被驾驭、使用、改造的肉体。人的身体并不是不可以分割的整体,反而可以借由某种特定精细的技巧与策略以及某种持续的控制模式来进行分开、零碎的处理。

福柯认为,规训权力之所以能够成功,在于使用了简单的手段。分类化是规训手段的开始,透过分层分级加以监视,规范化的裁决以及检查、考核等,建立起规训的目标。具体来说,层级监视主要是指通过无所不在的全方位凝视,完成了分层的、持续的、切实有效的监督,通过这种监督,"规训权力变成一种'内在'体系,与它在其中发挥作用的那种机制的经济目标有了内在联系。它也被安排成一种复杂

---

① [法] 米歇尔·福柯.规训与惩罚:监狱的诞生[M].刘北成,杨远婴,译.北京:生活·读书·新知三联书店,1999:156.

第五章　现代学校教育时间的规训图景

的、自动的和匿名的权力"①。规范化裁决是指在规训权力的体制中有一套规训与惩罚的标准，这个标准具有规范的功能，在规训机构中用以比较、区分、排列、同化、排斥个体的位置。那么，"这可以产生两种效果，首先可以判断出未达到规范所要求的人；第二是指示出可遵循的方向，透过奖励与处罚而使得规训权力易于穿透在这场域中的人们"②。"检查把层级监视的技术与规范化裁决的技术结合起来。"③前者是用监视的技术把个体纳入整个监督体系中从而使其接受控制，后者则是通过一种惩罚和奖励机制使得人们由此可以区分和判断每个人。

事实上，权力遍布在社会的每一个角落，每一种关系中，人体无时无刻不受到权力的控制。但是这些权力如何运作，哪些原因该为它们负责，这是不能一律笼统地将它们全部包含在一个宰制与被宰制、统治与被统治之间的公式里的。因此，福柯在这里对规训权力的分析是在微观层面上进行的。"微观的分析方式是从最细部、最具体的权力机制着手，如施加于人身体时，是不被认为是种财产，而是一种策略，其支配效应不应归因于'占有'权力，而是应归因于调度、计谋、策略、技术、运作，来讨论权力到底是如何被施行。应该去关注地区性、微观的、无所不在与持续不断的权力网络，这正是因为这些网络使得权力能施行到社会的细微之处。"④也就是说，福柯所关注的权力除了包括一些政治、军事的权力之外，还包括了各种各样的行为方式、内省习惯等方面体现出来的微观权力。

---

① [法]米歇尔·福柯.规训与惩罚：监狱的诞生[M].刘北成,杨远婴,译.北京：生活·读书·新知三联书店,1999:200.
② 林正升,许华孚.从 Foucault 规训观点分析一所台湾监狱场域的运作[J].犯罪学期刊,2006(1)：153-191.
③ [法]米歇尔·福柯.规训与惩罚：监狱的诞生[M].刘北成,杨远婴,译.北京：生活·读书·新知三联书店,1999:208.
④ 同②。

"权力,这个长着神秘眼睛的字眼,在学校场域中同样具有某种无所不在、无所不能的穿透力。"①也就是说,学校场域也是一个权力场域。因为学校本身只不过是社会下被割裂的空间之一。福柯认为我们正生活在一个教师—法官、医生—法官、教育家—法官、社会工作者—法官的社会里。他们得以存在的基础就是规范的普遍性存在。每个人无论自愿与否,都必须使自己的肉体、姿势、行为、态度等服从规范的制约。现代社会的"监狱网络"以其严密或分散的形式,以嵌入、分类、纪律和监视等机制,成为规范权力运行的最大的支撑。因此,在这个意义上,学校场域毫无疑问是一个教师、教育家作为法官行使社会规范权力的重要社会机构。这种权力制造出来的身体是一个被规训的身体,它是一种铸造的结果。

但是学校场域却是特殊的社会场域,其间存在的各种权力关系,"不是获得的、夺取的,也不是分享的,而是通过各种关系的一种转换无定的游戏,是各种势力关系的复合体,是这些势力关系通过持续不断的相互竞争,改变、增强或颠覆它们的过程"②。这就意味着学校场域中的权力是与场域中各种复杂的位置关系纠缠在一起的,且使得权力在学校场域中出现不同的表现方式及运行策略。也就是说,在微观层面,权力在学校场域中依据场域中的势力关系,借助了不同的载体,呈现了不同的运行机制。或者可以说,权力在宏观和抽象意义上具有一种共识的指代,而在具体的微观意义上、在不同的场域中则千姿百态。在学校场域中,权力自有其独特的样态。

另外,教育的现代性处境使我们直观地感受到,规训是教育现代性的一个核心议题。"规训事实上渗透在教育中。"③学校作为现代教育

---

① 马维娜.局外生存:相遇在学校场域[M].北京:北京师范大学出版社,2003:137.
② 同①.
③ 金生鈜.规训与教化[M].北京:教育科学出版社,2004:17.

的重要载体,自然成为规训的重要场域。现代学校作为一种制度性存在,是经过精心设计安排的特殊的塑造机制,它将社会和文化的集体道德与规范作为个人行为的导引,强制性地操纵每个人的行为,去大规模、高效率地造就特定类型的人。这种"塑造""造就"本身就体现了一种规训。因为在某种意义上,概念表达了现实,反映了现实的逻辑。这两个词在此都意指一种对个人的操纵、一种训练,意味着把人作为一种改造的对象按照某种既定的"模子"来改造。福柯认为:"规训权力的主要功能是'训练',而不是挑选和征用,更确切地说,是为了更好地挑选和征用而训练。"[①]因此,所谓的"塑造""造就"也就指按照社会的规范进行训练,以便应对社会的挑选和征用,可以说规训在现代学校教育中从不缺席。

但是权力在现代学校中实施的方式太过隐蔽,其中的各种机制又太过复杂,它往往与"教育、教化"紧密相连,因此仅仅在一般的意义上来观察无法弄清其如何进行。人们或许知道受到了规训,但是如果不经过系统的分析,也就无法解释其中的机制。于是,我们需要通过一定的路径来表现这其中的机制并展现其力量。

二、作为分析路径的学校教育时间

在福柯解释规训权力确立的过程中,空间占据很重要的地位。他认为规训权力的实施首先要在一定圈定的封闭空间中进行。在这个空间中,每个人镶嵌在一定的位置上,任何动作、行为、态度受到多角度的监视和控制。因此福柯受英国功利主义哲学家边沁的"全景敞视监狱"的启发,提出用全景敞视主义来描绘现代"监禁的社会"。全景敞视监

[①] [法]米歇尔·福柯.规训与惩罚:监狱的诞生[M].刘北成,杨远婴,译.北京:生活·读书·新知三联书店,1999:193.

狱被设计成一种环形监狱,所有囚室对着中央监视塔,监视塔里的看守对囚徒的活动一览无遗,但是囚徒却不能观看。"这种封闭的割裂空间结构暗示了一种每个人都被嵌入其中的无微不至的监视机制,它是规训机制最典型、最精细的微观形式。"①那么,所谓全景敞视主义的规训图景主要也就是指,尽管社会感觉很多样,但都是在封闭而割裂的空间中。在空间中,每个人都会被镶嵌在固定的位置上,尽管可以扮演不同的社会角色、来往穿梭于不同的社会空间中,但是却无法逃脱监视,无法脱离权力的探查、分类和监督。全景敞视主义的概念表明了福柯透过空间的隔离、封闭的监狱意象揭示和解释了权力规训的微观机制。空间的分配、间隔、差距、序列、组合与权力的规训是紧密关联的,"它是一种在空间中安置肉体、根据相互关系分布人员、按等级体系组织人员、安排权力的中心点和管道、确定权力干预的手段与方式的样板"②,这时空间也并不是简单的物理空间,而是渗透着权力的社会空间。可以说,福柯提出的全景敞视主义的概念从空间视角对权力支配的场景关系做出了解释,空间成为福柯分析监狱中权力规训进而揭示社会权力规训的取径。因此,此种解释也常被用来分析教育中的空间与权力规训的问题。③

事实上,不但空间在福柯的研究具有重要地位,"对于福柯而言,时间当然是一个不可或缺的维度,它与空间具有不可分割的关系,它甚至同样是权力的本体论维度,没有外在于时间的权力,任何权力及其合理性都是历史性的"④。在阐述监狱对人的身体规训的过程中,福柯就多次展示了时间在其中扮演的角色和分析其发挥的作用。随着研究的深

---

① 汪民安. 文化研究关键词[M]. 南京:江苏人民出版社,2007:245.
② 汪民安. 文化研究关键词[M]. 南京:江苏人民出版社,2007:246.
③ 石艳. 我们的"异托邦"——学校空间社会学研究[M]. 南京:南京师范大学出版社,2009.
④ 郑震. 空间:一个社会学的概念[J]. 社会学研究,2010(5):167-191.

入,福柯注意到"空间贬值"早已在知识分子之中盛行:"空间被当作死寂、固定、非辩证和静止的东西。相反,时间却是丰富的、多产的、有生命的和辩证的。"①福柯的研究无疑为我们以时间为路径来研究学校教育规训提供了新的合理性证明。不仅是福柯,吉登斯也强调:"当我们开始研究一所学校时,先勾画这所学校的学生和教职员工所遵循的时空模式,无疑会是一种非常有用的局部解剖工具。"②他认为,与所有的纪律组织一样,学校也是根据严格的时间体系来运作的。学校纪律的产生和维持很大程度上依赖于对时间和空间的管理和控制。吉登斯的观点进一步说明,时间是与学校中的纪律密切关联的;这也进一步证明通过对学校中时间的解剖来分析学校中的权力规训是可能和可行的。

本研究在第二章阐述学校教育时间的多样化表达时,已经从不同的角度描述了学校教育时间不单单是学校教育活动展开的物理条件。第一,作为一种社会时间,学校教育时间已然渗透到了学校教育生活的"微血管"当中,与学校教育生活的各个方面发生着千丝万缕的联系。与空间相对固定和静止相比,学校教育时间因其丰富的表达和广泛的渗透故而被人们更为方便地用来控制学校教育中的活动。第二,学校教育时间虽然不像学校空间那样相对封闭,但学校教育时间因其需要借助钟表时间来表达,所以对时间的分割相比空间可以更加细化。第三,学校教育时间作为一种特殊的社会时间嵌在了更广泛的支配性社会时间中,所以相比空间其变动性更大,意涵也更为丰富。第四,相比空间对人的规训,时间对人的规训更加隐蔽,更难被

---

① [法] 米歇尔·福柯.关于地理问题[M]//权力/知识:访谈精选与其他著述(1972—1977).纽约:万神殿丛书出版公司,1980:63-77.
② [英] 安东尼·吉登斯.社会的构成——结构化理论大纲[M].李康,李猛,译.北京:生活·读书·新知三联书店,1998:225.

察觉。这不仅因为学校教育时间的广泛渗透性,同时也因为人在何时都存于时间中,时间成为人的存在方式。时间的无处不在,使人们浑然不知,感受不到权力通过时间对人的规训,时间成为权力的粉饰。当然,时间与空间是紧密相连,相互依赖的。在一定意义上,时间是不可分割的一个内在空间的连续,空间又是时间化了的空间,空间限制了时间关联内容的选择。人们总是在一定空间里对时间进行组织和规划。在这个意义上,虽然本研究主要是对学校教育时间进行研究,但是因为时空之间这种紧密联系,所以不可避免关联到学校空间的问题。而且当我们使用"学校教育时间"这个概念时已经意味着它与其他非学校空间里的时间不同,已经表达了一种对时间的规划和组织,因为区分即是一种组织,这种空间的区别必然会影响时间的组织。只是本研究为了突显探讨的主题是学校教育时间,所以并没有时刻关照空间对时间的影响,但这并不意味着完全忽略空间对时间的影响。

综上所述,福柯以其独特的方式对规训的研究显然为笔者分析学校教育时间的规训图景提供了一定的理论基础和方法上的启示。学校场域中的权力规训同样不仅通过空间的分隔、分配来实现,时间也是整个训导规范体系中制约和被制约的元素,通过时间实现的规训也是学校控制和轨调式的一部分。因此以学校教育时间为路径来研究学校场域中的权力规训无疑是不可或缺的路径,通过此路径或许可使学校场域中的一些"不可见之物"变得通透可见,隐蔽之处得以显白。

第二节　时间的配置：学校教育
　　　　时间的规训机制

福柯认为，微观权力的分析主要是从细小入微、纷繁而具体的日常生活来入手剖析权力对身体的规训。这种细微的规训经常表现为调度、组合、计谋等策略。因此，若要以时间为路径展开学校场域中权力规训的图景，重点关注的是学校场域中时间的配置。"所谓配置就是权力的各种关系和线编结而成的社会机制。"[①]那么时间在学校场域中的不同表现，其实并不是时间本然的呈现，而是权力操纵的结果，是权力对学校场域中时间的配置。基于此种观点，笔者依据实地观察和经验性的总结，主要从以下几个方面来阐述规训实现的时间策略，也即学校教育时间展现的规训机制。

一、切分—嵌入

作为一个集体生活时空，学校场域对秩序有着迫切的要求，但是秩序并非机械过程的自动产品，它只能通过行动者的各种策略来实现自身。而"人造的秩序有两种类型，第一目标在于周围环境，第二个在于个体。第一规则，秩序使个体生活过程被运作在它的环境中和背景下；第二个是形成了更少的随机性"[②]。因此，为了保证学校有良序的环境，首先必须保证的就是时间的秩序。"时间作为公共的、客观的物理量把我们的生活纳入到一个整齐的秩序之中，成为我们日常生活不得

---

① 渠敬东.缺席与断裂:有关失范的社会学研究[M].上海:上海人民出版社,1999:232.
② [英]齐尔格特·鲍曼.通过社会学去思考[M].高华,吕东,徐庆,等译.北京:社会科学文献出版社,2002:147.

不严格遵守的强硬规范。"[①]那么如何对一个看不见、摸不着的事物实现人为的控制,并整合进人们的日常生活进而保证秩序的实现呢?精确化的钟表时间的出现无疑为人们控制时间提供了工具化的条件。吉登斯说,只有当时间的表达向"钟表时间"过渡的一般趋势出现以后,这种对时间和空间的控制才是可能的,时间才能融入管理权威的过程之中。在阐述学校教育时间的多样化表达时,前文已经清晰表明钟表时间在学校空间中有着广泛的应用。这里钟表时间并不是时间的简单标示,同时也成为行动的指南。在阐述钟表时间的特点时,笔者也明确指出除了"非情境"以及"单向线性"的特点外,钟表时间最明显的特点就是"可分割"。因此,为了秩序的生产,人们首先采取的策略就是借助钟表时间对学校教育时间进行切分。

  在学校空间中,学校教育时间作为一个整体的时间被切分成不同的时间点或时间段。这明显地体现在学校教育的"作息时间表上"。"作息时间表"作为安排学校教育活动的时间序列,突出的两个特点是:第一,时间单位被精确到"分钟",这充分说明了对学校教育时间切分的精度。第二,作息时间表的表达,除了一般以张贴的方式出现在教室前面的墙壁上外,正如第二章的阐述,铃声是学校作息时间最明显的表达。铃声作为学校教育时间切分的提示,传达给活动于校园各处的学生。这样"作息时间表"就把学生一天在校的时间切割并序列化从而形成安排活动的时间表,具体包括了起床时间、早饭时间、早自习时间、上午上课时间、课间休息时间、午饭时间、午休时间、下午上课时间、课间活动时间、放学时间,等等。不过,"作息时间表"对学校时间的切分并不意味着切分已经完成。在这些已经区分好的时间段中,时间还要被进一步进行区分。比如,在笔者调研的学校,在每节课上课之前,都会

---

① 孙利天.死亡意识[M].长春:吉林教育出版社,2001:93.

有两遍的电铃响起。这让初来乍到的笔者莫名其妙。经过询问学生才知道,在正式上课之前,有一遍电铃是准备铃,也就是说学生听到准备铃后,就必须回到教室准备上课。课间休息十分钟,其实已经被进一步分成了"8+2"。另外细分的策略同样存在于学校教育的课堂中。依据在第二章中学校教育时间在学时制度上的表达,无论是杨思中学的"10+35"还是杜郎口的"30+15",再或是传统的教学六环节,时间的切分已经深入课堂的45分钟之中,学校教育时间中唯一比较长时段的课堂时间也被进一步切分。福柯认为,"时间单位分得越细,人们就越容易通过监视和部署其内在因素来划分时间,越能加快一项运作,至少可以根据一种最佳速度来调节运作。由此产生了这种对每个行动的时间控制"。因为切分的过程也就是不断提供边界的过程,而"秩序是通过边界才成为可能的"①。当然,学校教育时间不断地被切分和细化主要是为了学校中的规训对象——学生的身体得到严密的控制和监视。时间切分的单位越小,控制的精度就越高,对学生行动的控制就越严密。

这就涉及另一个方面,即身体的行为动作和任务嵌入时间中的问题,也就是指学校教育时间切分的主要目的是使得学校教育活动获得一种嵌入性秩序。因为使复杂的学校教育活动得以秩序化地运行,不仅需要封闭的空间、规定空间中的等级等策略,还需要以时间作为秩序调整的参照框架,这也就涉及"复杂性的时间化"的问题。

鲁曼认为,"所谓'复杂性的时间化',就是使系统适应时间的不可逆性——实际上也就是环境复杂性的一种简化程度,使之适应系统内各种事件的时间结构。完成复杂性的时间化,需要将系统中各个因素按照某种选择好的特定秩序,在时间的顺序上加以排列。为了完成各

---

① [英]齐格蒙特·鲍曼,蒂姆·梅.社会学之思(第2版)[M].李康,译.北京:社会科学文献出版社,2010:116.

种事物组成因素的时间化,需要有一种进行选择的关系化的能力。这种关系化,就是把各种事物按照不同的秩序加以连接,并为系统内外各种关系化模式的转变提供合理的解释。关于时间化的程序,既可以依据各个系统的组成因素的连接需求,也可以根据各种'事件'的需要。经过了这样的时间化的简化程序,某一系统中的时间系列就有可能有它自己的相对的'时间自律'"[①]。

  具体在学校场域中,也就是说,为了使复杂的学校教育活动得以秩序化,需要把活动按照组成活动的连接需求,嵌入时间的序列中;同时时间的切分也为活动的嵌入分配不同的时间长度。这种切分和嵌入的技术主要是为了控制学生的时间,调节时间和学生精力的关系,保证时间的充分利用,进而使得学校教育活动本身转化为时间的序列,获得秩序的保证。同时,这也意味着学校教育活动接受了时间的制约,被整合进一条连续的线性时间中。这样,学校就从环境即学生的在校时间和个体即学生的活动两个方面满足控制的需求,保证了人为秩序的实现。

  例如,学校中课程表的编排。课程表可以说是学校教育时间与学生活动安排最完美的结合。为了使学生在有限的学校教育时间内获得更多的知识,学校教育活动的安排首先必须考虑学生的接受能力,保证学生能够拥有足够的精力和兴趣来学习;其次,为了使得学生获得全面发展,平衡德、智、体、美、劳等各个方面的成长,学校教育活动的安排还必须尽可能照顾全面;再次,为了使得学校教育资源得到最充分的利用,尽可能节约办学成本,学校教育活动的安排还必须考虑资源配置的最优化。因此,如何通过简明的方式协调复杂的教学活动要求以保证学校教育秩序化是必须解决的问题。课程表恰恰满足了这种要求,这从构成课程表的三个要素可以得到证明。课程表主要有时间序列、活

[①] 高宣扬.鲁曼社会系统理论与现代性[M].北京:中国人民大学出版社,2005:248.

动内容以及课程表呈现方式三个要素。第一,课程表的呈现方式即表格显然满足学校对秩序的要求。福柯认为,"它关系到如何组织复杂事物、获得一种涵盖和控制这种复杂事物的工具的问题,关系到如何给复杂事物一种'秩序'的问题"①。因此,表格的使用提供了安排活动的坐标式组织方式。它较为清晰地呈现了学校教育活动的组织和安排,使学生一目了然地明白课程的具体安排。第二,时间序列。作为一天学校教育活动内容的具体安排,时间序列提供了学校教育活动的先后次序。时间的切分满足了活动的持续和间隔。这部分一般通过学生的作息时间表来表征。第三,活动的内容。学校教育教学活动的内容是嵌入在学校教育的时间序列中的,在不同的时间点和时间段上,嵌入不同但相对固定的活动内容。活动内容的固定无疑使得学生少了自由选择带来的混乱。依次延展,课程表对学生一周的学校教育时间都做了提前的安排和规划。福柯认为,时间表得以快速传播主要有三点原因,即规定节奏、安排活动和调节重复周期。显然从课程表一般安排一周内容的角度讲,它的确具有调节重复周期的功能。另外,嵌入时间片段中的教学活动内容还考虑了学生的兴趣、精力以及学校资源配置等因素。

总之,一个简单的课程表不仅是教育教学活动的简单安排,它是基于复杂的因素而制定的。但是,通过课程表的分析,我们不难发现课程表作为一个时间表最关键的功能是使活动秩序化,而这种秩序的获得主要通过活动嵌入时间序列的方式获得一种嵌入性秩序来实现的。这一方面禁止了学生的游惰,另一方面保证了活动的顺序,消除了各种混乱,使得活动获得了时间上的规定,而这也实现了鲁曼上面所阐述的"时间自律"。因为如果学生在指定的时间没有从事相应的学习活动,

---

① [法]米歇尔·福柯.规训与惩罚:监狱的诞生[M].刘北成,杨远婴,译.北京:生活·读书·新知三联书店,1999:168.

那么接下来的时间段内又会安排其他的内容,整个课程表就像一台机器,它在时间的指挥下有条不紊地运转。

但是,"权力维持着社会及其内部社会组织的基本秩序。权力是一切联合的后盾,并支撑着它的结构"①。因此,作为学校教育时间秩序支撑的框架,权力绝不会置身事外。福柯认为,"连续活动的'序列化',使得权力有可能控制时间,有可能在每一时刻进行具体的控制和有规律地干预(区分、矫正、惩罚、消除),有可能根据每个人在系列中达到的水准区分并进而使用每个人,有可能积累时间和活动,有可能重新发现在最终结果中被整合与被证明有用的时间与活动,从而表明一个人的最终能力。分散的时间被聚积起来,从而能够产生一种收益,并使可能溜走的时间得到控制。权力被明确地直接用于时间。权力保证了对时间的控制和使用"②。因此,时间的切分和学校教育活动嵌入不同的时间片段中实际上实践的是一种权力的技术。一般认为,在学校空间里教师作为权力的实践者,把握着学校教育活动的节奏,决定学生什么时间该在什么地方干什么事情,同时决定学生在什么时间不能干什么事情。时间成为衡量是否违反纪律的标尺。"时间不仅被作为一种秩序来经验,而且被看作一种限制性的条件。正如摩尔所指出的,时间成为'安排行为的方法,固定那些特别适合于环境的行动的方式'。"③ 处于学校教育时间支配下的学生接受一种权威的操纵和训练,使得自然要求和功能被限制,从而保证学校秩序的确立。

这种以"切分—嵌入"的策略保证秩序的方式使得时间在学校教育

---

① 转引自项贤明.教育的场所——一种对教育现象时空特性的尝试性分析[J].北京大学教育评论,2003(4):84-89;原载:Bierstedt R. The Social Order[M]. New York: McGraw-Hill, Inc. 4th edition,1974:361.

② [法]米歇尔·福柯.规训与惩罚:监狱的诞生[M].刘北成,杨远婴,译.北京:生活·读书·新知三联书店,1999:180.

③ [英]约翰·哈萨德.时间社会学[M].朱红文,李捷,译.北京:北京师范大学出版社,2009:84.

活动中获得了特殊的地位。学校教育时间成为学校教育活动的导向，活动反而成为时间安排的对象。学生的日常生活实践可能并且确实被变成了对合理的有序化的和受到控制的时间与空间的"总体化"。① 汤普森在描述农业共同体的时间标志法时指出：在农业社会中，人们的劳动伴随的是"自然的"工作节奏，是按照工作的需要自然展开的，也就是坚持"工作导向"。② 关于"工作导向"，汤普森指出三点。第一，工作导向的劳动比规定时间的劳动更能为人性所理解，这是人类固有的感觉。第二，一个工作导向相同的共同体看来在"工作"和"生活"之间几乎没什么区分。第三，对习惯于按时钟来规定劳动时间的人来说，这种对劳动的态度显得浪费，缺乏紧迫性。那么，依此来审视学校教育时间，学校教育活动显然不是"工作导向"而是以规定时间为导向。学校教育时间"切分——嵌入"策略以精确的方式对时间的切分和对活动嵌入性的安排首先是为了获得秩序的需要，是为了消除学生自然要求和功能带来的混乱。从一定意义上来说，秩序的获得也是以限制人的自由本性为代价的。其次，学校教育时间本身已经是从学生的日常生活中切割出来的时间段，在一定程度上是与日常生活时间分离的，学校教育时间是有组织、有纪律的时间，而不是自然生活时间的展开。再次，学校教育时间"切分——嵌入"策略的目的之一就是使得学生的在校时间得到充分的利用，"这些要求的唯一目的是……使儿童习惯于又快又好地完成一项作业，通过讲求速度来尽可能地消除从一项作业转到另一项作业时造成的时间损失"（Bernard）③。因此，学校空间里的规定时间，即各种时间表是学校教育活动的依据，学校教育活动展开要受到其嵌入的学

---

① ［美］戴维·哈维.后现代的状况——对文化变迁之缘起的探究［M］.阎嘉，译.北京：商务印书馆，2003：270.
② ［英］爱德华·汤普森.共有的习惯［M］.沈汉，王加丰，译.上海：上海人民出版社，2002：387.
③ ［法］米歇尔·福柯.规训与惩罚：监狱的诞生［M］.刘北成，杨远婴，译.北京：生活·读书·新知三联书店，1999：174.

校教育时间不同片段的制约并接受纪律的监控。所有的教育活动都被准确地"填充"在分配给这些活动的时间之内,并且及时结束,学校教育活动本身展开所需要的时间是否能得到充分的满足却经常被忽略,活动的主体——学生的社会和心理状态也不予考虑。这就是笔者在第一章已经阐述的"时钟时间的异化"在学校空间中的表现。也就是说,在学校空间里,时间成了学校教育生活的指挥棒,时间成了最高的价值标准。无论是学校的教育教学活动,还是学生,都因被嵌入和绑缚在不断切分和细化的时间片段下而丧失了自主和自由。这无疑是对学生的一种规训。

二、 同步—排斥

为了秩序的确立,作为一种集体时空的学校场域,需要通过时间上的组织来协调不同个体的行动。"时间是人以行动与互动开拓并连接自身存在维度"①,同时行动和互动也以时间为导向来组织和协调。特别是作为集体时空,面对多样的个体行动和时间需求,为了协调不同个体的复杂活动,进而保证学校教育的秩序和效率,更需要在时间的安排上达成共识以协调行动。本研究在第一章阐述社会时间的社会性时已经指出,社会时间从起源的意义上来说,是作为第三方媒介为了满足在更大的范围内协调群体活动而产生的。因此,在这个意义上,学校教育时间显然是组织和协调学校集体活动的关键因素。

文化人类学家列维·斯特劳斯,在他的《忧郁的热带》一书中指出,无论在何时,只要存在着应付他者不同性的必要,人类历史中就通常运用两种策略:一种是人的禁绝策略,另一种是人的吞噬策略。第一种策

---

① 郑作彧.时间结构的改变与当代时间政治的问题:一个时间社会学的分析[J].台湾社会学刊,2010(6):226.

略,是将那些不被群体规范认可的、与集体格格不入的人清除出去,禁止与他们进行社会交往和所有其他社会活动。这种策略的现代化表现形式是空间上的隔离或者有选择性的使用或者禁止使用某一空间,比如城市中的贫民区。第二种策略,是对异己成分的容纳、吸收和吞没,使得他们不再与集体有所不同,与集体保持一致,比如一些同化的措施。第一种策略的目标是要他者加以放逐或者消灭,第二种策略的目标却是要终结或消灭他们的差异。① 列维·斯特劳斯的二分策略具体在学校场域中,也就是指学校教育时间以同步—排斥的策略来协调、满足多样个体的要求。

社会时间的研究提示我们社会时间广泛地渗透于社会生活的各个方面,在社会生活的各个层面上发挥着不同的作用。在本研究第一章阐述社会时间的脉络中,我们已经指出针对社会时间的广泛渗透性,不但古尔维奇为构建一种社会时间的类型学做出了努力,同样刘易斯和大卫·韦加特也从个体的、群体的以及文化的层次出发形成了关于社会时间的分类。他们把个体体验到的时间称为"自我时间";而在群体层面,适应于非正式互动的称为"互动时间";适应于机构和其他正式组织的则称为"制度时间";更高的社会文化层面上的时间则被称为"文化时间",例如前文阐述的工业化社会时间。同时,他们认为时间的这几种分层并不是毫无关联的,"自我时间"以及"互动时间"是嵌入在"制度时间"之中的,而它们同时又都嵌入在"文化时间"之中。更为关键的是具体在一个社会组织中,组织都是在一定的范围内建构他们自己的时间表和有关时间的规则,"制度时间"对其中每个个体的时间和行动提出了同步化的要求,同步化成为控制个体时间进而组织个体行动的核心形式。"同步化的概念是指把不同的时间表协调在一起的过程,这

---

① [英]齐格蒙特·鲍曼.流动的现代性[M].欧阳景根,译.上海:上海三联书店,2002:157.

样,高度复杂和相互交织在一起的社会行动的次序,就会按照在这个过程中所有相关的社会时间有计划地展开。"①因此,"同步化和'时间建构'是所有集体秩序的根本"②。

那么,依据上述以刘易斯和大卫·韦加特的理论来看学校教育时间的具体构成,笔者发现,其实作为集体时空中的每个学生同样都有自己关于时间的体验和认知以及不同的时间需求。因为每个人的认知能力、学习速度等都各不相同,所以他们的"自我时间"都具有一定的独特性。同时,处于同一空间的学生,他们也都在与周围的教师和学生发生着这样或那样的生生互动、师生互动,也就是说存在着各种形式的"互动时间"。学校教育时间作为社会时间则嵌入在更高层次上的文化时间即工业化社会时间之中,这在前文已有论述。但是依据刘易斯和大卫·韦加特的理论,需要特别指出的是学校教育时间作为特殊的社会时间,作为社会组织而存在的"制度时间"对时间的组织和安排有着特殊的要求,且对学校场域中的"自我时间"以及"互动时间"有着根本性的制约。这种制约不仅体现在时间不同层次的"嵌入"方面,更重要的是"同步"。"同步"是使得学校作为社会组织获得秩序的可能。"现代社会中的正式组织是同步化的奇迹。"③也就是说,学校场域中的"自我时间"以及"互动时间"要接受"制度时间"的同步要求的制约,"制度时间"在更高层次上控制着学校教育中学生的时间。同步策略也就是列维·斯特劳斯所说的吞噬策略,即时间具有整体的功能,它能促进群体成员组成一个休戚相关的整体,从而使社会时间系统发挥控制的作用,即通过大家共同的日历和日程,告诉大家什么时间可以做什么。

这里以"班级授课制"为例来分析学校教育时间对同步化的要求。

---

① [英]约翰·哈萨德.时间社会学[M].朱红文,李捷,译.北京:北京师范大学出版社,2009:86.
② [英]芭芭拉·亚当.时间与社会理论[M].金梦兰,译.北京:北京师范大学出版社,2009:130.
③ [英]约翰·哈萨德.时间社会学[M].朱红文,李捷,译.北京:北京师范大学出版社,2009:84.

"班级授课制"的诞生主要满足了人们对效率的追求。也就是在限定的时间和空间内向一定数量的学生尽可能多地传授知识,并使他们的能力从中得到发展。班级授课制之所以能够完成同时教多数学生,主要基于以下几个因素:第一,空间的固定。班级授课制要求以班级为单位来组织教学,而班级除了有固定的学生外,一般还要求学生聚集在固定的教室,教室是班级授课发生的场所。第二,时间的同步。为了完成教学活动,教室和学生到达指定的地点还不够,他们还必须保持时间上的一致。第三,教学内容和进度相同。班级授课制不仅要求学生在固定的时间到达固定的地点,同时这种同步化的要求还推演到教学内容和进度上面,即要求在同一时间和地点对所有的学生从事同样的教学活动。第四,对学生的成长预期一致。也就是期待通过教学活动学生能够在同样的时间达到同样的水平。总之,班级授课制追求的是集体活动的整齐划一,班级的每个成员加入一个班级,就成为整个班级集体的一个部件,所有的活动都要按集体的节奏按部就班地进行。

在班级授课制追求集体活动统一的过程中,教学活动在时间上的同步显得格外重要。例如,如果一节课安排在上午九点开始,而学生们都在九点十分到达,那他们就都迟到了。这就意味着不仅要求学生的学习活动同步,而且这种同步自身也必须嵌在已经规定好的作息时间表中。因此可以说"守时是同步化集体行动的一种形式"[①]。这里的守时不是遵守个体的时间表,也不是遵守钟表时间,而是遵守学校规定的制度化的作息时间表。"制度时间"在学校中经常表现为各种时间制度。遵守规定好的时间是保持集体活动同步化的重要方式,不迟到、不早退等遵守作息时间制度的规定因而被列在学生的日常行为规则中。迟到不仅仅意味着对时间的浪费,更重要的意义在于迟到

---

① [英]芭芭拉·亚当.时间与社会理论[M].金梦兰,译.北京:北京师范大学出版社,2009:130.

本身是对学校同步化要求的破坏。某教导主任 F 对迟到的学生这样说:"你迟到浪费你自己的时间没关系,关键是你在大家都上课的时候进教室,影响了其他同学的注意力,浪费其他同学的时间,影响了老师的正常上课。"[①]换句话说,因为班级授课是在一个相对封闭的集体时空中发生的,学生之间以及学生和老师之间在这个区域化的场所中相互影响,彼此依赖。每一个学生的行为都有可能导致课堂时间的浪费和教学秩序的混乱,所以班级授课对同步化的水平要求就像一条生产线,每一环节都是集体在行动。"行动者的相互依赖越强,时间同步的必要性越大。"[②]这也正是课堂教学时间不断细化的原因之一。时间切分的细化可以保证集体活动不断依此做出衡量,及时地做出调整,进而保证同步化的进程。可以说时间上的同步是班级授课制要求其他同步的关键,因为只有时间上保持一致,才能保证嵌入其中的活动能够一致。

这种同步也就意味着班级中的每位学生都毫无例外地要跟随已经规定好的节奏,所有的个体活动都与集体保持一致,甚至不存在完全意义上的个体活动。"使人们的生活同步化,这是一种公共的成就,它把从被嵌入的时间中形成起来的个人存在的那种联系不了的个体性,与由分层化了的社会时间所构成的社会秩序的不可规约的集体性结合起来"[③],也就是说在班级授课的形式中个体的活动在一定程度上受到了抑制,而班级的集体性发挥着同步化规约的作用。这也就涉及学校教育时间管理的另外一个策略——排斥,即列维·斯特劳斯所说的禁绝策略。

在学校教育活动中,时间上的排斥最明显的表现就是学校教育时

---

① 资料来源:笔者在调研学校 A 观察资料,2011-7-17.
② [英] 约翰·哈萨德.时间社会学[M].朱红文,李捷,译.北京:北京师范大学出版社,2009:87.
③ [英] 约翰·哈萨德.时间社会学[M].朱红文,李捷,译.北京:北京师范大学出版社,2009:84.

间的构成。在社会学意义上的学校教育时间构成主要是指不同类型的人际互动在整个学校教育时间中所占的比重。高尔顿在以"互动者"为线索考察课堂活动的时间构成时,将教师与学生的课堂时间从有无互动两个角度进行了区分,并将教师与学生的互动细分为"与学生个体互动""与学生小组互动"及"全班互动"三种,将学生的互动细分为"与教师互动"和"与其他学生互动"。① 其实高尔顿的分类可以进一步扩展到整个学校教育时间构成中,在整个学校教育时间安排上,我们发现"制度时间"的设计使得学生作为群体与教师的互动在整个学校教育时间的比重上占据了大部分,从而排斥了学生与学生之间、教师与个别学生之间的互动。这主要表现在两个方面:第一,在学校教育时间的构成上,课堂教学时间占据了很大的比重。通过对作息时间表安排的时间统计,我们可以发现学生在8小时的在校时间中,课堂教学时间已经超过了6个小时,而休息的时间不到2个小时。第二,在课堂教学时间中,教师与全班学生的单向交流更是占据了绝大部分时间。古得莱得的研究组经观察得到如下结论:"在一般情况下,大约75%的课时花在教学上。其中,教师对学生的'讲话'就占去了70%的时间。教师说话的时间大大超过了学生,其比例大约是3∶1……而教师说话的主要形式是述说式的教导。在教学时,教师启发学生回答的时间还不到5%,需要学生们经过自己思考再发表见解的时间连1%都不到。"②在被问到为什么在课堂教学中没有给学生更多的思考和交流时间时,其中一位教师的解释可能比较具有代表性。③

---

① 伍宁. 课堂教学时空构成的社会学分析[J]. 教育研究与实验,1996(2):63-68.
② [美]约翰·I. 古得莱得. 一个称作学校的地方[M]. 苏智欣,胡玲,陈建华,译. 上海:华东师范大学出版社,2006:序言4.
③ 资料来源:笔者根据对调研学校A教师W的访谈资料整理,2011-7-15.

笔者：为什么刚才在课上没有给学生一定的思考和小组讨论的时间？我观察当时学生的兴趣还是蛮高的。

教师W：这个我也注意到了。但是我之所以没有给学生时间，是因为我考虑这节课的内容即便给学生时间讨论，最后也是不了了之，学生根本讨论不出什么。讨论有什么用？白白浪费时间。而且可能因此我就讲不完这节课的内容，再补课就麻烦了。况且，一旦让学生讨论，课堂就混乱了，学生吵吵闹闹，影响不好。再说，一旦让学生开了口，等你要讲的时候学生也安静不下来，还得维持课堂秩序。所以，我一般不愿意让学生讨论。当然，我也知道讨论对学生有好处。

教师W的解释可以表明，学校秩序的要求以及"制度时间"的限制成为课堂教学中教师控制绝大部分时间的重要因素之一。秩序从根本上说就是为了消除混乱，消除混乱的方法之一就是采用统一的时间即"制度时间"。"制度时间"的使用必然会排斥"自我时间"和"互动时间"。即便是教师与个别学生的互动，也必须遵从"制度时间"的限制。所以，我们经常可见，教师们对个别学生的教育和指导几乎都安排在课间时间。因为那是学生仅有的自由时间，也是师生之间可能发生互动的时间。一旦进入"制度时间"，"互动时间"就不得不停止。"制度时间"优先于"自我时间"和"互动时间"。那么在这个意义上，学校中的"作息时间表"就"不仅仅描述事件或活动是如何固定在彼此之间的关系之中的，它还是其中的协调媒介"[①]。作息时间表组织了学生个体的时间，使其内部成员的活动协调一致，排除了因为"自我时间"个性多样

---

① ［英］安东尼·吉登斯.社会理论与现代社会学[M].文军,赵勇,译.北京:社会科学文献出版社,2003:175.

带给组织的混乱。由此可见,在日常的学校教育生活时间中,已经固化的"制度时间"占据了学校教育时间的绝大部分,而学生的"自我时间""互动时间"却因为"制度时间"的权威而遭到了排斥。

但是若要保证学校教育中的所有学生活动都能按照时间表规定的节奏同步运行,完全禁绝个体时间的自由散漫,那就必须保证学校中的"制度时间"得到刚性执行,这样嵌入时间之中的学生活动才能依照设计按部就班地运行。这仅仅依靠"制度时间"自身是无法完成的。"制度时间"之所以成为学生行动的指南,纪律是不可缺少的保障。纪律提供了保证时间刚性执行的准则,造成了一种必须整齐划一的压力,并对纪律的破坏者进行惩罚。福柯说,"在规训机构中无所不在、无时不在的无休止惩戒具有比较、区分、排列、同化、排斥的功能。总之,它具有规范功能"①。也就是说,学校教育时间的"同步—排斥"策略必须与纪律相互配合来保证学生的活动保持同步并同时禁绝个体时间表的执行。"制度时间"既提供了行动的规范,同时也成了纪律执行的载体。

在笔者调研的学校,停课是教师众多惩罚方式中的"撒手锏"。当教师对某位学生经过三番五次的动之以情、晓之以理的说服教育仍然不见效果时,就会拿出最后的"撒手锏"——"你明天可以不用来上课了!""帮我向你父母说一声,你明天不要来了!""我给你停课三天去反省,想明白了再找我!"停课,也就是从学校的"制度时间"中剥离出去,从学校同步化的生活中转移出去。"时间是惩罚的操作者",本来从"制度时间"的同步化中剥离是逃脱学校教育规训的一种策略,但是在这里却成了惩罚的艺术。这主要因为学校教育时间的同步化的压力。因为学校教育活动作为集体活动,并不会因为某个学生的缺席而停止。这

---

① [法]米歇尔·福柯.规训与惩罚:监狱的诞生[M].刘北成,杨远婴,译.北京:生活·读书·新知三联书店,1999:206.

样，当个体的时间安排符合群体的节奏时，也就符合了学校的规范化的要求。当把个体从群体的节奏中剥离时，也就意味着他在集体的活动中缺席，而且没有弥补的机会，就会导致个体的恐慌。这也从另一个角度说明了学校教育同步带给学生的规训。如此看来，学生在校的大部分时间，不是学生自主的时间，因为"同步—排斥"的策略使得学生几乎没有自由控制的时间；不是学生群体的时间，因为"同步—排斥"的策略使得学生缺乏深入的沟通而成为"孤独的个体"；更不是生活的时间，因为"同步—排斥"策略的刚性执行使得学校的"制度时间"对学校教育生活的结构化要求较之日常生活的时间结构更为严格。

三、延展—内化

前文在解释学校教育时间的定义时已经多次强调了学校教育时间的划定不仅体现在各种时间表上，更重要的是时间的空间化表达，学校教育时间也是指在学校空间里的教育时间。学校空间是划定学校教育时间的界限，甚至可以说学校的围墙之内的学生活动时间才是学校教育时间，而一旦学生踏出校门就不能称为学校教育时间。但我们却不能据此认为，他们在校外的时间安排就不受学校"制度时间"的束缚和影响。在学生的日常生活中，学校教育的"制度时间"占据整个生活的大部分，学生的所有活动都是围绕着学校教育的时间表来安排的。不管在直接还是在间接的层面上，学生都无法摆脱学校教育时间的建构和组织。换个角度思考，这也就意味着学校教育时间的阈限已经溢出学校空间的界限，延展到学生的学校生活之外。"制度时间"的延展也就成为学校教育时间控制学生的又一策略。

这种延展最明显地体现在教师和家长对学生校外时间的组织和安排上。虽然教师无法直接严格控制学生的校外时间，但是他们为了巩固学校教育的成果，教师主要通过布置"家庭作业"的方式延续学生学习活动,进而控制学生的课外时间。

初三学生的一日生活[①]

学生王飞:每天晚上,我9点半回到家,匆忙地吃点饭,便按科任老师们给我们设定的"冲刺方案",继续投入"战斗"。多想赶快躺到床上睡觉啊,但我知道自己必须得挺住,因为如果考不上一所好高中,我就对不住周围所有人。

学生李荧荧:爸爸晚上10点准时睡觉,我仍然在卧室的书桌上解答数学题。11点爸爸催促我关灯休息。但是,我还得做完这一天所有该做的作业才行。12点时,感觉眼睛实在有点睁不开了,我就趴在桌子上闭目养神。爸爸见我房间的灯仍然亮着,以为我睡着了忘了关灯。

于是,他轻轻地推开房门,并没有惊动我,只是顺手给我披了一条薄被,然后关了灯,蹑手蹑脚地朝门外走去。我突然惊醒过来。看到爸爸踮着脚尖、轻轻合上房门时,一种说不出来的感觉顿时涌上心头。

因为我知道每天夜里,爸爸都在守望着我房间里的台灯。凌晨1点,温习完白天所有的课堂笔记准备上床睡觉时,我把脑袋探到房门外,听到爸爸的鼾声和妈妈轻微的呼吸声。

从上例可见,教师并没有要求学生在家如同在学校一样,严格遵守"制度时间"的要求,但是教师们布置的大量作业却使学生的在家时间变成了另外一个"学校教育时间"。因为虽然没有课程表安排哪一个时段该学习什么内容,但是毫无疑问各科教师都不约而同、心照不宣地争

---

① 心言.一个初三学生的一天——中考倒计时怎么过[N].中国教育报,2008-5-16.

夺学生的家庭时间；虽然没有教师的监督指导，但是家长们早已与教师们达成了"共谋"，自然会充当监督者的角色；虽然没有严格的学校纪律规范，但是家长们制定的三个不准（不准看电视、不准上网、不准看小说）等早已通过或耳提面命的，或语重心长的方式告知学生。看似自由的在家时间，实际上学生几乎没有自主的时间。学生的家庭时间本应该是学生自由活动、参与社会、开阔视野的时间，却因为被迫完成教师布置的各项任务而不得不重新安排，所有其他的活动都要在完成教师布置的任务之后才能进行。教师通过布置任务的方式实现了对学生家庭时间的控制，或者说通过控制学生活动内容的方式来实现了对家庭时间的重新安排。这种安排的实质无非是学校"制度时间"的延展，只是比学校的"制度时间"更为灵活和具有更大的弹性空间。

当然，学校教育时间的延展不仅表现在学生家庭时间的重置方面，更体现在"学校"空间的再造方面。前面已经提到学校教育时间与空间是密切联系的、不能剥离的，甚至时间需要依靠空间来表达。因此，这里的空间再造，主要是指创设一种新的发生了教育活动的空间，那么自然也就诞生了一种教育时间。具体来说，本来按照学校计划，课余时间和假期时间意味着学生脱离了制度化学校的规制，但是学生们并没有因此而获得属于自己的时间，他们又被迫走进了另外的"学校"——接受各种社会培训机构的教育。学生的假期时间和家庭时间也因此被创设成为新的学校教育时间。这种"学校"时间对学生时间的控制更为严格，显然成为学校"制度时间"的升级版。事实上，为了减轻学生的课业负担，政府部门已经严格规定了学生的在校集中学习时间，并对"在校集中学习时间"做出了解释（"小学、初中和高中学生每天在校集中学习时间分别不得超过 6 小时、7 小时和 8 小时。""在校集中学习时间"是指上午、下午学校统一组织的教育教学时间）。但是事与愿违，在校集中学习时间的减少并没有减轻学生的负担，也没有给学生更多的自由自主时间。学生反而被家长送进了各种培训班,双休日和寒暑假被安排得满满当当。据调查,70%以上的学生都参加了培训班。这样,学生的在校时间实际上并没有减少,反而由 8 小时延续到 10 小时,从 5 天延续到 6 天甚至 7 天,从上学时间延伸到所谓的假期时间,从一个学校空间延续到另外一个"学校"空间。

学校的"制度时间"以其强大的组织方式将自己的触角超出学校空间的限制,几乎延伸到学生生活的全部场域。只要具有"学生"这个身份,那么他的活动就无法逃避学校"制度时间"的掌控。学校的教育时间已然成为安排学生生活全部时间的核心。不可忽视的是学校教育时间的延展是与学校教育同步的要求以及学校纪律的规范分不开的。因为同步的压力迫使个体只能牺牲更多的家庭时间来跟随整体的节奏,完成在规定时间内的各项活动的同步。纪律显然是时间延展背后的又一支撑性力量,纪律的运用强化了同步的压力和对时间规范的执行,更重要的是"纪律权力得以通过时间的耐心使个体从权宜的服从转变为自我的约束,这种内在化确保了对肉体的最高效能的征服"[①]。因此,如果说"延展"的策略主要从广度上实现了时间对学生的控制,那么"内化"的策略则从时间的深度上来展现时间控制的强度。

这种"内化"的策略最明显地体现在学生自觉遵守制度时间的"习惯"上。埃里亚斯早在其著作《论时间》中强调,社会时间的表现形式,是人们将作为他者制衡的时间内化之后,再透过行动表现出来的惯习。[②] 其实"惯习"的形成也就意味着学校教育时间对个体的规训已经由外在强制内化为自我控制。所谓"个人的自我控制,主要是指与外部

[①] 郑震.空间:一个社会学的概念[J].社会学研究,2010(5):167-191.
[②] 郑作彧.时间即生活:Nobert Elias 的时间社会学简介[N].台湾:文化研究月报(第88期),2009-1-25.

强制无关的、主动自发的自我控制——今天人们往往用'转向内心'和'内部化'来形容这种自我控制——会发展得特别快"[①]。也就是说,学生已经将学校外在强制的时间制度内化为自己的行为准则,形成了自己生活的习惯。习惯的产生,对于学校教育维持一种稳定的秩序来说是具有积极意义的。

当然时间制度的内化过程也不是一蹴而就的,需要在时间中不断地强化。"因为如果没有时间的耐心和积累,监视就无法进行并将规范化转化为肉体的建构,从而使一种强加的主体性转化为一种个体的自我认同。"[②]因此,在阐述学校教育时间的多样化表达中,笔者重点强调了学校教育活动对认识时间的教育以及从多种途径对时间观念的灌输,也就是时间制度内化的方式。这里可以简单地概括为三个方面。第一,不断提高学生对时间以及学校时间制度的认识。对于刚入学的小学生,首先需要让他们认识时间。认识是行动的前提,只有认识时间制度的制约,才能在学生的观念中建构起时间的观念。所以学校教育首先要让学生认识到遵守学校教育时间规范的必要性。对即将中考和高考的学生来说,则通过持续的训导让学生认识到时间的意义,特别是时间与学习成绩之间的关系。第二,不断强化时间制度对学生的要求。在学生的整个学习过程中,学校教育会不断地通过或清晰或隐匿的方式强化学校时间制度的要求。比如,各种评奖时对学生出勤的考核等,将学生是否遵守学校时间制度同学生的道德品质的考核联系在一起。当然在这个过程中,教师和家长的监督以及学校有关时间的规章制度、纪律条例也始终伴随在整个学习过程中,避免学生出现在时间制度上的"失范"。第三,几乎不变的时间制度安排。通过研究可以发现学校

---

① [德]诺贝特·埃利亚斯.文明的进程:文明的社会起源和心理起源的研究[M].王佩莉,袁志英,译.上海:上海译文出版社,2009:序言 35.
② 郑震.空间:一个社会学的概念[J].社会学研究,2010(5):167-191.

的"制度时间"安排在各个阶段的学校教育中,除了在校时间的长短不一样外,几乎没有大的差别。特别是在学校每日的时间安排、每周的时间结构上,甚至不同学期时间的组织上,例行化的重复是其明显的特点。从某种意义上,重复也就是一种强化。学校教育时间组织结构的不断重复和保持稳定的一致也是学校"制度时间"能够内化为学生自觉控制的前提和方式。

福柯认为,规训既不纯粹是强迫的也不是屈尊的。它既意味着权力的技术,也意味着自身的技术。"在这种渗透性的控制中,个体既是受规训的,又是主动迎合的,既是被算度的,又是算度的,既是被谋划的,又是共谋的,个体共同筹划了生产过程。"[①]如此看来,学校教育"制度时间"对学生不仅通过使个体屈服于一种特别的时间框架来规训他们。它们的力量也把个人征服作为一种自我规训的认同,从而引发一种"产生自我约束的主观性"的征服形式,也即学校通过"内化"的策略实现了学校教育时间对个体的征服,对自身的身体以及思想做出经常的检查、评核和计量,不断衍生出一种会对自我进行检查的主体。这种主体形式,正是现代社会权力关系的基石。

从上述对学校教育时间规训策略的解释可以发现,学校教育时间的组织和安排展现的是一个多角度、多层面、全方位的规训策略,它从社会时间的特性出发,依据学校教育时间作为集体时间的特点,满足学校对秩序化生活的追求,在细节上实现了对学生日常生活在时间上的规制。"格林尼和斯瑞福特认为时间规制是一个多维性概念,它有三个维度:标准化、规律性和协调性。标准化是指人们的时—空路径在何种程度上被规定为相互之间保持同一。规律性是指人们的时—空路径在何种程度上包含着重复的例行程序。协调性是指人们的时—空路径在

---

① 金生鈜.规训与教化[M].北京:教育科学出版社,2004:25.

何种程度上被规定为可以顺利地彼此连接。"①在此意义下,显然学校教育时间的组织和安排融合了时间规制的这几个维度。本部分提出的"同步—排斥"策略实现了时间标准化的要求,满足了学校教育时间规制的同步、同一的要求;而"延展—内化"的策略则满足了时间规制对重复性的要求;"切分—嵌入"的策略完成了学校教育时间规制对序列性的需要;三种不同的策略也从不同的角度展现了时间对学生的规制。当然,本研究并没有刻意从标准化、规律性和协调性三个方面来展开分析,这只是基于学校教育时间的事实性存在进行的概括性阐发。本部分着重通过微观的时间组织和安排的技术来展现学校教育时间对学生的规训。

第三节　身体的时间化：学校教育时间的规训结果

福柯认为,人体是权力的对象和目标。因此学校教育时间无论展现怎样的规训策略都要落实在学生的身体上。但"以时间和身体的牵连而言,它们的融合面向无疑是复杂而多元的"②。因此,需要进一步明确宣示这里意在关注的是学校教育时间约束和管控下的学生身体,分析学校教育时间的规训策略如何"塑造"了学生的身体,而这无疑是对学校教育时间规训图景的确证。

在学校教育时间这种密集、严格的时间制度下,嵌入时间制度中的学生活动以及学生身体发生这样或那样的变化似乎是一个难以逃脱的

---

① ［英］理查德·惠普,芭芭拉·亚当,艾达·萨伯里斯.建构时间:现代组织中的时间与管理[M].冯周卓,译.北京:北京师范大学出版社,2009:175.
② 黄金麟.历史、身体、国家——近代中国的身体形成(1895—1937)[M].北京:新星出版社,2006:146.

现实。在学校教育追求秩序化的过程中,时间不仅发挥了工具性的作用,同时也把这种功能性的辅佐指向了学校教育中学生的身体。"权力造就了一种肉体—武器、肉体—工具、肉体—机器复合。"①特别是在工业化社会的大背景下,时间的地位得到了前所未有的提高,在一定的意义上,成了支配人的活动的基本图式。这时"社会纪律表现为时间纪律,全部社会秩序通过一种特定的方式来调节时间的使用、集体和个体活动在时间中的分配以及完成这些活动的适当节奏,从而把自己强加于最深层的身体倾向"②。也就是说,时间的制度或者纪律已经成为人们身体活动的指南,调节着集体或者个体的活动节奏。我们对严格的时间制度和纪律的屈从成为一种异化,这种异化形式正是从那些并不由时钟支配的社会事件的一般过程中产生出来的。那么依此而论,学校教育时间规训策略中的学生身体的特征可以概括为"身体的时间化"③。

所谓"身体的时间化",并非是指哲学意义上的身体存在于时间中,而是指时间,特别是社会时间成为描述身体表现的标准,甚至成为建构身体的一个不可分割的部分。因为在一个时间驱动的社会中,身体的表现并不总是被给予适应周围环境的时间跨度,反而被强加了时间的单位。在这种情况下,声称身体是时间的产物,受到时间的约束和管控,并不是一个过度的宣示。具体在学校教育时间的规训下,可以从以下三个方面展开论述这种"身体的时间化"。

一、身体的片段化

上文的研究表明,在学校空间中,时间可以借助钟表时间来加以计

---

① [法]皮埃尔·米歇尔·福柯.规训与惩罚:监狱的诞生[M].刘北成,杨远婴,译.北京:生活·读书·新知三联书店,1999:173.
② [法]皮埃尔·布迪厄.实践感[M].蒋梓骅,译.南京:译林出版社,2003:116-117.
③ 黄金麟.历史、身体、国家——近代中国的身体形成(1895—1937)[M].北京:新星出版社,2006:165.

算,并依据学校教育活动追求秩序的需要被切割为不同的时间段,使整个学校教育时间呈现出碎片化的状态。学校通过时间的片段化,绵密而有序地将身体置入时间的线性过程中来监视和形塑。它以一种制度化的步调浸透在学生的生活世界中,成为规划日常生活的主要形式且成为管理学生身体的手段。

福柯在《规训与惩罚:监狱的诞生》一书中,从空间视角对权力支配的场景关系做出解释,我们来观看学校教育时间的片段化切割对身体的控制。福柯认为,人的身体并非要以不可分割的整体来对待,人们借由某种特殊的操练方式,可以产生一种特殊的模式来将身体分开并进行零碎处理。也就是说,人的身体可以通过"化整为零"的方式来实现权力的控制。那么在学校教育时间可以通过日、时、分等单位来加以计算和切割的情况下,依着时间而活动的身体自然也成为计算和切分的对象。学校教育时间的切割,是为了建立一个不同的封闭单元,使得"每一个人都有自己的位置,而每一个位置都有一个人"[1]。这种时间的划分,将学生的身体从在校时间与假期时间区分开来,并依据学校教育模式来塑造学生的身体。它还将学生身体从上课时间与休息时间区分开来,并对上课期间的学生的身体提出一系列要求,例如坐姿端正、目视黑板、两手放好等等。更为关键的是学校教育时间的片段化切割这一模式为身体成为计算和开发的对象提供了普遍的形式,即个人的智力、意志、道德、感情、言语、社交等能力可以在不同的时间片段中得到有序的开发。

虽然学校教育时间这种片段化的形塑也是基于学生的精力和身体特点等因素出发,但是为了保证秩序和效率,作为一种集体化教学时

---

[1] [法]米歇尔·福柯.规训与惩罚:监狱的诞生[M].刘北成,杨远婴,译.北京:生活·读书·新知三联书店,1999:162.

空,以封闭、断裂、标准化为特征的时间制度强烈限制学生们的行动空间,忽略了学生个人的喜好,"在学校常常发生这样的事情:学习活动还没有完成却要结束,问题常被铃声打断。教师在他们的学习兴趣产生之前教学活动已经开始,兴趣结束之前活动已经结束"[①];另外,现代学校时间明确树立了"学期/假期""上课/下课"等时段区别,这些区别所传达的信息就是告知学生生活世界可以分为两个领域,一个是属于要受学校和老师的权力束缚的领域,一个是属于自由支配的领域。这也就意味着学生的身体在不同的时间段应该有不同的表现,似乎人的身体是可以被分为不同部分的,其中的某个部分可以留在课堂的门外,在课间休息时间时,人的几个部分又回归到一起。但不可忽视的是学生的生活是连续的,学生的生命是完整的,学生的思维是关联的,学生的兴趣是持续的,学校教育时间的片段化切割却是机械的、强制的。事实上,并不是所有的学生活动都可以任意切割成45分钟,这种片段化的切割导致了教育活动内容的断裂,进而使得学生发展培养的片段化。典型的例子就是学生思想品德的提高只有在学校教育的思想品德课期间,在其他课程时间,在校外时间人们就不再关注学生的品德发展和培养。也就是说,这种强制性的时间切割与学生原有的身体时间以及教育活动自然展开对时间的要求可能是冲突和矛盾的。学生身体的停顿、运行并不是学生身体在时间中的自然舒展和休息,而是必须任由片段化的学校"制度时间"的切割,由此学生身体成为一个可凝视、分类甚至自我检测的对象。

　　因为学校教育时间是学校教育活动的主要组织形式,所以学生的身体受到时间无尽绵延地拘束。学校教育时间在呈现出片段化的形态时,也必然影响学生的身体在这种时间中的呈现。身体的呈现方式进

---

① 闫旭蕾.教育中的"肉"与"灵"——身体社会学研究[M].南京:南京师范大学出版社,2007:127.

而会影响到学生自我的呈现,影响学生的自我认知和发展。在这个意义上讲,学校教育时间的碎片化必然导致了学生身体的片段化。

二、 身体的冷漠化

为了满足学校教育作为集体时空追求秩序和效率的需要,学校教育时间提出了同步化的要求。但是"教育通过时间表想排除的正是那种一惊一乍,因为只有匀质的时间才能保证教育的连续性,而任何借助回忆获得的震惊体验所导致的断裂都是这种'时间表教育'所不允许的"[①]。也就是说,依循固定时间表的同步化要求从根本上保证了学校教育的效率,但是却排斥了学生的个体时间需要,个体的"自我时间"在学校环境受到了抑制;同时这种同步化还对学校中的种种"互动时间"提出了制约,特别是对小范围的互动提出了严格的限制。这种个体"自我时间"的缺失、"互动时间"的不足以及同步化对个体的压力都旨在把学生培养成恭顺的主体,但是这也使其丧失了学生应有的激情和丰富的情感以及对社会性交往的渴望,逐步使得学生的身体变得冷漠。

特别是在集体的课堂教学中,学校教育时间的同步化要求进一步抑制了行动、小组活动,甚至学生的快乐、愤怒、激情和其他情感都难以公开表露。因为在课堂教学中,学生是众多的,任何有所偏差的行为,例如难以控制的大笑、大声说话、过度的恐惧等都会破坏整体课堂生态的平衡。所以控制课堂时间,采取那种把学生压在消极、被控制地位的措施是保证教学所必需的条件。古得莱得总结道:"我们所观察的教室大致是这种模式,教师用解释或讲课的方式给全班或个别学生上课,偶尔问一下有标准答案的问题。当教师不在讲课时,便是在观察或监督学生在他们各自的书桌前做习题;学生在听或看上去在听老师讲课,偶

[①] 杨一鸣.教育与时间[D].南京:南京师范大学出版社,2003:49.

尔回答教师的问题；学生在各自的书桌前读书或写字。这一切都发生在没有什么情感的环境里，即没有人与人之间的热情交流，也没有敌意的表示。"①因此，"我们的印象是，一般来说，课堂既不是一个很积极也不是一个很消极的场所。这里，热情、欢乐和愤怒都受到了抑制"②。

　　另外，学校"制度时间"对学校时间的绝对控制以及"多对多"的教学形态所塑造或提倡的是一种非个人的师生、生生关系。时间的片段化和同步化所陶养、强化的，正是让非个人的人际关系成为可能的"公领域/私领域"之辩。这种时间要求使得师生之间的关系变得短暂，更加支离破碎，在学校中没有哪位教师可以很好地、深入地结识许多学生，而许多学生也很可能得不到任何一位教师的深入了解，与任何一位教师结下师生情谊。同样，学生之间的互动也因为"制度时间"的强制而减少，使得学生成为独立的个体。学校教育时间对个体"自我时间"的压制，使得学生丧失了释放活力的空间。学校教育时间对"互动时间"的排斥、占据，使得学生丧失了与同伴交流的可能，影响了学生社会性的发展。因此，学生在学校教育时间的规训下日趋平淡，变得冷漠。学生只能在时间中"熬"着、"等"着。这让笔者想到了"熬鹰"的故事。古代猎人没有枪械等现代的狩猎工具，所以经常用猎狗或驯化的猎鹰捕获猎物。猎鹰的关键，是对鹰的调养、驯化，因为鹰习性凶猛。驯鹰开始，首先要给鹰"减肥"，不但不给进食，还要给它洗胃。洗完胃再用热水给鹰洗澡，让它出汗。晚上再把鹰放在专门驯鹰的粗绳子上，鹰站不稳，而且还有人在下面不断地用棍子敲打绳子，绳子不断晃动，这样鹰就无法睡觉了，一连几天，鹰的野性被消磨，这叫"熬鹰"。再看看我

---

　　① ［美］约翰·I.古得莱得.一个称作学校的地方[M].苏智欣，胡玲，陈建华，译.上海：华东师范大学出版社，2006：258.
　　② ［美］约翰·I.古得莱得.一个称作学校的地方[M].苏智欣，胡玲，陈建华，译.上海：华东师范大学出版社，2006：140.

们的教育,又何尝不是如此。经过幼儿园、小学、初中、高中不同时间段几乎一样的"煎熬",一个天性充满好奇、充满朝气的孩子被"熬"成乖顺的好孩子、好学生。这种"熬"指向的并不仅仅是对身体的规训,还指对学生精神、情感的折磨。

"当然,教育体制的最大作用就是帮助人们有创意地生活在自由自我的世界中。因为,如果这个自由自我的世界可以恰到好处地生成,并巧妙地融合人们的志趣、精力和社交,就可以影响、感染和帮助人们从工作和烦琐中解脱出来。那时候,自由的自我不仅仅是一段生命,而且是一段有质量的生命。"[①]换句话说,教育最大的作用是给学生创造一段有创意的生活,一段有内涵的生命。所谓有创意的生活就是能够让学生创造出自由而生动的生活,所谓有内涵的生命就是能塑造学生全面发展的生命。因此,教育应该提供学生的是一种充满激情的生活,是一段快乐的生活。教育的世界不应是一个单一的世界,一个冷漠的世界,而是一个人的世界,"社会中人"的世界,正如杜威所说"教育即社会"。那么在这个意义上,学校"制度时间"的强制性以及对"自我时间"和"互动时间"的抑制,实质上是对学生本能世界的压制、对学生成长空间的片段开发,甚至是忽略。教育不能仅在目标上关注学生的情感,教育活动本身应该是充满情感的,是尊重学生的情感的。教育不仅要回归生活,教育本身就应该是社会生活,在生活中培养学生的社交、团体合作等能力。

三、 身体的机械化

身体的片段化和冷漠化使得学校教育时间规训下的学生身体进一

---

① [美]约翰·I.古得莱得.一个称作学校的地方[M].苏智欣,胡玲,陈建华,译.上海:华东师范大学出版社,2006:272.

步呈现出机械化的意象。也就是说,学生的身体被嵌入一个已经预置好的学校教育时间的机器中,学生的身体活动都要接受学校教育时间的制约,特别当学校教育时间向家庭延展以及成为学生的习惯后,学生的身体就成为学校教育中"时间机器"的附庸品。

学生在学校教育时间的制约下几乎所有的活动都很少有自主性,都是按照学校时间表的规定程式来完成。"学校是这样一个场所:事情的时常发生并非因为学生向往它们发生,而是它们应该发生。"什么时间上课,什么时间下课,什么时间该做什么事、不能做什么事,等等,都是事先规定好了的,特别是时间的片段化和不断细化更加强化了对学生活动的时间控制。而且这种时间的控制还随着学校教育时间的延展扩展到学校之外的家庭中,学生在家庭中的活动也被家长依据学校教育时间的模式进行了细致的安排。总之,学生身体就像是工厂流水线的产品一样,随着学校教育时间的运行,在不同的时间"流水线"上接受不同的教师的"制作"。另外,虽然接受不同"工艺""制作"的先后顺序不同,但是内容却是同质的、预置的。也就是因为学生遵循同样的作息时间表以及课程表,使得学生的生活呈现出相同的特征,即学生形成了几乎同样的身体体验,同样苦闷的星期一,同样充满幻想的星期五,几乎同样让人喜爱的体育课,让人烦闷的数学课。正如人们的电视体验,"并不是仅仅由视听者个人的行为或者他们的视听需求所构成的,它在很大程度上受到了电视台的节目编制,也即电视台的决策的制约。……这就意味着,视听者的电视体验是取决于广播时间的"[①]。这就是说,学生不但接受时间的控制,同时也接受预先设置的教学内容的安排,几乎没有选择的余地。"熬日子"或许可以形容他们对时间的体验。在学校教育时间"牢笼"的压抑下,学生在校的体验不是他们自己主动获取的体

---

① [日]藤竹晓.电视社会学[M].蔡林海,译.合肥:安徽文艺出版社,1987:24.

验,而是被给予的体验;不是学生主动发现的活动,而是预先配置的计划;学生成为不需要选择、计划和思考的"机器",只能毫无自主地随着时间之流运行。由此造成的后果是,学生的学习目的发生了微妙的变化,学习活动不再是学生为满足好奇心、求知欲的一种内在活动,而成为由学校教育各种时间表所规定的机械活动,而这也为学生的日常生活留下了空间——在学校"混日子"。

实质上,学校教育时间的配置方式是一种管理主义的思维方式。它接续工业管理开创的一种新时空关系的方法,不仅用时钟时间去代替身体时间,更把时钟时间与机器、身体联系起来,例如采用"机器—小时""时间—行动",以产生一种"时间—控制"和"时间—知识"的新特性。但是学校毕竟不是工厂,学校教育环境具有一定的特殊性。"不要用过去简化的、常被人使用的'企业生产投入和产出式的模型'来理解或准确地描述学校和教室。最好把学校和教室理解为小型的村庄;人们在这个有约束和较封闭的环境里进行着有限时间的交往。"[①]学生的身体在这个时空中不是冷漠的"产品",而是完整的主体,是具有生动而丰富情感的人。

透过"身体的时间化"可见,生活在学校教育时间规训中的身体受到了怎样的浸透和影响,并形成了一个时间化的身体形式。对身体的规训是由于这一事实造成的,即它从根本上是与对时间的配置和使用联系起来的,这种配置暗示着权力的力量,权力通过时间的配置形成了对身体反复的管束。也就是说,权力提供了身体活动的框架形式,使得身体很难超越时间的框架,被迫嵌入时间配置的轨道之中,从而形成了"权力的指向—时间的配置—身体的规训"这一力量延展的链条。因

---

① [美]约翰·I.古得莱得.一个称作学校的地方[M].苏智欣,胡玲,陈建华,译.上海:华东师范大学出版社,2006:序言 4.

此，可以说"身体的时间化"是权力通过时间的配置对身体规训的结果，同时也说明"身体的时间化"很好地展示了学校教育时间的规训图景。虽然学校对身体的规训所需要的手段和方法远超过时间这个要素，因为它还涉及空间、制度、思想等技艺问题，但这些面向若要发挥功能，没有把时间计算在内，很容易落入事倍功半的境地。这也是时间因素受到现代学校关注倚重的原因之一。但是这种情况造成的结果却使得"身体的时间化"成为难以避开的现实。

第六章 现代学校教育时间规训下的逃逸

第六章　现代学校教育时间规训下的逃逸

学校教育时间作为一种特殊的社会时间，无论是从其社会性的层面来讲，还是从其关涉的权力角度来说，它都毫无疑问地要对学生的个人时间提出制约，对学生的身体做出控制和规训。这种规训力不仅通过对规训策略和身体表现的直接分析展示出来，它的压制力还可以通过其反抗力来证明。福柯就明确指出，"哪里有权力，哪里就有反抗"，"……在任何权力关系之中，都必然存在做反抗的可能性。因为没有反抗的可能性……，就不可能有权力关系"①。这就意味着面对学校教育"制度时间"的权威和支配，学生并不一定都会产生顺从的行为，也可能会存在着这样或那样的反抗和脱序行为。学校教育时间在实际的运行中展现的并不仅仅是支配性的逻辑，还可能在支配的"缝隙"中体现学校教育时间的实际"消费者"②——学生作为行动者的逻辑。因此，阐述学生在学校教育时间规训下的逃逸是对学校教育时间规训的进一步揭示，是从另一角度对学校教育时间的规训图景进行的描述。但是本部分的阐述目的并不止于此，还在于展示学校教育时间对于不同"消费者"的意义，也即学生对学校教育时间不同的认识。

第一节　柔性的抵抗：逃逸的特征

学校教育时间规训下的逃逸行为被认为是对强制性的学校教育时间的一种抵制，这也说明在学校生活的舞台上，既存在着规训的力量，又存在着对这种规训力量的反制，规训者和被规训者以及反规训者都

---

① 转引自：李猛. 福柯与权力分析的新尝试[J]. 社会理论学报(台湾)，1999(2)：375-413.
② 在《学校社会学》{[法]玛丽·杜里-柏拉，阿涅斯·冯·让丹. 学校社会学(第2版)[M]. 汪凌，译. 上海：华东师范大学出版社，2001：24.}中，译者提到"教育使用者"这个概念反映了法国关于学校的一种看法，学校是一种消费对象。那么，在这个意义上，也就是说学生是消费者。但是，使用"消费者"这个概念并不是为了揭示学校与学生之间消费与被消费的关系，而主要是为了凸显学生作为消费者具有一定的自主和自由以及灵活性。

在这个场所中出现。对于这种强者与弱者围绕权力展开的不同操作方式,德塞图以策略与战术来分别比喻当权者、强者与消费者、弱者。在德塞图看来,强者运用策略(strategies),而弱者则运用战术(tactics)。①

所谓策略是指对权力关系的计算或操弄,它经常表现为自上而下的宰制力量或意识形态,是日常生活中的体制或者结构,它要求在特定的时间和空间中呈现出合适的、符合规范的行为和举止,其实质是强者对弱者用权的方式,体现为用分类、划分、区隔等方式来规范和统筹安排场域中几乎全部的力量和资源。也就是说,强者对弱者的权力展现方式,并不全是直接的、赤裸裸的压迫式的命令和剥夺,强者也会寻求一种比较适当的方式来遮掩和粉饰自己的权力手段,这种方式也就是权力规训的策略。战术则与之相反,战术是弱者面对强者而采取的一种斗争的艺术策略。"战术必须警觉地利用特殊形势在对所有者权力的监督中所开启的断层。它在偷猎。但它创造了奇迹。它完全可能处于人们并没有对其所期待的地方。战术,就是计谋。"②"它是日常生活中采用的各种游击战式的行为和手段,是对各种战略环境中各种可能性的创造性利用——假装、突如其来、慎思、做秘密的事情、机智、游戏、恐吓等等。"③

那么,依此为观看方式来分析围绕学校教育时间问题展开的当权者与消费者的斗争,可把上一章论述的"时间的配置:学校教育时间的规训机制"看作当权者——学校和教师对学生用权的策略,也就是说,学校教育中的时间结构展示的是学校和教师对学生自上而下的一种宰

---

① [法]米歇尔·德·塞托. 日常生活实践 1 实践的艺术[M]. 方琳琳,黄春柳,译. 南京:南京大学出版社,2009:94-99.
② [法]米歇尔·德·塞托. 日常生活实践 1 实践的艺术[M]. 方琳琳,黄春柳,译. 南京:南京大学出版社,2009:97.
③ 吴飞. "空间实践"与诗意的抵抗:解读米歇尔·德塞图的日常生活实践理论[J]. 社会学研究,2009(2):177-199.

制力量，但是这种力量是其通过运用学校教育时间的"切分—嵌入""同步—排斥"等方式来实现的，主要目的是规范学生的身体和行为，使得学生的活动符合学校和教师的纪律和意志、满足学校秩序化的要求。本章着意论述的则是学生为反抗学校和教师的压迫与规训展现的战术，也就是学生作为"消费者"面对学校和教师提供的时间结构、面对学校对秩序的迫切要求所展现的消费的艺术。这是弱者为了利用强者所采取的机灵方式，是在规训和压迫的缝隙中的一种"拓殖"和"情境退却"[1]，是以艺术的方式对秩序的挫败和欺骗，即"秩序被艺术玩弄"[2]。

  不过"战术""艺术""拓殖"等这些词语恰恰显示了学生对学校和教师的反抗并不是激烈的冲突或者说很少有激烈的对抗，所有这些既带有柔性又带有战争色彩的反抗行为，被称为一种"柔性的抵抗"。也就是指弱势者在使用战术细致地捕捉机遇和创造自己的活动空间时，他们并没有且无法无视强者力量的存在，只能利用压迫和规训的"缝隙"或"可能空间"来实现反抗的意图，通过艺术的方式将自己的差异性诉求渗透其中。这种弱者反抗的过程并不是翻天覆地般的抗争或是歇斯底里的争取，而是那种细微的反抗，"静悄悄的革命"。同样在学校场域中，作为弱者的学生在反抗学校或教师的时间规训时，他们并不具备直接挑战的实力，同时也无法漠视和忽略规训力的存在，只能在表面看似服从和统一的地方，在细微的"游戏空间"中，在既定的秩序中悄无声息地巧妙施展战术，完成对时间规训的"柔性的抵抗"，以表明个体对时间的理解和"消费态度"。较之历史上其他类型的反抗，比如与工人为缩短劳动时间等而进行的一次次的努力相比，这种抵抗显然是温和的、细

---

[1] ［英］安东尼·吉登斯.社会的构成：结构化理论大纲[M].李康，李猛，译.北京：生活·读书·新知三联书店，1998：259.
[2] ［法］米歇尔·德·塞托.日常生活实践 1 实践的艺术[M].方琳琳，黄春柳，译.南京：南京大学出版社，2009：12.

微的以及柔性的。因为工人在时间控制的斗争中,是通过一次次的街头演讲、公开罢工甚至暴力冲突实现的。因此在这个层面和意义上,笔者把学生对学校教育时间规训的抗争、斗争、抵抗、反抗称为"柔性的抵抗",借此来概括这种"反规训"的总体性特征。

当然,需要强调的是德塞图提出的"策略""战术"等概念都是基于日常生活领域内的活动而提出的。他将日常生活看成是一个在全面监控之下的宰制与抵抗的斗争场域。毫无疑问,德塞图在这里受到了福柯的影响。[①] 福柯的规训理论同样关注微观领域的权力展现,关注日常生活领域的权力运作。因此,本部分接续福柯的规训理论之脉络,以德塞图的概念和理论来分析学校教育日常生活中学生对时间规训的反抗。

第二节　寻找缝隙:逃逸的战术

依据学生对学校教育时间"反规训"的总体性特征——"柔性的抵抗",基于笔者的调研和经验总结,主要从以下几个方面展示其逃逸的战术。

一、空间的缺席

德塞图认为,"策略假设一个地点,该地点可以作为专属地点被限制,并且可以成为对于目标或威胁的外在性之间的关系进行管理的基础"[②]。所谓"专属地点"具体在学校教育时间这个问题上,也就是指学校空间、课堂空间等,它们提供了作为专属地点的限制,成为展开时间管理策略的基础。这不仅因为时间与空间是密切关联的,更因为只有

---

① 吴飞."空间实践"与诗意的抵抗:解读米歇尔·德塞图的日常生活实践理论[J].社会学研究,2009(2):177-199.
② [法]米歇尔·德·塞托.日常生活实践 1　实践的艺术[M].方琳琳,黄春柳,译.南京:南京大学出版社,2009:95.

在固定的空间内,展开对学生规训和控制的时间策略才会成为可能。也就是说,学校空间、课堂空间为时间策略的运行划定了范围,比如,迟到。迟到并非仅仅是指学生的行动晚于学校规定的"制度时间",也指在规定的时间点上,学生并未到达指定的地点。因此必须有一个"到达指定地点"的前提假设存在,才能据时间来判断某位学生是否迟到。在这个意义上,在学校空间中,学生展开对时间"策略"的反抗和逃逸最突出的表现就是缺席。缺席意味着学生从学校空间中逃离,逃离学校空间或者学校规定的课堂空间等也就逃离了学校"制度时间"的制约。因此,"逃课"是学生反抗"制度时间"规训的常见战术。

在笔者调研的学校,由于班主任承担着管理班级的主要责任,而其他任课教师基本上不参与班级的管理,所以围绕学校教育时间展开的规训和反规训的较量主要发生在学生与班主任之间。对班主任来说,杜绝学生"逃课"是其班级管理工作的重点之一。

> 教师S:说实话,我可能对学生的成绩不是特别关注,毕竟这是多方面因素造成的结果。但是对逃课,我要严加处理。因为对于一个班级来说,总有人想来就来,想走就走,就会破坏班级的整体氛围,使得班级纪律涣散,学生就不能安心学习。况且,如果学生因逃课在校外出了问题,我会惹一身的麻烦,对我们学校也影响不好。所以,我给我们班学生已经强调多次了,坚决杜绝逃课。另外,即便今天没有我的课,我也会一天到班级三次。早晨第一节课,如果是我的课,自然不用说了,我肯定到;如果不是我的课,可能我会晚到点,但是我一般会在第一节课下课之前透过窗户清点一下人数,其实也不用清点,班级的座位基本固定,我扫一眼就知道缺谁了。下午第一节课,我也会看看。再就是晚自习之前,我一般先不吃晚

饭,因为回家吃完晚饭再来浪费时间,学生吃晚饭时,我在办公室备备课,等学生开始上晚自习,我盯上一会,再回家吃饭。这样几乎学生就没机会逃课了。早晨过了进校时间,就是上课半个小时后,校门就会锁了。下午和晚上也是。迟到太久的学生根本进不来,除非凭借老师开的假条。①

从上面这位教师 S 的访谈中,我们可见学校和教师对学生的严密监控,在几个时间的关节点上,教师为了防止学生逃课都采取了措施。但是即便这样,笔者在调研的过程中,仍然在所在的班级发现了缺席情况。

学生 K 在第一节课刚敲完下课铃就急匆匆地走了,因为当时老师还没有走出教室,所以这引起笔者的注意,一直到上第二节课的时候他还没有回来。笔者对学生 K 的行为颇感意外,于是便在课间的时候问了他的同学。学生 Q 悄悄地告诉笔者学生 K 逃课玩去了。但是他是怎么在教师的严密监控下逃出去的呢?

学生 B 告诉了笔者其中的真相:"之所以在第一节下课走呢,是因为我们早已发现'老班'每天在上午第一节课的时候会来查人。所以必须等第一节课下课后,这样出去才会安全。趁着下课校园的人多,就可以溜到校门口两侧的商店,那边会有后门,可以悄悄地溜出去。不过放心,他很快就会回来。"②

为什么好不容易逃出去又很快回来呢?

学生 B 接着说:"必须回来,不然就会被发现了。因为第二节课下课是课间操,课间操的时候大家都要出去列队出操,两纵队一站,多一个或少一个,班主任在队伍的后面,一下就看出来了。另外,恰好出操

---

① 资料来源:笔者根据对调研学校 A—教师 S 的访谈资料整理,2011-7-18.
② 资料来源:笔者根据对调研学校 A—学生 B 的访谈资料整理,2011-7-18.

的时候校园人多,可以很容易溜回来。"①

听了学生 B 的解释,发现学生真是灵活,能够捕捉到学校和教师监控的缝隙,在如此严密的控制甚至封闭的环境之下逃离。

在中午放学的时候,笔者追上了上午逃学的学生 K,向他询问了上午逃课的事。他很惊讶,并表现出很羞愧。在被问到为什么逃课,逃出去干了什么时,他做出了如下的解释。

"其实我也不想逃课,只是我有点热感冒,所以头疼,就不想听课。在教室坐着听不进去也是浪费时间,还不如出去透透气,所以就直接跑到附小去跟他们打了会篮球。"

说起篮球,他很兴奋但也很无奈。

"哎,这初三还没到,刚进初二下学期,我们学校的音体美(音乐、体育、美术课)都停了,虽然课程表上标着有,但是从来就没上过,都是语数外占着。原来体育课还可以打会篮球,组织些小比赛,现在都是奢望喽。连周末都被老师的作业占去了。这才初二啊,等到初三还让人活不?"②

据笔者的观察,其实学生 K 并没有感冒,其逃课的真正原因就是去打篮球了。但是据了解他所说的音体美都停掉了倒是真实的。学生为了能有一点自由活动的时间,只能通过逃课的行为来实现。据笔者了解,在班级里逃课的学生并不止学生 K 一个,很多学生都有逃课的

---

① 资料来源:笔者根据对调研学校 A—学生 B 的访谈资料整理,2011-7-18.
② 资料来源:笔者根据对调研学校 A—学生 K 的访谈资料整理,2011-7-18.

经历。逃课的理由更是五花八门,方法也是层出不穷,比如装病、伪造假条、模仿家长打电话等等。总之,其目的就是逃离学校空间的束缚,脱离时间的规训,获得自己支配的自由时间。

当然,这种对空间的脱离并不仅仅表现在学生的逃课行为上,在学校教育的一些细节上也能见到学生的缺席现象,比如迟到。这也是让学校和教师最头疼的问题。因为"迟到"现象说明学生没能完全遵守学校的时间规定,是对学校同步化要求的破坏,但是这又并不能表示学生不愿意来上学,故意脱离学校秩序的控制,所以学校和教师一般不会对学生的迟到做出严厉的处罚。学生恰恰就是抓住学校和教师的这一点,使得教师认为不是故意的迟到行为变成了学生故意的行为。学生故意迟到从而使自己晚一点进入学校教育时间的规训序列,获得一点点自己能够控制的时间。因此,在笔者调研的学校,每天早晨都有学生因为迟到被政教主任处理,学生给出的理由也是各式各样,车子坏了、路上堵车、早晨起床晚了等等。当然不可否认的确有很多学生是诚实的,但是也必定存在着撒谎的行为。

这种行动迟缓的、拖拉的计策同样也出现在每节课上课的时候。虽然学校的纪律守则中明确规定不管任课教师是否到教室,学生在听到上课铃响后要立即进入教室学习。但是事实上,笔者发现几乎每节课都会有学生在上课铃声响起后,仍然在教学楼的走廊里走动,甚至还有学生在从厕所回教室的路上。当被问及为什么不及时进教室时,学生也总会灵机一动给出让巡视纪律的教师不能批评的理由。要么是上节课教师下课晚了,要么就是教师还没来上课准备去问问,更有学生狡辩说,"学校铃声敲早了,我自己的手表还没到上课时间呢"。总之,学生经常使用一些脱离或延迟进入秩序化空间的方式来尽量争取自由时间以抗拒学校教育时间的制约。

身体从秩序化时空中的缺席,至少意味着不再受其直接的制约。

缺席可以说是学生抗拒学校教育时间规训最直接、最显白的方式,但是相对来说也是比较"危险"的方式。虽然学生的"计谋"经常游走在学校教育时间和空间的"缝隙"中,在学校规章纪律的边缘处,但是直接的缺席毕竟挑战了教师的权威,"玩弄"了学校教育秩序化的要求。因此一旦学生的"计谋"败露,学校和教师自然不会放过这个整顿的机会,以起到杀鸡儆猴、以儆效尤的作用。所以学生在更多的时候并不是采用这种空间缺席的方式来实现自己的企图,而是采取更加隐蔽的方式来寻找操作的空间,也就是以一种"在场的缺席"[①]的方式来灵活"消费"学校教育时间。

二、"假发"的利用

在日常生活实践中,德塞图认为"抵制"战术随处可见,他把"假发"作为这种战术的典范。"'假发'就是指一些雇员装作是在为雇主干活,但实际上是在给自己工作。'假发'现象不是小偷小摸,因为工作的原材料的物质性价值并没有被偷走。它也有别于旷工,因为这个雇员正儿八经是在工作现场干活。'假发'现象形形色色,简单的可以一如某位秘书在'上班时间'写一封情书;复杂的又可以发展为某个木工'借用'工厂的车床给自家的起居室打造一件家具。"[②]也就是说,雇员们在"法定的"已经出售给雇主的工作时间里,并没有按照工厂的规章制度按部就班地从事规定的生产,而是利用工作时间干了私活,或者思想开小差,他们貌似工作,实际上却没有工作。这些雇工的行为就像戴上了"假发",以一种伪装、阳奉阴违的方式来遮掩自己的脱序行为。德塞图认为,雇员们之所以采用这种方式,其主要战术目的就是"成功地将自

---

① 张慧瑜.社会"主体"的想象与"体制化"规训——以几则电视栏目报道为例[EB/OL]. http://wen.org.cn/modules/article/view.article.php/c20/2088.

② 练玉春.论米歇尔·德塞都的抵制理论——避让但不逃离[J].河北学刊,2004(2):80-84.

己置于周围的既定秩序之上"①。这样,他们就可以借此打破规训机制的统一,突破规训的压制,创造自己可以自由支配的空间。

德塞图认为这种"假发"的战术经常出现在现代社会的大多数秩序领域中。因此,在学校通过时间序列追求秩序化的过程中,同样存在着学生抵抗学校教育时间规训的"假发"现象。这时学生并没有采取空间缺席的战术逃离学校教育时间的控制,而是以"在场的缺席"的方式寻找自己的空间。也就是说,学生不是通过"离场"的方式抗拒,而是以"在场"的方式在既有的秩序内,展开自己的"消费"战术。在学校教育时间中,典型的"假发"现象主要体现为:思想开小差——"溜号"以及多样的伪装——"挂羊头卖狗肉"等等。

"溜号"的现象可以说是学生逃离学校教育时间最常见的战术。学生的身体并没有离开课堂,但是其注意力却并不在教师讲课的内容上,以"身在,心不在"的方式"逃离"学校教育时间的控制。特别是在遇到自己不感兴趣和课堂气氛沉闷的课堂时,学生更是自主或不自主地"神游"在课堂之外。"密哈利·茨申密哈利和栗得·拉尔逊在《作为青少年》一书里恰如其分地描述了在大多数美国教室里,时间和想象力是怎样被令人心痛地浪费掉的。他们写道,在80年代中期常见的高中教室里:'至少有一半时间,学生并没有在想与教师的讲课或学习科目有任何关联的事情。'"②这种情况同样或轻或重地出现在笔者调研的学校里。特别是在高三复习的时候,因为教师讲课的进度有点快,所以很多学生在上课10分钟以后,几乎已经放弃听教师讲课,而是坐着发呆,注意力也完全不在课堂之内。因此,当遇到教师突然提问时,很多学生不知道教师问的是什么,也不知道教师讲到哪里了,便低着头小声地问周

---

① 练玉春.论米歇尔·德塞都的抵制理论——避让但不逃离[J].河北学刊,2004(2):80-84.
② [美]约翰·I.古得莱得.一个称作学校的地方[M].苏智欣,胡玲,陈建华,译.上海:华东师范大学出版社,2006:序言4.

围的同学,但是其他同学也不知道。这个时候,学生并不会立即承认自己"溜号"了,而是即席地、随机应变地说"老师,刚才你讲的我没听懂,所以不知道""老师,你问我的问题,我没有听清"等等。总之,他们会尽量拖延思考的时间,寻找其他求助的机会,以应对回答不上来的窘境。对于学生们"狡猾"的应变,教师们其实很多时候也是清楚和明了的,可是很多时候迫于同步化的压力,为了不浪费太多的课堂时间用来处理这样的问题,一般不会对学生提出过多的批评。但是有的教师会在课堂上不断地运用语言的技巧来集中学生的注意力,比如通过声调的抑扬顿挫,通过语言的提示"大家注意了,这个问题很重要""溜号的同学,看黑板了",等等。当然,学生的这种思想的开小差的状况,有些是学生对课堂时间抗拒造成的,而有些则是学生不自主的行为。无论哪种情况,虽然他们的身体是在课堂时间的控制下,但是思想却是自由的。而且这种对身体的压抑越是严重,那么其渴望自由的冲动以及开小差的可能就越大。

除了这种思想上的开小差外,"伪装"可以说是更加典型的"假发"现象,甚至在一定的意义上,思想开小差也是一种伪装,伪装认真听课,其实注意力并不在课堂之上。在笔者调研的学校,存在各种在课堂时间中的"伪装"现象,这些学生在严密监控的课堂时间寻找"自由时间"来干自己想干的事情。

比如,音乐时间。学校虽然没有明文规定学生不准带手机和MP3,但是毫无疑问课堂时间和自习时间是学习时间,自然不允许听音乐,这是各位班主任老师已经三令五申的口头规定。可这仍然禁不住学生们对流行音乐的追捧。因为他们大部分的时间都被学校的"制度时间"所占据,从而排斥了他们的个人时间,课间短短的几分钟显然不能满足他们的要求,所以他们只能在学校规定的"制度时间"内开拓自己的"音乐时间"。可这又不能明目张胆地在课堂时间或自习时间听音乐,只能采取一种"假发"的方式来伪装自己。在笔者调研期间,班主任老师 Z 就因此批评了一位学生并向笔者解释了其中的原委。

> 这个孩子平时表现不错,一般不会调皮捣蛋,所以平时没有太关注他。可是最近成绩下滑了,我很疑惑。透过班级的窗户有意无意地观察了几次都没觉得有什么异常,倒是经常见到他托着耳朵在思考问题。可是后来,我发现怎么这孩子一节课都在托着耳朵啊,肯定有问题。结果不出所料,他在听音乐。把播放器放在课桌下面,把耳机通过袖筒放在手里来听,真是了不得,可是费了一番心思。①

伪装"思考问题"来创造自己的"音乐时间",将自己不符合规定的行为隐蔽地嵌入在学校严密的"制度时间"规训下,在学校规定的时间和空间内实现自己的"计谋",从而创造看似合理的行为。

再比如,戈夫曼提出的"拓殖"概念。他认为,拓殖是在总体性制度的规划中个体保持自我不贬格的措施之一,是指"在那些被控制的时空缝隙之中构建一个可以容忍的世界"②。谢林在对两所学校图书馆的研究中,用人类学的方法描绘了学生在图书馆空间利用上的两种不同方式:规范和拓殖。所谓规范是指使学生的行为与学校的要求保持一致,比如学校认为图书馆是一个学习的地方,那么学生在图书馆内的主要活动就应该是安静学习;相反,拓殖是指在学校空间的使用上出现了与规范的要求相背离的行为。比如把本该用来安静学习的图书馆,建

---

① 资料来源:笔者根据对调研学校 A—教师 Z 的访谈资料整理,2011-7-18.
② [英]安东尼·吉登斯.社会的构成:结构化理论大纲[M].李康,李猛,译.北京:生活·读书·新知三联书店,1998:259.

构成他们聊天、交友的场所,①这就是典型的拓殖行为。德塞图认为儿童把本来该用来写作业的作业本用来涂鸦,从而开创自己的领地,这是一种典型的"假发"的做法。因此,事实上戈夫曼"拓殖"的概念与德塞图"假发"的概念之间有着相近的意涵。那么在这个意义下,时间的拓殖很多时候也是一种利用"假发"的战术,比如发生在学生宿舍中的"卧谈会"。按照学校的宿舍管理规定,晚上十点宿舍就要断电,学生则必须睡觉。可是,九点半学生才结束晚自习,回到宿舍只有半个小时的准备时间,所以同一宿舍的学生之间根本没有多少时间用来交流班级的"奇闻趣事"。因此,只能在断电之后躺在床上延续没有讨论完的话题,被学生们戏称为"卧谈会"。"卧谈会"是学生违反学校规定把本来用来休息的时间用来聊天,是学生自由互动时间向学校制度时间的一种拓殖。而以"卧谈"的形式进行,其实也是一种"假发"的战术,躺在床上伪装睡觉,实际却在聊天,以这种相对隐蔽的方式对抗制度时间的限制。当然,这种"卧谈会"通常不会在学校断电之后立即发生,通常大家都会心照不宣地等待宿舍管理老师巡视完了才会展开,而这一旦被识破学生们也会随机应变,以各种理由搪塞管理老师,展示他们即席的创作能力。在学校教育时间中,类似的时间拓殖或者利用"假发"的现象还有很多,如课上睡觉、看小说、看娱乐杂志,在课堂上通过手机聊天,占用听英语的时间偷听音乐,等等。

面对学校教育时间的快节奏的内容安排和教师的严密监控,学生很难通过"退场"或"离场"的方式来获得更多的自由时间安排自己的活动,只能在制度时间的框架内通过"假发"的方式实现自己的逃避控制、改造时间用途的企图,以表面看来顺从而实际上我行我素的方式展开自己的个人活动。也就是说"弱者"在"强者"建立的秩序中运用一些花

---

① 石艳.我们的"异托邦"——学校空间社会学研究[M].南京:南京师范大学出版社,2009:235.

招,在他者的领域中运用技巧以及诡计来实现自己的目的。① 这些"假发"的方式是流动的、不断变换的,甚至可以说是一种"游击战术",不断游走在学校教育时间的不同片段的"缝隙"中。这是学生在学校强制的时间管控下不得不采取的灵活战术,是反抗学校教育时间规训最典型和最常见的展示。

三、 角色的游离

依据彼得·伯格的解释,所谓"游离"就其字面的意思来说,是指置身局外或者步出理所当然的日常社会时的那种感觉。也就是说,虽然我们不能从这个场域、空间或者世界中逃出,但是我们也能够与它们拉开距离,采取一种超然或漠然的态度。"一旦个人不必用内心的投入去扮演角色时,一旦他可以假装扮演角色而不必内心投入时,扮演者就进入'游离'的境界,就忘了'理所当然的世界'。别人认为是命运的使然,他却认为只是一套需要考察的因素;别人认为是重要的身份,他却当作方便的伪装。"②换句话说,"游离"是改变了既定性的社会角色,使得个人处于一种伪装或者悬空状态,进而在行动上脱离社会秩序的规范和要求。这个概念与戈夫曼"角色距离"和"情境退却"的概念有着异曲同工之妙。其意思也是不太认真地扮演角色,没有全心地投入,且另外有秘而不宣的目的。他们共同的指向都是对社会如"囚笼"状态的一种抵制,是个人在强大的社会控制下不得不采取的一种避让行为,是个人对抗社会结构的战术。

这种"游离"的战术同样出现在学校场域中。在学校教育的日常生

---

① [法]米歇尔·德·塞托.日常生活实践1 实践的艺术[M].方琳琳,黄春柳,译.南京:南京大学出版社,2009:100.
② [美]彼得·伯格.与社会学同游——人文主义的视角[M].何道宽,译.北京:北京大学出版社,2008:151.

活中,我们可以发现班级里总有几个学生因为学习成绩的原因被教师放弃,同时也被同学们边缘化,可迫于家长的压力他们又不得不上学,因此他们并不逃课,也遵守学校教育时间的规定,只是其活动的内容完全不按照教师的安排进行,而是随意为之。他们在"扮演"学生的角色,但是其"身在曹营心在汉",忘了学生"理所当然"的学习行为。他们的表现不同于偶尔的"溜号"行为,因为"溜号"从时间上来说毕竟是短暂的,他们还是能够认识到自己应该学习的。角色的游离则是对自己作为学生角色的一种抵抗,不是偶尔的行为。"'游'却是需要人为努力的,是主动的,'游'的状态暗含着自由。"[1]因此当他们从学生的角色中游离,自然也就解构了学校教育时间对其规训的意义。因为每一个身份角色背后都密切关联着具有这个身份角色的群体以及他们活动的时间框架和秩序。当他们处于"游"的状态时,就意味着他们不是"学"在学校,而是"混"在学校,用教师们的话说是在"混日子",他们以"游离"角色的方式"混"在学校教育时间中。他们经常坐在教室的最后面,主动远离教师视野的中心,完全忽视教师的存在,在学校教育时间的框架下,按照自己的意志自由安排自己的活动,企图营造一片属于自己的自由角落。同样教师和同学也忽视他们的存在,只要不做出影响其他人的举动,没有人关心他们在做什么。在教师眼里,他们是被完全放弃的学生,他们早已对教师动之以情、晓之以理、宽严相济、绞尽脑汁的教育具有了"免疫力";在同学眼里,他们是不学无术、惧而远之的对象。总之,他们以并不认真履行学生角色要求、不符合学校期望的方式构建了一种"反学校文化"[2]来抵制学校教育时间的压迫和规训。

---

[1] 周宗伟.城市中的"游民文化"对学生生活的影响——对城市民工子弟教育的一项文化社会学研究[J].教育研究与实验,2011(4):11-15.
[2] [法]玛丽·杜里-柏拉,阿涅斯·冯·让丹.学校社会学(第2版)[M].汪凌,译.上海:华东师范大学出版社,2001:71.

比如，本研究所选取的调研班级里，学生 E 和学生 F 就属于这种典型的游离于角色的学生。笔者因为调研的方便，所以在跟随班级听课的时候一般都会选择坐在教室的最后边，尽量避免影响其他学生听课的注意力，也方便观察全班学生的行为。学生 E 和学生 F 就坐在笔者的身边，两个人同桌。据观察，上午和下午的第一节课，他们的节奏很一致，几乎都是在上课前五分钟到教室，到教室后放下书包，直接睡觉，并不关心该上什么课，也不关心班级的其他人在忙什么，只是偶尔因为别人声音大，不耐烦地抬头看看。其余的时间，学生 E 全用来看娱乐杂志，学生 F 则用来看手机小说。当其他同学在认真听教师讲课，或者在自习课上努力学习时，他们却依然能如此坦然，让人很疑惑。在周一下午大家集体劳动的时候，笔者试着接触他们以解开心中的疑惑。通过与他们的交流，笔者得知了他们对自己行为的认识和反思以及关于学校教育时间规训的看法。

笔者："我看上课时大家都在学习，而你们却在玩，马上上高三了，你们不着急啊？"

学生 E："着急有什么用？我们早就放弃考大学了。据我们老师讲我们最多也就能考上一半，这还包括本科二批的学校。就我们的成绩，显然轮不到我们，所以考大学基本没戏。"

笔者："那你们可以抓紧时间补课啊？"

学生 E："怎么补？高一的时候，我还能坚持住，学习成绩还好，后来我感觉天天都睡不够，没办法，只能在课上睡了，结果就落下课程了。"

学生 F："考上大学又怎么样？我看电视上不是说，大学生也找不到工作嘛！这么天天熬着，考个没用的大学又能怎么样?总感觉有点不值。"

笔者:"那你们不怕未来会后悔?"

学生E:"不会后悔的。因为自己没努力啊,有什么好后悔的。也不是不想努力,总感觉读书很没趣。每天就是这样上学、上课、放学、睡觉。真的平淡无趣。有时候,我都不知道星期几,因为不也关注哪个老师星期几上课。好像天天就是如此,特没劲。班里的同学交流也不多,因为大家都忙着学习,下课也仅仅几分钟,没时间交流。我们这个班是后来组建的,结果现在都过了两个月了,很多同学我都不知道叫什么,就知道是我们班的。还有老师,你跟他聊学习,他很高兴,也很愿意。但是你跟他聊其他,他根本不理你。三年就这样过了,真的没意思……"

笔者:"高中生的生活不都这样吗,为了考大学啊!那你认为高中生应该怎么过?"

学生E:"具体我也不知道怎么过。总之,我感觉应该是充满激情的,斗志昂扬的。起码得有个体育课。"

学生F:"还体育课呢?你知道吗,下学期的全校学生运动会,都没有我们的份了。高三学生不能参加全校学生运动会。什么叫全校学生运动会,就是全体学生都参加啊。不让高三学生参加,还叫什么全校学生运动会。"

笔者:"那你们每天都这么过,也不听课,也不学习,还来学校干吗?"

学生E:"当然要来了。如果不来,那就麻烦了。不但要来,而且要按时来。不能因为我不学习,耽误我们班拿'流动红旗'啊。那我们班主任不又得找家长。还是得来,在学校,这是个'两不管'的地方。家长不管我,老师也不管我。我就很自由了。"

笔者:"那你们感觉现在压力大吗?时间紧不?"

学生F:"当然不紧了。我们现在没感觉,反正按照学校的作息时间走,也不累。不过,看我们班好多女孩子,倒是好像很累。因为一下课,她们就睡觉,也不出去透透气。他们都是好学生,我们是考大学没希望的……"①

从以上的谈话记录中,可以进一步判断在学校和家长的严密管控下,在学校教育时间的紧密安排下,学生作为绝对意义的"脱序人"②几乎没有可能。因此,作为学生抵制学校教育时间的一种战术,学生只能以一种"边际人"③的身份存在。"摆脱社会角色的每一次解放都恰恰发生在同一样具有社会属性的边界之内。"④也就是指,学生不能完全脱离学校空间和时间的制约,而是以一种主动被边缘的身份游离于学校对学生角色的规定,以此逃离规训,寻找更多的自由。这里学校教育时间对于不同的学生也就具有了不同的意义。对处于常态的学生来说,学校教育时间是安排他们活动的指南,是学校规训他们的策略,因为学校和教师灌输给学生的是这样一种观念:作为学生,就应该遵守学校教育时间的规定,就应该在学校教育时间的范围内完成学校和教师期望的活动。对处于角色"游离"的学生来说,学校教育时间反而成为他们自由的时间,是其自己能够掌控和"消费"的时间。因为对他们来说,如果不能完全"脱序"于学校教育时间的安排,那么只有通过角色的游离来寻求边缘以逃脱秩序化的规训。他们的抵制不是通过直接对学

---

① 资料来源:笔者根据对调研学校A—学生E、F的访谈资料整理,2011-7-21.
②③ 周宗伟.城市中的"游民文化"对学生生活的影响——对城市民工子弟教育的一项文化社会学研究[J].教育研究与实验,2011(4):11-15.
④ [美]彼得·伯格.与社会学同游——人文主义的视角[M].何道宽,译.北京:北京大学出版社,2008:152.

校教育时间的安排来实现,而是在学校规定的时间框架内,不按学校和教师以及家长的预期完成应该完成的活动。当然,这与"假发"的现象有相同之处,但是角色游离的程度更为突出。虽然"当一天和尚撞一天钟",但是心思完全不在其"角色"上。

四、公开的抗争

虽然这里把学生对学校教育时间规训反抗的总体性特征描述为"柔性的抵抗",但是这并不意味着学生没有公开的抗争,这个特征主要强调的是抗争的强度。也就是说,学生对学校教育时间规训抵制的强度是温和的、慎思的,而方式有可能是隐蔽的,也有可能是公开的,当然,更多的时候是隐蔽的、细微的抵制,因为公开的抗争则需要等待一个合适而特别的机会。在强者与弱者之间力量悬殊的情况下,学生很难直接对学校的制度权威提出挑战,必须以慎思的方式来思考抗争的可能、操作的方法甚至失败的"结局"。学校作为规训纪律的执行机构,教师被认为是其法定的"代言人",是规训纪律的实践者。教师依据学校的理念和制度,监督学生在校期间的言行举止,惩罚那些行为失范的学生。可以说,教师是学校通过时间完成规训的直接执行人。那么,学生对学校教育时间规训策略的反抗无论如何都绕不开与教师的直接较量。但是面对具有法理权威[①]的教师,作为"弱者"的学生若要取得胜利,往往会根据不同的情形,权衡双方的力量以及利用的资源采取不同的措施。因此,所谓公开的抗争,也是学生审时度势地借助公开提供的资源与学校及其"代言人"——教师直接较量以完成自己抗争目的的战术。同时德塞图认为:"战术则将希望寄托在对时间、时间所表现的机

---

① 于海.西方社会思想史[M].上海:复旦大学出版社,2008:335.

遇及其引入到权力基础中的规则的灵活运用之上。"①在这个意义上，公开的抗争强调的是学生灵活把握机遇和机智地运用规则采取公开方式对时间规训的直接反抗。当然，虽然强调的是公开的、直接对抗，但是对抗依然是柔性的、令人惊喜的。

在笔者调研的过程中，学生们讲述了他们曾经与教师"斗智斗勇"、公开抗争的案例。事情发生在这学期（高二下学期）开学不久。因为马上就要进入高三，所以教师们对班级的管理更加严格。为了增加更多的学习时间，很多教师已经不止一次地强调学生要有紧迫感、时间意识，珍惜在学校的每一分钟；甚至还有几个班级把本来的"双休日"改为"单休日"，就是每周的周六上午的8点到11点要来学校自习，周日下午的2点到5点要来学校自习。当然教师们对学生讲这是"自愿的"，但是"希望大家都能来"。虽然是"自愿"的行为，并没有强迫学生一定要来，但是教师的"希望"其实也就是一种隐形的"命令"。当全班大部分学生都来的时候，少数几个不来的学生必然会遭遇群体的压力和教师或明或暗的批评。因此，当周六全校都放假休息时，总有几个班级的学生在校集中自习，而且班主任老师也几乎都到校"监督"。

据笔者调研所在班级的班长讲，在其他班级把周末假期改为"单休日"不久，班主任就提议要召开一次班会，主题是讨论一下我们班是不是也要改一改周末的作息时间，以创造更多的学习时间。班会还没开，要调整作息时间的消息就已经在班级里传得沸沸扬扬。很多同学都表示不同意修改周末的作息时间，当然同意的同学也有，但是并不敢明确表达，因为这可能招致很多同学的反对。尽管大家与班主任的意见分歧很大，但是班会还是如期召开了。班主任老师首先陈述了调整的原因：

---

① ［法］米歇尔·德·塞托.日常生活实践1 实践的艺术[M].方琳琳,黄春柳,译.南京:南京大学出版社,2009:99.

第一,同学们平时学习已经很累了,本不想给大家的周末再增加更多的学习时间,但是校长在全校班主任会议上特别表扬了那几个修改作息时间的班级,说他们有自觉性和主动性,是一个团结的班级,是一个奋进的班级,要其他班级向他们学习。虽然没有明确批评我们,但是表扬其他班级没有表扬我们也就是批评了。其实我们班一点也不差,不能因为这个事情就让其他班级落下了。第二,修改作息时间主要还是为了增加大家的学习时间,因为大家马上就要高三了,多花点时间学习是应该的。另外大家集体学习也有氛围,在学校学习效率也高。第三,我这里只是一个提议,因为学校并没有明确要求。这个自习具体时间也是我们全班同学通过民主的方式来商量决定,原则上是自愿的,大家可以认真考虑下。我不勉强大家,但是希望大家能多点时间学习。

班主任老师的话讲完后,同学们都默不作声。据班长回忆,他最先发言,他表示赞成老师的意见:"我们不能被别的班级落下,应该调整作息时间。"但是他也说没必要按照别的班级调整那样进行。接着学生 E 说:"既然老师说是自愿的,那我周日下午就不来了,因为周日下午没有时间,要去看爷爷和奶奶。"学生 D 则说:"老师说自愿的,那我周日下午也不来了,我要练琴。"接着同学们也七嘴八舌地不同意周日下午来学校自习,有的因为周日上午要补习,下午再来学习太累了,有的周日下午要学游泳,等等。总之,大家很快就达成共识,不同意周日下午再来学校学习。至于周六上午是否来学习,大家则不讨论。显然大家都明白老师的意思当然是希望大家都同意调整作息时间。因为老师既然提议讨论,也就意味着必然要调整,不调整不可能。老师所谓的民主,征求学生的意见,也只是形式而已;用学生们的话说"就是老师给我们做做样子而已,其实心里早就有数了"。教师所谓的自愿同样也只是在形式上,只是没有办法直接使用强制的手段,因为这毕竟是"双休日"。但恰恰就是所谓的民主、自愿,成为同学们与老师"斗争"的手段。据学生 A 说,依照惯例,老师提出的事情,很少有学生直接反对或者不同意。但是为了争取更多的自由时间,他们就利用了老师的这两条原则,勇敢地发表了自己的意见。而作为老师又要信守承诺,必须接受学生的意见。但我们大家又都知道,如果完全否定老师的意见,对周末的作息时间一点不做出修改,这显然也是不可能,因为那样老师就可能把我们的意见都否定了,他毕竟是老师啊。所以我们只能采取一个折中的方式,争取周日下午的自由时间,默认老师周六上午修改的提议。在后来调研的过程中,他们班主任老师提起此事也表示,自己还是希望同学们能在周末有更多的时间来学习,因为毕竟马上高三了,多学一分钟,就可能多得一分。

以上这一事件可以被看作是学生作为"弱者"组成"联盟"公开对抗教师企图延长学校教育时间的一次胜利。在整个斗争中,学生巧妙地利用了教师的"民主"和"自愿"的主张。学生虽然知道这些都是教师企图延长学校教育时间的策略,但是他们"将计就计",利用了教师的策略来实现自己的反抗主张。但是他们意识到了教师的权威和权力,因此并不是无限度地提出自己的诉求,而是适可而止。这种抵抗并不是学生提前准备的,需要学生根据特定的情境临场发挥,即席反应。因为当有几个同学率先提出反对意见后,很快就有很多人随声附和,组成了"联盟"。他们狡猾地利用教师为了维护师道尊严和信守承诺的特点,成功地实现了自己的即身反抗。因此德塞图认为,抵制,"这是一种'弱者'在'强者'建立的秩序中存活的巧妙诡计;是在敌手自家的地盘上,凌驾其上的艺术;是猎人的窍门;是机动变化、令人喜悦的、充满诗意的战争探险"①。

当然需要强调的是公开对抗的战术对情境有着特别的要求,并不是每一次围绕时间规训的对抗都能以公开的方式进行,因为情境提供了弱者反抗的机会,就如同福柯认为空间是权力得以实施的场所一样,特殊的情境是弱者抵制规训的空间。只有在这种特殊的情境中,学生才能发挥其即席的创造力或者拼贴能力,实现抵制的企图。所以,我一再强调反规训是在权力规训的"缝隙"中发生,这种"缝隙"也包括公开反抗需要的情境,比如家长会、校长与学生的见面会、领导视察的时候等等。但是这也充分说明相比其他反抗方式,公开抗争的方式无疑具有更大的"风险",有着更大失败的可能。因此,围绕学校教育时间的斗争中,公开反抗学校各种时间安排的事例并不多见,这也足见学校教育时间作为一种制度有着强大的规训力。

第三节 破坏与生产:逃逸的功能

希尔德在《空间压迫与抵抗》一文中提到对空间的占有和运用是政治行为,这种空间性利用差异建构新的斗争场所。② 同样通过上述的分析可见,在学校教育时间的具体配置和运用或消费之间也存在规训与反规训的斗争,既有所谓的"假发的利用"等成为学生对抗规训的常规路径,也有"公开的抗争""空间的缺席"等成为其抵制规训的偶尔手段,学生针对学校教育时间的这些做法和用法构成了一个反规训的网络,时间成为新的斗争场所。既然是规训与反规训的斗争,也就意味着它可能会对现有秩序造成破坏,可能导致学校混乱、影响学校正常的运

---

① 练玉春.论米歇尔·德塞都的抵制理论——避让但不逃离[J].河北学刊,2004(2):80-84.
② 田毅鹏,张霁雪,陶宇.空间生产、资本接续与权力介入的实践逻辑:对东北 C 市马路劳工生存状态的调查[J].社会科学杂志,2010(5):67-73.

行。虽然本研究提及的学生围绕学校教育时间展开的反规训行为是一种"柔性的抵抗",其对抗的强度和烈度并不具颠覆性,但究其本质在社会学意义上它仍可被认定为一种社会冲突行为。福柯认为,权力的规训并不仅仅意味着压制,同时它还是生产性的,它产生实在,它产生对象的领域和真理的仪式。① 与之相同,反规训的行为也并不仅仅是破坏的行为,同样具有生产的意义。美国社会学家刘易斯·科塞在其《社会冲突的功能》②一书中,提出了著名的冲突功能理论,特别强调了社会冲突不仅具有破坏社会秩序和群体团结的负向功能,在一定的意义上它还具有突出的正向功能。他从齐美尔"社会冲突是一种基本的社会过程形式"这一命题出发,广泛探讨了社会冲突对于群体的建立和维持群体内部团结的重要作用,明确指出了在一些特别的情况下,社会冲突具有促进社会整合,防止社会系统僵化,增加社会组织适应性等"正"功能。他认为,当社会冲突的主题并不涉及诸如基本价值观、信仰等问题时,社会冲突就可能具有正向的积极作用;当冲突发生在具有一定弹性的社会结构中,可以通过在权力关系中的结构调整,给予冲突一定的释放空间,从而使得社会系统再整合,再变革。在此意义上分析学校教育时间规训下的逃逸行为时,将不会仅仅着力在以批判为主的负向价值判断上,也会对逃逸行为的正向功能或积极意义给予关注。

一、逃逸的正向功能

一般来说,逃逸的功能是无所谓正向和负向的,而最终所谓赋予在功能上的指向也不是由功能执行者事先带有的。科塞所谓社会冲突的正向功能其实是站在维护社会秩序和促进社会平稳发展的角度来说

---

① 项贤明.教育的场所——一种对教育现象时空特性的尝试性分析[J].北京大学教育评论,2003(4):84-89.
② [美]L·科塞.社会冲突的功能[M].孙立平,等译.北京:华夏出版社,1989.

的。这也就说明功能的指向是要在具体场域中针对不同的活动主体在一定层面上来讲述的。在学校教育时间规训与反规训的"斗争"中,逃逸对"斗争"的双方在不同的层面上都具有一定的正向意义。

1. 逃逸"时间的规训"延续了学生的学习兴趣

罗纳德·罗伊在对工厂里机器操作工人进行了为期两个月的参与式观察后,发现机器工人漫长而枯燥的工作日已经被一类间断事件打破。这类事件不是在每天常规工作中正式制定的或者刻意安排的间断,而是每天都重复地出现于一系列有序的非正式互动之中。它们部分地也只能是部分地和粗略地类似于生产过程中的那些平常间断,例如,咖啡时间、可乐时间以及吸烟时间。作为日常生活的组成部分,它们几乎每个小时都会发生,但是持续时间很短,对工作的影响也是微乎其微的。这些咖啡时间、可乐时间的意义并不仅仅在于提供了休息的功能,尽管它们确实提供了身体上的休息。它们的重要性也不仅仅是前面强调过的是时间流逝的标志,尽管事件确实起到了比钟表时间更清晰的作用。这种互动性的间断最主要的意义在于延续兴趣。[①] 因为这种使工作中断的身体互动会引发工作小组内部的言语交流和思维活动,从而忽略了工作时间的乏味。这种群体的互动不仅把时间划分开来,而且还自由地赋予了时间新的内容,让时间在感觉上流逝得快一些。这是工人们在长期枯燥而乏味的机械劳动中创造的一种自我调节方式。

与工人创造的"××时间"类似,在学生反抗学校教育时间规训的斗争中,学生同样为了应对漫长而平淡的学校教育生活,利用"假发"等战术改变学校教育时间的用途,创造了音乐时间、笑话时间、零食时间等等。这些时间并不是发生在制度规定的下课时间或者休息时间,而

---

① [英]约翰·哈萨德.时间社会学[M].朱红文,李捷,译.北京:北京师范大学出版社,2009:158.

是多发生在上课时间或自习时间,学生们利用短暂的几分钟听完一首爱听的歌曲,或者几个同学来回发几条搞笑的短信,抑或是悄悄地把放在课桌下的零食吃掉,弄一个不大不小的恶作剧,等等。活动本身并不会持续太长时间,因为他们时刻都在学校教师的严格监管之下。学生们只是不失时机地利用一些学校和教师监管的空隙创造一些自由的自我时间、互动时间。这些短暂的自我时间、互动时间的创造并不仅仅是学生在身体上为了获得更多的休息时间而进行的反抗活动。如同工人一样,这些"××时间"的重要意义也是学生给平淡无趣的学校教育生活增添一些乐趣,进而延续对枯燥无味的学习生活的兴趣,是为了反抗学校教育时间对学生情感压抑的一种战术,是学生自我寻求解放的一种有限度释放。虽然学生的这些"××时间"有可能导致学生行为的暂时"脱序",但是因为这些"××时间"持续的时间是短暂的,并不会导致学校秩序或者班级秩序的混乱,也不会影响学校教育的整体运行和学生日常教育生活的正常进行。因此,有时候教师即便发现这些行为,也并不会自寻烦恼地主动去处理这些事情。同时这些时间的存在,恰恰满足了学生营造一个相对自我时间的需求,进而使得学生能够在这个严格而紧密的学校教育时间中延续学习的兴趣和对学校教育生活的兴趣。

2. 逃逸"时间的规训"促进了学校教育时间的合理调整

前文已经提到,现在学校教育时间的配置具有明显的管理主义倾向,它延续了工业管理"投入—产出"的思路,不断要求学生"争""抢""夺"时间用于学习。因为按照工业管理的思维模式,"生产的投入"与"产品的产出"是成正比的。这意味着"学习成绩"与"投入的学习时间"是成正比的,投入的"学习时间"越多,则"学习成绩"越好。这造成了学校和教师为了学生的成绩好尽量多地安排学生的学习时间,而学生的其他时间比如娱乐时间则不断地被榨取和牺牲,学生正常的身体发展和心理成长所需时间常被漠视。学校教育时间异化为学校和教师管理学生的工具,而不是学生自由发展的空间;异化为学生获得好成绩的手段,而不是学生的自然生活时间。特别是在考试和成绩的压力下,学校教育时间异化得更加严重。

在这个意义上,学生对学校教育时间规训的逃逸一方面是学生为了从压迫性的学校教育时间配置中寻求解放,获得更多的自由时间;另一方面,这种逃逸会促进学校教育时间配置的调整。正如前文所述,学校中的各项制度,包括时间制度并非完全是外在于个人的,对于学生来说,由教师主导建构起来的制度若要发挥其制约性的力量是无法绕开学生的。因此,学生的反抗行为会使得学校及其代表者——教师不断反思制度的合理性。当然这种合理性并非一定完全合乎教师的意愿,更不会完全合乎学生的期望,而是双方斗争的结果。这显然不是势均力敌的斗争,但学生作为弱势者的行为也不是对学校和教师完全没有作用。因为学校教育的根本目标还是为了学生的发展,所以对于一个好教师来说,他必然会对学生的行为做出反思。在笔者调研的学校,一位高三教师 G 就说:"看到学生每天上课很疲倦的样子,我也想给学生轻松一下,像其他副科老师那样给学生放部电影看,或者带他们出去郊游一下,放松一下。"另一位教师 H 这样说:"学生上课老师管,在家父母管。我觉得应该给学生自由活动的时间,如体育活动,科技活动等,这样可以陶冶学生的情操。"[①]可见,教师面对学校教育时间的紧密安排和巨大的学习压力,并不是无动于衷的。同样他们对于学生的反抗行为也会做出反思性的理解以及同情性的理解。因此可以说,学生的抵制行为不仅能为他们自己寻找一段自由的时间,同时也引起了教育者的反思,进而促进学校教育时间制度趋向更加合理。虽然这种调整

[①] 资料来源:笔者根据对调研学校 A—教师 G、H 的访谈资料整理,2011-7-15.

可能是暂时的,甚至只是一种倾向,但是毕竟这些学生的反抗行为对学校教育时间趋向合理具有一种积极的意义。

二、逃逸的负向功能

虽然,学生围绕学校教育时间规训的抵制行为具有一定的正向功能,抵制行为本身也被称为一种"柔性的抵抗",但是作为发生在学校场域中的一种社会冲突,学生对学校教育时间的抵制所产生的破坏性和负向功能也是不容忽视的。如同对正向功能的分析一样,负向功能也是基于不同的主体,从不同的角度和层面来讲的。具体来说,针对学校、教师和学生来说,逃逸时间规训具有不同的负向功能。

1. 逃逸"时间的规训"破坏了学校的效率

前文已经阐述学校作为一种社会机构,对秩序有着迫切的要求。社会科学家们认为时间作为秩序原则,作为进行社会协调、定位和规范的工具,作为自然事件的概念组织符号,是由社会活动构成的。因此,学校教育为了维护学校教育的秩序,把学校教育活动嵌入时间的序列中,通过把学校教育时间切分、同步等策略来协调学生的群体活动,实现对学校秩序的维护。秩序的维护主要为了提高学校教育的效率,只有存在稳定的秩序,才会实现高效。特别是稳定的班级秩序能够满足学校教育活动对时间同步化的要求,进而实现类似工业化一样对效率的追求。虽然对秩序的追求并不一定意味着规训,但是为了群体活动的秩序而压抑个体对时间的要求和对活动内容的相对自由安排则必然会导致规训。因为每个学生都是独特的,他们的成长和发展对时间的需求也是多样的。因此,学生对学校规训的反抗指向的是寻求一种个性而自由的时间安排。

但是个性而自由的时间安排与学校教育时间追求统一而刚性的时间安排显然是矛盾的。无论是学生通过"空间的缺席"还是"假发"的利用等方式,学生对学校教育时间规训的逃离也就意味着对秩序化学校生活的破坏,进而引起学校教育生活或大或小的混乱。混乱无疑是对学校教育追求效率的威胁。按照工业管理"投入—产出"的思维,效率低下造成的是时间的"浪费",是时间成本的增加。学校教育,特别是班级授课制的优势就在于它能够以高效率的方式将知识传递给学生。因此,教师对学生逃逸行为的惩罚,不仅在于它是对学校规范的破坏,挑战了教师的权威,还因为这种逃逸行为可能带来学校秩序的涣散,进而影响群体的学习效率。

2. 逃逸"时间的规训"影响了学生的发展

在一定的意义上,学校教育的时间也即学生发展的空间。这一方面因为学校教育活动目的指向的是学生的成长发展,培养个体成为大写的"人";另一方面因为按照社会的要求学校承担着学生社会化的任务,学生在校发展状态与其在未来社会的发展是密切关联的。因此,学校教育时间在个体的成长中具有重要的位置,学校受教育的时间关联着个体的未来发展。正如前文所述,因为其重要,所以人们给予了学校教育时间太多的意义并造成了学校教育时间"不能承受之重",成了规训学生的空间。

可是学生在逃逸时间规训的过程中,并不是所有的行为都是经过理性思考和利弊权衡的。作为一种逃逸规训的战术手段,学生的很多行为都是灵活的、随机的、即席创造和机智拼贴的,所以学生在展开逃逸时间规训的过程中,容易造成行为的失控,比如角色游离的行为。当学生完全游离其学生的角色时,学校教育时间的安排和与时间关联的活动对其来说都失去了教师和家长期望的意义。在这个意义上,学生虽然逃离了学校教育时间的规训,获得了一定的自由时间,但从其个体角度来讲,他丧失了促进个体发展的机会。依据吉登斯的认识,在个体意义上,时间具有不可逆的特点,也就是说时间是单向且不可重复的,即前文提到的我们都在"向死而生"。因此虽然他们游离了学生的角色,逃逸角色背后的学校教育时间框架,这种对学校教育时间的抵制,却可能造成个体时间的浪费,影响个体人生的发展。因为在另外的意义上这个时间段也是其个体生命历程中的一段。但是作为学校教育中的"边际人"而不是完全意义上的"脱序人",学生对学校教育时间规训的逃逸始终处于一种"逃脱的依赖"中。

结语：现代学校教育时间的机器意象及反思

第七章

第七章 结语:现代学校教育时间的机器意象及反思

英国学者约翰·厄里认为,机器与人类的生活经验发生密切关系,这是现代性的重要标志。现代机器文明的首要特征就是现代时间的诞生,即通过现代精确化的时钟来组织人们的生产和生活。如果说机器是工业主义的核心,那么现代精确化的时钟就是一台完美的机器——"机器中的机器"。马克思将钟表作为以后所有机器的原型,因为它完美地匹配了现代机器生产模式要求的时、分、秒等时间单位。芒福德在《技术与文明》中同样揭示钟表的内涵,他认为钟表是一种动力机械,其产品是分和秒。分分秒秒既不是上帝的意图,也不是自然的产物,而是人与机器对话的结果。这种机械化、标准化时间完全从人的生活经验和生物的节奏中抽离出来,从个人的经验和自然的轮回中独立出来,获得机器的意象,成为一种抽象的时间。在庞大的时间机器体系中,学校教育时间成为嵌入其中的重要环节。学校是技术时代实行时间体制的榜样,在时间机器中,个人时间嵌入互动时间中,个人时间和互动时间又嵌入学校制度时间中,学校制度时间再嵌入更具控制力的主流现代社会时间中。学校教育时间以一种嵌套的模式同构了现代时间的机器意象。

机器被用于生产,生产是现代社会的关键。在时间机器中,学校教育时间构成了一个系统的、强制性的生产框架。现代学校教育时间完成了现代学校教育对秩序的需求。众所周知,现代性力图消除偶然事件和随机事件以达到对秩序的追求,"这种意图在意外事件和偶然事件出现的地方添加规定;这种意图使模棱两可的事物变得一清二白,使不透明的事物变得透明,使不能被预测的事物变得可以被预测,使不确定的事物变得可以确定"。也就是说,秩序并不会自然产生,需要人的设计和组织以减少随意性。因此社会学家鲍曼认为,我们已经变得习惯于这种观念:秩序就等同于"在控制中"。在一定的意义上,为了寻求确定性而进行的控制成为现代性的内在逻辑。这也就意味着现代学校秩序化生活显然也是依赖控制而诞生的。但不可忽视的是倘若不能控制学校的时空环境和人,秩序化的学校生活是不可能出现的。"没有时间秩序就根本不存在秩序。"①因此,为了保证现代教育的正常运行,首先必须实现的就是对教育时间的控制。学校教育以一种层叠和嵌套的模式构筑了一台时间机器,实现了对时间精切而刚性的控制。因此,除了构建现代教育生活的秩序外,学校教育时间从制度和观念两个方面还建构着现代学校生活。

其一,现代学校教育时间作为规训的工具。

现代教育时间在给予教育活动秩序的同时,也逐步异化成为现代规训的工具。现代教育时间因其具有钟表时间的特点而恰好满足了现代教育规训的要求。在学校场域中,它作为权力规训的策略,能够通过时间上的配置形塑或者改变学生的观念和行为。正如汤普森所述,学校教育活动并不是一种"活动导向",而是一种"时间导向",即以学校教育时间作为学校教育活动的导向,而活动成为依时间之序安排的对象。作为规训的效果,学校中的学生呈现出"身体时间化"的特点。也就是说,在时间的规训下,学生的身体活动并非自然展开,而是以时间作为活动的依据,成为建构身体的标准。另外,学校教育时间这种规训力还显著地通过学生的种种反抗战术,即空间的缺席、"假发"的利用、角色的游离等得以展现。但是需要强调的是,本研究所着力分析的权力规训并不是权力对学校教育时间的直接控制和强制,因为我们都知道学校和教师控制着学校教育时间,此层面的分析并无新意;本研究着意在时间如何以具体化、内在化、强制化等隐蔽的方式建构、控制、约束着学生的学校教育生活,从而实现权力的规训与学生对规训的反抗。只有

---

① [英]芭芭拉·亚当.时间与社会理论[M].金梦兰,译.北京:北京师范大学出版社,2009:9.原载:Moore W E. Man,Time And Society[M]. New York:John Wiley, 1963:8.

在时间的这种具体化形式中,我们谈论学校教育时间的规训才有新的意义。

其二,现代学校教育时间构建了"超越"意义。

技术和人工制品不仅塑造我们的生活,而且塑造我们的认识。学校教育时间不但是学校教育活动的表达方式,在此层面上指导和组织着各种活动,而且它还作为一种具有明确指向的观念存在,影响着学校教育中的活动。"在现代性的条件下,借助知识环境的反思性组织,未来被持续不断地拖入现实之中。"[①]人们更多地以"未来"时间构建生产和生活的体验,获取存在的意义。作为一种嵌入宏观社会时间样态中的特殊社会时间,学校教育时间显然无法逃脱宏观社会时间的支配性制约。这样学校教育时间就被赋予了一种超越现在、指向未来的取向。"现在"学校教育意味着落后,教育的终极价值只存在于不断进步的"未来"之中。"现在"学校教育价值只体现为完成"未来"的目的,其很快被永无止境的"未来"所超越,"未来"成为建构"现在"学校价值的功能性因素。这种"超越现在"的时间观念,明显体现在学校教育活动和相关"行动者"(国家、学校、教师、学生、家长)的行为中。因为学校教育时间的"超越"观念并不仅仅停留在人们的思想观念中,还会影响人们的判断,进而影响人们的行为,转化为人们的行动。但是这种观念却导致人们对时间认识和应用的异化,进而使得学校教育忽略学生的"现在"生活,学生"现在"的生活时间受到挤压和扭曲,陷入恐惧的悖论之中。

当然现代学校教育时间机器的生产意义远非如此。但是从制度和观念两个层面的分析已经可见其如何建构现代学校生活,并主宰了学

---

① 赵立敏.论现代性语境下人类时间意识的倒转、断裂与重构[J].西北大学学报(哲学社会科学版),2016(1):168-173.

校中的人和活动。时间机器意象的背后隐含着现代技术理性的极端表现。列斐伏尔认为,现代社会的工具理性试图以技术的方式来激发或取代创造力和自发性,而创造力和自发性来自于自然和生命的节奏、循环时间和象征体系密切相连的日常生活,这就导致了工具理性对日常生活的异化。① 现代学校教育时间既是学校教育活动组织和安排的媒介,同时也是建构学校教育活动的方法。在这个框架中,不管是教育活动的千变万化,还是教育中人的丰富多彩,一切都要按照时间机器的规律和尺度来组织和安排,来运行和实现。人和教育活动都被削足适履以符合时间机器的架构。"机器"的标准对教育的自由自在的展开和人的自由灵性的发展是一种限制和扭曲。教育和人在现代学校教育时间的机器中被异化。

异化的学校教育时间必须得到反思和批判。因为无论从何种意义上讲,学校教育时间都应该回归人的成长规律,回归教育固有的节奏;学校教育时间不应该是一台硬性的、标准化的"机器",更应该是教育中人"诗意栖居"的乐园。在这个意义上,"诗意"的学校教育时间应该是一种自由、个性和开放的时间。

首先,学校教育时间应该是一种自由时间。

汤普森认为"工作导向"的劳动比规定时间的劳动更能为人性所理解,这是人类固有的感觉;一个工作导向相同的共同体看来在"工作"和"生活"之间几乎没什么区分。② 依循卢梭的自然教育理论及杜威的"教育即生活"思想,显然,"工作导向"这种遵循自然节奏和事物自然展开的节律,将工作与生活深度融合的工作模式更符合教育活动的要求。这也意味着随意切割的学校教育时间不应该成为学校不同教育活动转

---

① 郑震.空间:一个社会学的概念[J].社会学研究,2010(5):167-191.
② [英]爱德华·汤普森.共有的习惯[M].沈汉,王加丰,译.上海:上海人民出版社,2002:387.

第七章 结语:现代学校教育时间的机器意象及反思

换的刚性界限,也不应该成为学校教育活动按部就班展开的计划表。学校中的每一个个体行动的动力更多地来源于自身的兴趣以及对活动任务的需要,而不是外在的时间制度的压力。学校教育时间应该展现更多的弹性空间,让那些难以计划和预置但又相当重要的教育活动有充分而自由的时间得以进行,让学校中的活动任务而不是机械的时间成为推动学校运转的导向。这样以"工作导向"来组织教育生活,不但能集中学生的注意力,促使学生一鼓作气高质量地完成学习任务,更给予学生一个自由的空间。在自由的空间中,让学生自然生长,以一种符合生命节律的方式慢慢变化;让学生自在成长,以一种与日常生活自然融合的方式进步;让学生自主发展,以一种发自本性的兴趣主导自己的教育生活。

其次,学校教育时间应该是一种个性时间。

虽然学校是一种集体化活动的社会组织,但是这并不意味着学校的结构在各个方面都必须保持整齐划一。倘若学校真正尊重教育中的人,那么每个人的特殊的需求、特点以及个性就应该被尊重,学校教育时间的组织和安排就应该呈现出多样化、适性化以及个别化。因为"学生的学习速度、学习能力、学习适应性和学习兴趣等方面都有差异,不能用一把尺子衡量每一个学生,也不能用同一种方式去培养每一个学生"[1]。因此,学校教育时间应该打破过分切割而呈现出的碎片化状态,让时间的配置真正满足学生个性化的需要和教育活动自由展开的需要,建立一种属于每个人的弹性时间制度。"弹性时间制度的根本目的,就是关注每一个学生,让每一个学生都获得成就感和自信心。"[2]更为重要的是,个体自我的完整依靠的是一个人生活在一个未分化的时

---

[1] 李伦.开创没有"墙壁"的自由王国——记东北师范大学附属小学的开放式教育[J].人民教育,2011(17):12-14.
[2] 同[1]。

间中。时间的切割带来的是身体的支离破碎和个体迷失。时间的相对完整、个性和适性才能塑造完整统一的个体。

再次,学校教育时间应该是一种开放时间。

当学校教育时间异化为学校生活的指南,它作为学校管理的工具的特性便急剧弱化,同时它被赋予了某种超越工具的特性,大有替代人作为主体的部分作用。因此,学校教育时间应该回归其作为学校中人的时间。这也就意味着学校教育时间中的人应成为其组织和安排的关键要素,人完整的发展应该成为学校教育时间的核心。也就是说,教育应该遵守生活教育的理念,而不是以时间为界限人为地将学校教育与日常生活剥离。学校教育时间并不只是严肃而紧张的学习时间、工作时间,更应该是一种充满激情和快乐的生活时间。正如伊万·伊利奇所说,"教育无论是和劳动还是和闲暇活动,均无时间上的争夺,几乎所有的教育都是综合的、终生性的且非事先规划的"[①]。因此,学校教育时间中的种种不顾工作任务的切割和停顿以及转换都是徒劳的,教育活动的发生就孕育在日常生活中,教育时间与生活时间、娱乐时间在某种程度上也是重叠的。在这个意义上,学校教育时间应该是一种开放时间。

马克思·范梅南说:一个研究者或者理论家就像传说中漂泊到异域的旅人,回到普通大众中间来告诉他们有关世界本来面貌的迷人故事。[②] 但是,值得怀疑的是,研究者告诉人们的一定是世界的"真实"面貌吗?对于这种质疑,笔者缺乏足够的底气给予理直气壮的肯定。虽然每一位研究者都立志于以一种新的思考方式将问题进行维特根斯坦

---

① [美]伊万·伊利奇.非学校化社会[M].吴康宁,译.台北:桂冠图书股份有限公司,1992:31.
② [加]马克斯·范梅南.生活体验研究:人文科学视野中的教育学[M].宋广文,译.北京:教育科学出版社,2003.

（Wittgenstein, L.）式的"连根拔起"①，以期能够洞见问题的深处，揭示出世界的本然；虽然研究者们也都知道"如果不能对产生问题的现实的权力结构和利益格局做出深入分析，谈论问题恰恰可能遮蔽问题，甚至使问题正当化"②，但是，面对迷宫般的世界，面对复杂的社会，任何的研究从一开始就面临着对现实生活的简化（无论是假设性的简化，还是强制性的简化）、逻辑化（到底是事实的逻辑和还是逻辑的事实）的风险。我们一般都根除复杂性，直到可以概念化处理现实。所以，研究最后呈现的"真实"其实是有限度的，是有条件的。那么，在这个意义上，本研究"讲述"的也只是学校教育时间的一个"侧面"而已，对"超越"和"规训"的揭示和解释也仅仅是立足学校教育时间这个角度进行的"片面"解剖。可是，完整意义上的"真实"也只有依靠这一个个的"断面"才能逐步拼出，每一个"片面"都是对真实的进一步逼近。为了完成对学校教育时间"真实"的认识和解读，文中所有的简化、切割、概念化以及片面化，也都是研究的需要，且属不得已而为之。

另外，作为身在学校教育时间中却研究"学校教育时间"的研究者，自然难逃"不识庐山真面目"的困境。但是细细想来，这又何尝仅是笔者的困扰，每一位社会学研究者同样不能把自己置身"社会"之外，仍在以"陌生化""局外人"等办法企图完成认识的需要。在这个意义上，也仅仅在这个意义上，所谓的"科学"研究或许只是一种修辞而已③，研究者给出的也只是一种寻求共鸣的"理解"而已。如此一来，再来阐述本研究的局限自然也就略显赘余。批判应该是论文的一种再生。

---

① 维特根斯坦认为，"洞见或透识隐藏于深处的棘手问题是艰难的，因为如果只是把握这一棘手问题的表层，它就会维持原状，仍然得不到解决。因此，必须把它'连根拔起'，使它彻底地暴露出来；这就要求我们开始以一种新的方式来思考"。参见：[法]皮埃尔·布迪厄，[美]华康德. 实践与反思——反思社会学导引[M]. 李猛，李康，译. 北京：中央编译出版社，1998：1.
② 成伯清. 乌托邦现实主义：何以可能与可取？——兼论吉登斯社会理论的特性[J]. 社会学研究，2008(6)：22-32.
③ 成伯清. 社会学的修辞[J]. 社会学研究，2002(5)：46-61.

参考文献

著作类

1. 陈桂生.学校实话[M].上海:华东师范大学出版社,2001.
2. 陈向明.质的研究方法与社会科学研究[M].北京:教育科学出版社,2000.
3. 程天君."接班人"的诞生——学校中的政治仪式考察[M].南京:南京师范大学出版社,2008.
4. 成伯清.走出现代性——当代西方社会学理论的重新定向[M].北京:社会科学文献出版社,2006.
5. 费孝通.乡土中国 生育制度[M].北京:北京大学出版社,1998.
6. 费孝通.江村经济:中国农民的生活[M].北京:商务印书馆,2001.
7. 高水红.共用知识空间 新课程改革行动案例研究[M].南京:南京师范大学出版社,2008.
8. 高宣扬.鲁曼社会系统理论与现代性[M].北京:中国人民大学出版社,2005.
9. 黄金麟.历史、身体、国家——近代中国的身体形成(1895—1937)[M].北京:新星出版社,2006.
10. 金生鈜.规训与教化[M].北京:教育科学出版社,2004.
11. 刘云杉.学校生活社会学[M].南京:南京师范大学出版社,2000.

12. 马维娜.局外生存——相遇在学校场域[M].北京:北京师范大学出版社,2003.

13. 渠敬东.缺席与断裂——有关失范的社会学研究[M].上海:上海人民出版社,1999.

14. 孙孔懿.教育时间学[M].南京:江苏教育出版社,1998.

15. 石艳.我们的"异托邦"——学校空间的社会学研究[M].南京:南京师范大学出版社,2009.

16. 王笛.时间·空间·书写[M].杭州:浙江人民出版社,2006.

17. 汪天文.时间理解论[M].北京:人民出版社,2008.

18. 吴国盛.时间的观念[M].北京:中国社会科学出版社,1996.

19. 吴康宁.转向教育的背后——吴康宁教育讲演录[M].上海:华东师范大学出版社,2008.

20. 吴康宁.教育社会学[M].北京:人民教育出版社,1998.

21. 闫旭蕾.教育中的"肉"与"灵"——身体社会学研究[M].南京:南京师范大学出版社,2007.

22. 杨善华.当代西方社会学理论[M].北京:北京大学出版社,1999.

23. 严新明.生存与发展 中国农民发展的社会时空分析[M].北京:社会科学文献出版社,2005.

24. 周宗伟.高贵与卑贱的距离——学校文化的社会学研究[M].南京:南京师范大学出版社,2006.

25. 庄西真.国家的限度:"制度化"学校的社会逻辑[M].南京:南京师范大学出版社,2006.

26. 张意.文化与符号权力:布尔迪厄的文化社会学导论[M].北京:中国社会科学出版社,2005.

27. [法]爱弥尔·涂尔干.宗教生活的基本形式[M].渠东,汲喆,译.上海:上海人民出版社,2006.

28.[法]皮埃尔·布迪厄.实践感[M].蒋梓骅,译.南京:译林出版社,2003.

29.[法]皮埃尔·布迪厄,[美]华康德.实践与反思:反思社会学导引[M].李猛,李康,译.北京:中央编译出版社,1998.

30.[法]皮埃尔·布尔迪厄.实践理性:关于行为理论[M].谭立德,译.北京:生活·读书·新知三联书店,2007.

31.[法]路易·加迪,等著.文化与时间[M].郑乐平,胡建平,译.杭州:浙江人民出版社,1988.

32.[法]玛丽·杜里-柏拉,阿涅斯·冯·让丹.学校社会学[M].汪凌,译.上海:华东师范大学出版社,2001.

33.[法]米歇尔·德·塞托.日常生活实践1 实践的艺术[M].南京:南京大学出版社,2009.

34.[法]米歇尔·福柯.规训与惩罚:监狱的诞生[M].刘北成,杨远婴,译.北京:生活·读书·新知三联书店,1999.

35.[法]普里查德.努尔人:对尼罗河一个人群的生活方式和政治制度的描述[M].褚建芳,等译.北京:华夏出版社,2001.

36.[法]乔治·古尔维奇.社会时间的频谱[M].朱红文,高宁,范璐璐,译.北京:北京师范大学出版社,2010.

37.[美]约翰·杜威.确定性的寻求:关于知行关系的研究[M].傅统先,译.上海:上海人民出版社,2005.

38.[美]戴维·哈维.后现代的状况:对文化变迁之缘起的探究[M].阎嘉,译.北京:商务印书馆,2003.

39.[美]约翰·I.古得莱得.一个称作学校的地方[M].苏智欣,胡玲,陈建华,译.上海:华东师范大学出版社,2006.

40.[美]华勒斯坦,等.开放社会科学:重建社会科学报告书[M].

刘峰,译.上海:生活·读书·新知三联书店,1997.

41.[美]理查德·惠普,芭芭拉·亚当,艾达·萨伯里斯.建构时间:现代组织中的时间与管理[M].冯周卓,译.北京:北京师范大学出版社,2009.

42.[美]L.科塞.社会冲突的功能[M].孙立平,译.北京:华夏出版社,1989.

43.[美]刘易斯·芒福德.技术与文明[M].陈允明,王克仁,李华山,译.北京:中国建筑工业出版社,2009.

44.[美]米尔斯.社会学的想象力[M].陈强,张永强,译.北京:生活·读书·新知三联书店,2001.

45.[美]乔纳森·H.特纳.社会学理论的结构[M].邱泽奇,张茂元,等译.北京:华夏出版社,2006.

46.[美]伊万·伊利奇.非学校化社会[M].吴康宁,译.台北:桂冠图书股份有限公司,1992.

47.[美]芭芭拉·亚当.时间与社会理论[M].金梦兰,译.北京:北京师范大学出版社,2009.

48.[英]约翰·哈萨德.时间社会学[M].朱红文,李捷,译.北京:北京师范大学出版社,2009.

49.[英]彼得·奥斯本.时间的政治:现代性与先锋[M].王志宏,译.上海:商务印书馆,2004.

50.[英]托尼·比彻,保罗·特罗勒尔.学术部落及其领地[M].唐越勤,等译.北京:北京大学出版社,2008.

51.[英]齐格蒙特·鲍曼.流动的现代性[M].欧阳景根,译.上海:上海三联书店,2002.

52.[英]齐格蒙特·鲍曼,蒂姆·梅.社会学之思[M].李康,译.北京:社会科学文献出版社,2010.

53. [英]齐尔格特·鲍曼. 通过社会学去思考[M]. 高华,吕东,徐庆,等译. 北京:社会科学文献出版社,2002.

54. [英]布赖恩·特纳. Blackwell 社会理论指南[M]. 李康,译. 上海:上海人民出版社,2003.

55. [英]安东尼·吉登斯. 社会理论与现代社会学[M]. 文军,赵勇,译. 北京:社会科学文献出版社,2003.

56. [英]安东尼·吉登斯. 社会的构成:结构化理论大纲[M]. 李康,李猛,译. 北京:生活·读书·新知三联书店,1998.

57. [英]基思·特斯特. 后现代性下的生命与多重时间[M]. 李康,译. 北京:北京大学出版社,2010.

58. [英]爱德华·汤普森. 共有的习惯[M]. 沈汉,王加丰,译. 上海:上海人民出版社,2002.

59. [英]雷蒙·威廉斯. 关键词:文化与社会的词汇[M]. 刘建基,译. 北京:生活·读书·新知三联书店,2005.

60. [日]加藤周一. 日本文化中的时间与空间[M]. 彭曦,译. 南京:南京大学出版社,2010.

61. [德]诺贝特·埃利亚斯. 文明的进程 文明的社会起源和心理起源的研究[M]. 王佩莉,袁志英,译. 上海:上海译文出版社,2009.

期刊类

1. 陈建翔. 时间之谜的教育谜底[J]. 教育理论与实践,2007(7):7-9.

2. 陈涛. 个案研究"代表性"的方法论考辨[J]. 江南大学学报,2011(3):64-68.

3. 成伯清. 社会学的修辞[J]. 社会学研究,2002(5):46-61.

4. 成伯清. 乌托邦现实主义:何以可能与可取?——兼论吉登斯

社会理论的特性[J].社会学研究,2008(6):22-32.

5. 邓大才.超越村庄的四种范式:方法论视角[J].社会科学研究,2010(2):130-136.

6. 丁道勇.论教育改革中的教师时间[J].教师教育研究,2009(1):11-15.

7. 费孝通.重读《江村经济·序言》[J].北京大学学报(哲学社会科学版),1996(4):4-18.

8. 费侠莉.再现与感知——身体史研究的两种取向[J].蒋竹山,译.新史学,1999(4):129-144.

9. 冯克利.时间意识与政治行为[J].开放时代,2010(8):5-20.

10. 高伟."浮士德时间"与知识论教育哲学[J].海南师范学院学报(社会科学版),2003(1):93-98.

11. 高德胜.学校教育时间观念的反思与批判[J].首都师范大学学报(社会科学版),2007(1):135-141.

12. 高水红."谁的?"与"何以可能?"——教育社会学研究的两种知识学设问[J].南阳师范学院学报(社会科学版),2004(10):14-17.

13. 黄泓枢.敞开时间,敞亮生命:论教育的时间内涵[J].湖南师范大学教育科学学报,2009(1):92-96.

14. 侯海凤.儿童的时间观念与儿童教育时间的"取法自然"[J].学前教育研究,2009(8):32-36.

15. 胡淼森.空间的嬗变、私化与终结——以 Z.鲍曼的后现代空间思想为中心[J].社会,2009(3):74-100.

16. 景天魁,邓万春.发展社会学的时空视角[J].甘肃行政学院学报,2009(6):4-10.

17. 景天魁.中国社会发展的时空结构[J].社会学研究,1999(6):54-66.

18. 李洁.对乡土时空观念的改造:集体化时期农业"现代化"改造的再思考[J].开放时代,2011(7):97-113.

19. 李猛.福柯与权力分析的新尝试[J].社会理论学报(台湾),1999(2).

20. 李玉瑛."我逛,故我在":女性逛街购物的时间观与自我[J].台湾社会学刊,2009(43):43-91.

21. 练玉春.论米歇尔·德塞都的抵制理论——避让但不逃离[J].河北学刊,2004(2):80-84.

22. 林正升,许华孚.从Foucault规训观点分析一所台湾监狱场域的运作[J].犯罪学期刊,2006(1):153-191.

23. 林顺利,孟亚男.当代西方城市贫困的社会空间研究及其本土意义[J].内蒙古社会科学,2010(4):123-128.

24. 刘威."行动者"的缺席抑或复归:街区邻里政治研究的日常生活转向与方法论自觉[J].南京社会科学,2010(7):53-60.

25. 马维娜.教学时空的双重建构[J].课程·教材·教法,2004(12):17-22.

26. 纳日碧力戈.人·时间·行为:符号结构与符号制度[J].国外社会科学,1993(1):58-64.

27. 孙岩,杨小爱.论事件的时间与时间中的事件:梅勒时间观探析[J].自然辩证法研究,2011(5):7-12.

28. 孙孔懿.《教育时间学》出版十年反思与前瞻[J].江苏教育学院学报(社会科学版),2003(9):12-13.

29. 盛群力,吴文胜.教学时间研究模式及其特点[J].课程·教材·教法,2002(10):18-23.

30. 宋剑.时空的教育学意蕴——博尔诺夫教育人类学的独特视域[J].教育理论与实践,2009(13):8-11.

31. 苏尚锋.学校空间性及其基本内涵[J].教育学报,2007(5):8-12.

32. 田毅鹏,张霁雪,陶宇.空间生产、资本接续与权力介入的实践逻辑——对东北C市马路劳工生存状态的调查[J].社会科学,2010(5):67-73.

33. 汪凌."学生身份"的社会学思考[J].全球教育展望,2010(10):64-68.

34. 伍宁.课堂教学时空构成的社会学分析[J].教育研究与实验,1996(2):63-68.

35. 吴康宁.教育研究应研究什么样的"问题"——兼谈"真"问题的判断标准[J].教育研究,2002(11):8-11.

36. 吴康宁."教育批判"的困境[J].教育研究与实验,2004(4):3-7.

37. 吴康宁.社会学视野中的教育[J].教育研究与实验,2006(4):1-5.

38. 吴康宁.我国教育社会学的三十年发展(1979—2008)[J].华东师范大学学报(教育科学版),2009(2):1-20.

39. 吴康宁."社会理论"的兴起对教育社会学意味着什么[J].教育研究与实验,2010(4):9-15.

40. 吴康宁.中国教育改革为什么会这么难[J].华东师范大学学报(教育科学版),2010(4):10-19.

41. 吴国璋.西方社会学对社会时间的研究[J].学术界,1996(2):56-57.

42. 魏宏聚.略论"教学时空"的教化意蕴[J].教育理论与实践,2008(25):48-51.

43. 文雪,扈中平.论教育的时间内涵——时间不可逆的教育意义

[J]. 高等教育研究,2006(5):18-23.

44. 吴飞."空间实践"与诗意的抵抗——解读米歇尔·德塞图的日常生活实践理论[J]. 社会学研究,2009(2):177-199.

45. 荀丽丽."礼物"作为"总体性社会事实"——读马塞尔·莫斯的《礼物》[J]. 社会学研究,2005(6):227-236.

46. 项贤明. 教育的场所——一种对教育现象时空特性的尝试性分析[J]. 北京大学教育评论,2003(10):84-89.

47. 闫旭蕾. 关于学校教育时空的社会学分析[J]. 当代教育科学,2006(6):13-16.

48. 张海钟. 教学时间、教学效率和教学改革[J]. 高等师范教育研究,1996(6):49-52.

49. 张更立. 生命哲学视域下的生长性教育时间观及其启示[J]. 学前教育研究,2010(12).

50. 张金岭. 法国社会中的时间及其文化隐喻[J]. 开放时代,2011(7):115-136.

51. 郑震. 空间:一个社会学的概念[J]. 社会学研究,2010(5):167-191.

52. 郑作彧. 时间结构的改变与当代时间政治的问题:一个时间社会学的分析[J]. 台湾社会学刊,2010(44):213-275.

53. 郑作彧. 时间即生活:Nobert Elias的时间社会学简介[N]. 台湾:文化研究月报(88),2009-1-25.

54. 郑作彧. 慢下来,多想一点吧:评介《没时间思考:媒体速度与24小时新闻循环的威胁》[J]. 台湾:新闻学研究,2010(104):247-258.

55. 郑作彧. 驾驭速度的理论:评哈穆特·罗莎《加速:现代时间结构的改变》[J]. 台湾:文化研究,2008(7):244-257.

56. 周宗伟. 城市中的"游民文化"对学生生活的影响——对城市

民工子弟教育的一项文化社会学研究[J].教育研究与实验,2011(4)：11-15.

57. 何敏.教育时空问题初探[D].华东师范大学,2003.

58. 江净帆.空间中的社会教化——以喜洲白族传统民居为例[D].西南大学,2010.

59. 戚干舞.时间的社会构造和社会的时间构造——从传统到现代社会[D].广西师范大学,2004.

60. 石健壮.时空的教学意蕴——一种人类学的视角[D].西南大学,2010.

61. 杨一鸣.教育与时间——现代教育基本特征的初步研究[D].南京师范大学,2003.

62. 吴兰丽.社会时间论[D].华中科技大学,2009.

63. 佟新,梁萌.女工们的时间[C].华人社会口述历史工作研讨会论文,2004.

64. Adam B, Groves C. Future Matters：Action, Knowledge, Ethics[M]. LEIDE：Brill, 2007：200.

65. Christopher Powell. Present Concern with Future Time：The Evidence of Building Permanence and Mutability[J]. Time and Society, 1993(1)：51-60.

66. Nowotny H. Time and Social Theory：Towards a Social Theory of Time[J]. Time and Society, 1992(3)：421-439.

67. Flaherty M G, Fine G A. Present, Past, and Future：Conjugating George Herbert Mead's perspective on time[J]. Time and Society, 2001(2/3)：147-161.

68. Samuel Ijsseling. Time and Space in Technological Society[J]. Man and World, 1992(3/4)：409-419.

69. Sundeep Sahay. Implementation of Information Technology: A Time-Space Perspective[J]. Organization Studies, 1997(2): 244.

70. Tabboni S. The Idea of Social Time in Nobert Elias[J]. Time and Society, 2001(1): 5–27.

71. Clegg S. Time Future-the Dominant Discourse of Higher Education[J]. Time and Society, 2010(3): 345–364.

72. Bergmann W. The Problem of Time in Sociology: An Overview of the Literature on the State of Theory and Research on the "Sociology of Time", 1900–82[J]. Time and Society, 1992(1): 81–134.

73. Atkinson W. From Sociological Fictions to Social Fictions: Some Bourdieusian Reflections on the Concepts of "Institutional Habitus" and "Family Habitus"[J]. British Journal Sociology of Education, 2011(3): 331–347.

后 记

　　时间,如同魔鬼的磨坊一样,一圈一圈地偷走人的年华和生命。不过,幸运的是我们还有记忆。虽然从博士入学至今已经过去十年了,但是读博期间的种种美好和痛苦依然记忆犹新,并常常怀念和回味。

　　至今清晰记得,自己初入"教育社会学沙龙"的茫然和无助,当各位老师和师兄师姐高谈阔论、唇枪舌剑、你来我往或争论、或批判的时候,我却呆若木鸡、不知所措,完全是"狗咬刺猬,无从下口"。每半个月一次的沙龙,几乎每一次对我都是一次冲击和"折磨"。唯一可以安慰受伤心灵的就是时不时沙龙过后师兄师姐们的请客和聚餐,终于可以大快朵颐、畅快聊天了。当然就是在这样一个学术共同体中,我得到了学术的历练和成长。特别当博士毕业后离开沙龙,更加觉得这个共同体的弥足珍贵。因为有人跟你讨论学术问题、有人质疑和批判你的观点也是非常奢侈的事情。感谢"教育社会学沙龙"中的每一个人。

　　至今清晰记得,为了完成导师吴康宁老师"教育社会学专题研究"课程的读书任务,自己没日没夜在随园西山图书馆埋头苦读的日子。读博虽辛苦,但心无杂念,倒也幸福。不过遗憾的是自己虽很努力,但无奈资质平平,直到博士毕业也没能拿出一件能让导师满意的"作品",忝列吴门。直到如今,每一次想起导师凌晨三四点钟回复的邮件,想起导师一直以来的关心和支持,仍然愧疚不已。读博三年,虽未直面导师的批评,但是他一个幽默的玩笑、一句有意的点醒,甚至一个无声的沉默,对我来说都比一次严厉的批评带来的压力更大,可能这就是"不怒自威"吧。当然与其对学术和做事的高要求一样,导师对我的关心和尊重同样令人感动。如今我自己也成为导师,导师一言一行成为我的楷模。

至今仍清晰记得,若干次晚上与师兄程天君在"云南菜馆"的畅聊;与同门宗锦莲在南京大学上完贺晓星老师课后一路不停地"吐槽",仍然不能忘记与好友王彦明、齐军不定期的小酌,与吕寿伟、聂竹明、陈向阳、吴元发、陈巍、杨建朝、魏卿、王晓慧、董云等众多学友一起学习讨论、庆中秋、爬紫金山。仍然不能忘记与挚友孔令新、罗瑶、汤美娟一起"扎根"随园西山图书馆共同奋斗的日子。仍然记得在南京读书期间两位师兄赵荣辉、杨日飞对我多方面的照顾和关心。感谢成长路上每次的遇见,感恩遇见的每个有缘人。

时间从不停歇,但不是所有的时间都能产生记忆。读博三年,遇见的一切必将铭刻在我的记忆中,这可能就是时间给予我的最好的礼物。

最后感谢程天君教授组织策划了"教育与社会研究丛书",使得博士论文得以出版,感谢妻子汤美娟博士多年来默默的付出、不断的鞭策、鼓励和支持,感谢内蒙古师范大学教育学院给予的出版资助,感谢全国教育科学规划项目基金对与论文相关研究的资助!

桑志坚

2019 年 9 月于青城